강화도의
기억을
걷다

강화도의 기억을 걷다

1판 1쇄 발행 2014년 11월 18일
1판 2쇄 발행 2018년 4월 16일

지은이 최보길
펴낸이 김승희
펴낸곳 도서출판 살림터

기획 정광일
편집 조현주
디자인 김경수
그림 이태수

인쇄 · 제본 (주)현문
종이 월드페이퍼(주)

주소 서울 양천구 목동동로 293, 22층 2215-1호(목동, 현대41타워)
전화 02-3141-6553
팩스 02-3141-6555

출판등록 2008년 3월 18일 제313-1990-12호
이메일 gwang80@hanmail.net
블로그 http://blog.naver.com/dkffk1020

ISBN 978-89-94445-74-8(03910)

옛사람의 손길과 우리 발길의 만남

강화도의 기억을 걷다

최보길 지음

살림터

하나,

작은 학교를 찾아 강화에 들어온 지 10년이 흘렀습니다. 그리고 그 10년은 나를 강화 사람으로 만들었습니다. 강화에서 역사를 도구로 학생들을 만나면서 내 발 딛는 곳에서 바라보는 시선으로 역사를 바라보라고 강조했습니다. 다행스럽게도 강화의 역사는 한국사 교과서에 나오는 역사적 흐름과 밀접한 관계를 맺고 있었고, 강화에 배움터가 있다는 이유로 우리는 강화의 눈으로 한국사를 바라보는 행운을 누리게 되었습니다. 이것이 강화의 매력이었고 주말마다 강화를 유랑하는 힘이 되었습니다.

거기에 사람이 가진 감각기관 중에서도 발로 기억하는 것은 제법 오래 지속된다는 사실을 알고부터 강화도 구석구석을 돌아다니며 두 발에 새기는 것은 강화에 사는 역사 교사에게 숙명처럼 여겨졌습니다. 그런 마음으로 차곡차곡 모은 글들을 엮어낸 것이 『강화도의 기억을 걷다』입니다.

둘,

　도보 여행의 즐거움이 유행처럼 번지고 있는 시기에 강화도에도 '나들길'이 생겼습니다. 주말이면 가까운 곳으로 여행을 가면서도 한편으로는 갈 곳에 대한 정보를 잘 몰라서 선뜻 발걸음을 내딛기 어려울 때도 있습니다. 부모의 입장에서 보면 가족들과 함께 간 곳에 대한 이야기를 아이들에게 들려주는 즐거움을 얻지 못하기도 합니다.

　강화도는 제주 '올레길', 지리산 '둘레길'처럼 우리 눈을 즐겁게 해주는 여행길은 아닙니다. 강화도는 '눈'과 함께 '귀'로 듣는 여행길입니다. 발 딛는 곳에 얽혀 있는 이야기와 함께하면 더더욱 재미가 살아나는 길입니다. '눈'과 '귀' 그리고 '발'이 어울려 만들어내는 여행길이지요. 이 책이 부족하지만 강화도로 여행을 떠나는 가족들에게 '용기'가 되어 주기를 바랍니다.

셋,

　책을 엮으며 몇 가지 고민이 있었고 나름 신경을 써서 정리했습니다. 첫 번째는 발로 디디며 기록한 것이므로 공간을 기준으로 모여 있는 이야기를 하고 싶었으나 시간적 흐름으로 서술된 한국사와의 관계를 고려해서 시간 순서대로 이야기하되, 동일한 공간에 스며 있는 이야기는 시간 개념을 넘어서 적으려 한 것입니다. 또 호국의 고장으로 기억되고 있는 강화를 강화 사람의 입장에서 바라보고자 하였습니다. 한국사라는 중앙의 관점에서 소외된 강화 사람의 마음을 고민해보고 싶었습니다. 강화는 늘 역사의 전면에 서 있으면서도 언제나 스스로의 입장은 소외되어왔습니다. 침략, 전쟁, 저항의 관점을 넘어 그 역사 속에서 그 누구보다도 평화를 염원했을 강화 사람의 마음을 생각해보고 싶었습니다. 끝으로 강화 역사를 엮어내는 중요한 이유는 적어도 강화에서 태어난 아이들이 강화 역사를 배우고 나서 그 언젠가 다시 강화로 돌아와 청년으로 살게 하는 데 조금이나마 도움이 되고자 하는 바람을 담고 싶었기 때문입니다. 모두들 청년이 되면 저마다 도시로만 향하는 지금의 분위기에서 그 언젠가 고향을 찾을 때 내 고향에 대한 역사의식이 강화도로의 귀향, 귀촌의 작은 근거가 되었으면 좋겠습니다.

강화도 역사 답사를 하면서 제가 가진 공부의 부족함을 배웠습니다. 먼저 나온 강화도 관련 책들을 살피면서 강화 사람의 시선으로, 지역사를 통해 역사의 흐름을 채워가는 역사 답사에 대한 꿈을 키웠습니다. 그 과정에서 먼저 나온 문헌 및 인터넷 자료 등 강화에 대한 자료는 큰 도움이 되었습니다. 아마도 그것이 없었다면 강원도에서 굴러온 제가 강화도의 역사를 제대로 이해할 수 없었을 것입니다. 이런 점에서 참고한 자료의 출처를 일일이 밝히지는 못했지만 강화도에 대해서 먼저 공부해주신 분들께 감사의 마음을 전하고 싶습니다.

특별히 고마운 사람들이 있습니다. 생명을 주신 부모님과 강화도 답사를 위해 가족과의 주말 시간을 내어주고 든든하게 응원해준 보영, 그리고 사랑하는 인선, 기선에게 고맙고, 또한 4년 전 강화도 역사를 기억해내자는 약속을 지킬 수 있도록 묵묵히 기다려주신 살림터 정광일 대표님께도 감사합니다.

그리고 무엇보다 산마을 고등학교 학생들에게 더더욱 고맙습니다. "너희들을 만나지 못했다면 나는 강화 역사를 만나지 못했을 것이다"라는 말을 전하고 싶습니다. 이제 학교 교육과정에 지역사를 공부할 수 있는 교과목이 생깁니다. 강화와 한국사를 수업 속에서 공부할 수 있게 되는 것입니다. 내가 발 딛고 있는 그 순간, 그리고 그 공간의 시선으로 바라보는 역사 공부에 기대가 큽니다. 그 공간과 시간을 담은 인식이 다양한 가치로 표현되는 날을 기대해봅니다.

2014년 10월
최보길

V. 일제강점기 그리고 분단시대의 강화, 시대의 아픔을 품다

청동기/삼국시대와 강화,
역사의 시대가
열리다

1

강화 역사의 시작을 알리는
고대 건축

강화 고인돌

　　강화 사람은 행복합니다. 교과서 속 유물과 유적을 강화에서는 사진이 아닌 살아 있는 생명으로 언제라도 만날 수 있기 때문입니다. 보통 교과서는 시간을 기준으로 써내려가기 때문에 고인돌은 한국사와 강화도가 만나는 첫 번째 통로가 됩니다. 특히 강화에서 고인돌이 많이 보인다는 것은 고대인들이 옛날부터 강화에 자리 잡았다는 것이고 그만큼 강화가 살기 좋은 곳이라는 증거가 되기도 합니다. 예나 지금이나 사람 살기 좋은 곳! 그곳이 강화입니다.

　　고인돌을 표현하는 방법은 다양합니다. 마을에 따라 독바우, 거북바우, 두꺼비 바우, 개구리 바우로 친근하게 불리기도 했지만 덮개돌의 모양에 따라 붙여진 이름이지 오늘날 고인돌을 구분하는 기준은 아닙니다. 아마도 마을에서 부르는 이름은 고인돌이 가진 여러 의미 중에서 '신성함', '신령스러움'의 의미를 빌려서 마음속 품은 소망을 가까운 곳에서 털어내고 마음의 평화를 가져오는 민간 신앙의 역할을 했을 것입니다. 고인돌에 대한 학문 접근이 이루어지면서 덮개돌의 모양을 표현했던 마을의 고유한 이름은 고인돌이라는 이름으로 정형화되었습니다. 한국에서는 고인돌이라 부르고 한자식 표현으로는 일본과 함께 지석묘(支石墓)라 부릅니다. 중국에서는 대석개묘(大石蓋墓)라 부릅니다. 이름만 보면 한국은 받침돌을 강조하고 중국은 덮개돌을 강조하는 듯합니다.

세계 각국의 고인돌 왼쪽부터 인도네시아, 러시아, 중국, 영국, 프랑스.
출처: http://www.dolmens.or.kr/

고인돌은 왜 생겨났을까?

재질로 보면 고인돌은 무거운 돌덩어리입니다. 고대인들이 굳이 그것을 자르고 옮겨 고인돌이라는 형태를 만들어낸 이유는 무엇일까요? 지금까지의 연구 결과로는 고인돌의 용도를 무덤과 제단으로 파악하는 것이 일반적입니다. 하지만 고인돌 전문 연구자가 아닌 다음에야 무덤인지 제단인지 굳이 결론을 내릴 필요는 없겠지요. 왜냐하면 무덤과 제단 모두가 현실이 아닌 상상의 세계에서 현실과의 소통을 위한 공간이라는 공통점이 있기 때문입니다. 그래도 '이 땅에서 맨 처음 고인돌을 생각한 사람들은 어떤 목적이었을까?' 하는 궁금증이 생길 수 있습니다. 아마 처음에는 무덤으로 사용되다가 제단으로 가끔씩 용도 변경이 된 것이 아닐까 싶습니다. 처음부터 제단이었다면 제사의 대상인 신격화된 절대

자에 대한 두려움을 극복하고 평소의 관계성이 있던 죽은 자를 위한 공간으로 사용하기란 쉽지 않기 때문입니다.

처음 고인돌은 죽은 자를 위한 공간이었을 것입니다. 농경생활이 시작되기 전 사람들은 먹고살기 위해 이동해야 했고, 그때 죽은 사람은 살아남은 사람들의 추모가 끝나고 땅 위에다 수고로움이 덜 한 방법으로 산 자와 구분되어 자리 잡았겠지요. 그런 과정이 반복되어 동물과 곤충에 의한 '시신의 훼손'을 경험하면서 죽은 자의 공간을 배려하는 마음은 더욱 커졌습니다. 고인돌은 그런 죽은 자를 위한 공간입니다. 때문에 훼손되지 않은 고인돌을 보면 마치 '집' 같다는 생각이 듭니다. 사방의 벽을 굄돌로 만들고 그 위에 덮개돌이라는 지붕을 앉힌 모습이지요.

고인돌은 어떻게 만들어졌을까?

오늘날 건축에서도 지붕 공사는 전체 작업 과정에서 꽤나 크고 어려운 작업입니다. 그렇게 보면 가장 무거운 덮개돌을 굄돌 위에 올리는 것은 쉽지 않은 일이지요. 기계가 발달하지 않았던 옛날에는 더더욱 힘든 작업이었습니다. 그러나 덮개돌을 올리는 과정에서 통나무를 덮개돌과 땅 사이에 깔아서 일종의 바퀴 역할을 하게 했다거나, 수직으로 덮개돌을 들어 올리는 것 대신 굄돌을 먼저 고정시키고 그 주변을 흙으로 덮어 완만한 경사면을 만들어 힘을 분산시키는 것에서 고대인들의 지혜를 엿볼 수 있습니다.

우리나라 고인돌은 그 위치에 따라 남방식과 북방식으로 구분하기도 하고, 또 고인돌의 생김새에 따라 탁자식(북방식), 바둑판식(남방식), 개석식으로 구분합니다. 고인돌을 죽은 자의 집으로 생각하고, 죽은 자의 거주 공간인 무덤방의 위치에 따라 살펴면 탁자식은 지상 가옥, 바둑판식은 반지하 가옥, 개석식은 지하 가옥으로 생각하는 것도 재미있습니다. 또 대개는 덮개돌의 긴 쪽을 남쪽에 두는 유사점이 있어서 예부터 남향집을 선호했음을 알 수 있습니다. 이렇듯 고인돌의 모양새가 집의 형태를 닮아 있어 학자에 따라서는 고대인들에게 이미 가옥 건축 기술이 있었다고 판단하기도 합니다.

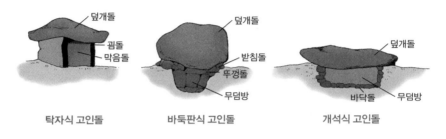

고인돌 형태 분류 출처: http://www.dolmens.or.kr/

강화와 고인돌

지금까지 조사된 바에 따르면 고인돌은 전 세계에 6만 기 정도 있고, 만주와 한반도에 약 3만 기가 자리 잡고 있습니다. 그중 150여 기가 강화에 있습니다. 강화 고인돌은 주로 고려산에서 발견된 채석장을 중심에 두고 내가면 고천리와 오상리, 하점면 부근리, 양사면 교산리 등지에 분포하는데, 지금의 강화가 간척된 모습이기에 간척 이전의 강화도 모습과 비교하면 해안과 가깝거나 조그마한 하천으로 연결되는 곳에 분포하는 특징이 있습니다. 이는 강화의 고인돌과 더불어 세계문화유산으로 지정된 고창, 화순의 고인돌도 해안과 가까운 곳에 집중 분포하는 것으로 보아 당시 고대인의 삶은 물의 이용과 관계가 깊다고 할 수 있습니다.

1. 땅을 파서 통나무를 이용하여
   돌을 세운다.

2. 흙으로 돌 주위를 덮는다.

3. 통나무를 굴려서 덮개돌을 위로
   끌어올린다.

4. 덮었던 흙을 파낸다.

5.양쪽을 막음돌로 막는다.

고인돌의 축조과정 출처 http://www.dolmens.or.kr/

고인돌의 대표 꽃미남 '부근리 고인돌'(사적 137호)

한국사에서 강화도가 주목받는 것은 한국사의 전반적인 흐름과 관련된 사건 혹은 유적과 유물이 강화에 많기 때문입니다. 역사 교과서에서 대표적으로 소개되는 고인돌이 바로 부근리 고인돌인데, 규모와 형식에서 고인돌의 특징을 잘 드러내고 있습니다. 여기서는 강화도 고인돌 중 하점면 부근리 고인돌과 내가면 오상리 고인돌을 중심으로 이야기하겠습니다.

아마도 교과서를 통해 역사 교육을 받은 사람이라면 고인돌 하면 떠오르는 이미지가 있겠지요. 거대한 덮개돌과 이를 받치고 있는 굄돌의 이미지는 대부분 강화도 부근리에 있는 고인돌에서 생겨났을 것입니다. 오늘날 부근리 고인돌은 그 유명세만큼 주변 정리가 잘 되어서 관람객들에게 편리함을 주고 있지만, '고인돌이 왜 생겨났을까?'를 고민한다면 본래의 고인돌 모습은 지금의 모습과는 사뭇 다를 것입니다. 우리가 역사적 상상력을 통해서 그 옛날 본래의 고인돌 모습을 한번 구현해 보는 것도 재미있을 듯합니다. 고인돌은 신성함을 지니고 있습니다. 그것이 제단으로 쓰이든 무덤으로 쓰이든 고인돌에 대한 사람들의 마음은 '경외감'을 빼고는 상상하기 어려웠겠지요. 이러한 경외감을 느끼기에 지금의 부근리 고인돌의 모습은 어울리지 않게 잘 정돈되어 있습니다. 오랜 세월을 거치면서 퇴적과 침식으로 주변이 평탄해졌겠지만 처음에 고인돌이 세워졌을 때는 주변이 지금보다 더 낮아서 고인돌을 보는 눈높이가 더 아래로 내려가 있었을 것입니다. 다시 말하면 고인돌을 더 낮은 위치에서 우러러 보게 만들었겠지요. 그렇게 본다면 키 큰 어른보다 키 작은 아이들의 시선이, 서서 보는 것보다는 앉아서 보는 것이 고인돌의 위엄을 제대로 보는 데 유리할 것입니다.

부근리 고인돌은 그 규모와 형식 면에서 이목구비가 뚜렷한 호탕한 남자를 닮았습니다. 덮개돌의 무게를 50톤으로 추정하는데, 일반적으로 성인 남자가 100킬로그램을 들 수 있다고 할 때 적어도 500명은 필요한 무게입니다. 물론 통나무를 이용하여 끌고, 지렛대 원리를 사용한다면 실제로는 더 적은 숫자가 필요하겠지만, 고인돌 제작을 통해 부근리 고인돌 주변의 부족 규모와 부족장의 권력을 추측해본다면 500명의 힘센 남자와 그가 속해 있는 가족을 포함해서 어림잡아 2,000명 또는 3,000명 정도였습니다. 부근리 고인돌의 주인은 최소 500명을 일시에 동원하고 그들의 식사를 동시에 제공할 수 있을 정도의 경제력을 갖춘 사람이었습니다. 그 정도의 권력을 가진 사람을 위한 공간이니 고인돌을 통해서 얻고자 했던 것은 지배자로서의 권위가 아니었을까요? 따라서 고인돌을 당시의 모습으로 상상해보고 싶다면 키 작은 어린아이가 되거나 지금 당장 무릎을 꿇고 시선을 낮춰서 고인돌을 봅시다.

강화 부근리 고인돌

　　부근리 고인돌을 자세히 들여다보면 그만이 가진 재미있는 특징을 찾을 수 있습니다. 개성이 사람에게만 있는 것이 아님을 굄돌의 기울기를 통해 살필 수 있습니다. 보통 관광객은 그냥 넘어가는 일이지만 답사하는 사람이라면 유심히 보고 신기함을 느낄 만합니다. 일반적으로는 무거운 덮개돌을 지탱하고 서 있으려면 굄돌이 지표면과 직각으로 서 있어야 한다고 생각하지만, 실제 부근리 고인돌의 굄돌은 오른쪽으로 기울어져 있습니다. 굄돌이 땅속에 깊숙이 박혀 있어서 가능할 것이고, 원래는 직각으로 세웠으나 시간이 지나면서 기울어진 것으로 상상할 수 있겠으나 50톤의 덮개돌을 굄돌이 기울어진 모습으로 수천 년을 지냈다고 한다면 부근리 고인돌은 벌써 무너져서 어느 집 정원에 있을지 모릅니다.

　　부근리 고인돌의 굄돌은 분명 기울어져 있습니다. 그것이 자연스럽게 느껴지지 않는다면 굄돌이 들고 있는 덮개돌을 보세요. 덮개들은 자연석이고 그 모양이 규격화되어 있지 않습니다. 덮개돌이 자연 그대로의 모습이라 각진 육면체의 무게중심처럼 정중앙에 있지 않음을 알 수 있습니다. 무게중심이 평범하지 않은 덮개돌을 굄돌로 하여금 지탱하게 하려면 지탱하는 힘을 굄돌에서 찾을 것이 아니라 누르는 힘, 곧 덮개돌에서 찾아보면 어떨까요? 무거운 덮개돌이 불규칙한 형태를 띤 자연석이라는 힌트가 기울어진 굄돌을 이해하는 데 도움이 될 것입니다. 이렇듯 당시로서는 거대한 건축물을 만드는 데 정형화된 틀이 아니라 재료의 특성을 활용해서 개성을 살렸습니다. 부근리 고인돌이 각진 육면체의 모습을 하고 있다면 그것을 보는 우리들의 재미와 신비로움은 분명 줄어들었을 겁니다.

부근리 고인돌은 누르는 힘! 곧 지구의 중력과 굄돌의 각도를 조정하는 고대 부근리 사람들의 지혜가 들어가 있어서 더욱 신비롭습니다. 부근리 고인돌 뒤편에 보이는 하나 남은 굄돌 역시 기울어져 있음을 볼 때 강화도 부근리의 고대인들은 기울어짐을 통해 중심을 잡는 건축 기술을 지녔음을 확인할 수 있었습니다. 부근리 고인돌 건축만 놓고 볼 때 자연을 이용하되 인공의 힘을 최소화하고 또 다른 조합으로 자연의 힘을 되살린 부근리 고인돌의 아름다움이 느껴집니다. 자연에서 나오는 힘을 다시 인간의 권위로 되돌린, 그래서 인간도 자연의 일부임을 스스로 인정한 고인돌 건축의 발상이 정겹던 흙길이 아스팔트가 되고, 문화재 복원에 시멘트가 발리고, 산이 파헤쳐져 주택이 되는 현대인에게 자연스레 말을 걸고 있는 것처럼 느껴집니다.

포근한 엄마의 품 '오상리 고인돌'

부근리 고인돌은 요즘 말로 하면 몸짱 꽃미남의 모습입니다. 혹여나 규모와 형식이 너무 권위적이고 남성적이라 느껴져 다른 느낌의 고인돌을 보고 싶다면 부근리 고인돌이 있는 고려산 북쪽 하점면에서 고려산 서남쪽 내가면 오상리로 가세요. 부근리 고인돌의 십분의 일도 되지 않는 고인돌이 무리 지어 놓여 있습니다. 오상리 고인돌을 만나는 느낌은 부근리 고인돌과는 다른 '소박함', '정겨움', '포근함'일 것입니다. 작지만 원형의 막음돌까지 볼 수 있는 고인돌이 있어서 당시 고인돌의 형태를 파악하는 데 큰 도움이 됩니다.

4면이 굄돌과 막음돌로 막힌 공간은 죽은 사람의 공간입니다. 그 크기에 따라 무덤 주인공을 상상해볼 수 있겠지만 일률적으로 정하기는 힘듭니다. 화장을 했거나, 사람이 죽고 나서 일정 기간이 지난 후 다시 시신을 수습해서 장례를 치르는 이차장(二次葬)을 했거나, 시신의 팔다리를 굽혀서 매장하는 굴장(屈葬)의 장례 풍습도 있었기 때문입니다.

하지만 오상리 고인돌을 만들었던 사람들의 장례 풍습이 무엇이었던 간에 규모가 다른 고인돌이 옹기종기 모여 있는 모습을 보면 분명 공동묘지 역할을 했던 것으로 보입니다. 아이부터 어른까지 생존했던 시간을 고인돌로 고스란히 옮겨서 사는 모습입니다. 오상리 고인돌에서 부근리 고인돌과 같이 거대한 규모로 지배계급의 권위를 느낄 수 없으니 즐거운 상상을 하게 됩니다. 초기 고인돌은 권위를 떠올리게 하지만 시간이 지남에 따라 보편적인 무덤의 형태로 인식되었습니다. 규모의 차이는 있었지만 부족민 상당수가 활용할 수 있는 무덤 양식이 되었습니다. 부근리 고인돌에서 보이는 '거대함'이 사라진 다음 거기에는 '차별'은 없고 '차이'만 남았습니다. 오상리 고인돌에서 느끼는 포근함과 정겨

강화 오상리 고인돌

움은 오히려 작아서 생긴 것이고, 옹기종기 모여 있기 때문에 생기는 것
입니다. 오상리 고인돌 앞에서 부근리 고인돌을 생각하면 오히려 권력
있는 큰 사람이 외롭고 초라해 보입니다. 작은 것이 모여 이루는 하나의
공동체는 그래서 더 큰 매력과 위력이 느껴지는가 봅니다.

세계문화유산으로서의 고인돌

우리나라의 고인돌은 2000년 12월에 세계문화유산으로 등재되었습니
다. 세계의 수많은 고인돌 중 세계문화유산으로 등재된 것은 드문 일입
니다. 그럼에도 우리나라의 고인돌이 세계문화유산으로 등재된 것은 세
계의 다른 고인돌과 비교할 때 밀집도가 높고 다양한 형식이 공존하고
있으며, 이 유적들을 통해 고인돌의 기원과 성격 그리고 변천 과정을 알
아볼 수 있어서 연구 가치가 높기 때문입니다. 가끔 사람들이 부근리

청동기시대 강화 사람들의 삶(강화역사박물관)

고인돌만이 세계문화유산으로 등재된 것으로 착각할 때도 있지만 강화 부근리 고인돌뿐만이 아니라 강화에 있는 고인돌 가운데 70여 기, 전북 고창의 고인돌 447기, 화순에 있는 고인돌 306기 등 820여 기의 강화, 고창, 화순 고인돌 모두가 세계문화유산으로 등재되었습니다.

유네스코는 '독특하거나 지극히 희귀하거나 혹은 아주 오래된 유산'의 등록 기준을 적용하고 있습니다. 세계문화유산을 가진 강화도에 살면서 우리 주변에 눈에 보이는 우리 문화재가 더 많이 세계문화유산으로 등재되었으면 하는 바람도 있지만, 오래된 것 혹은 유형의 문화재만이 아니라 현대인이 가진 무형의 가치도 세계문화유산으로 등재해서 그 가치를 보존했으면 하고 소망합니다. 강화에 자주 오는 일본 사람들과 함께 일본의 '평화헌법(일본 헌법 9조)'이 세계문화유산으로 등재되어 평화의 가치가 계속 이어졌으면 하고 생각해본 적이 있습니다. 일본의 평화헌법에는 일본의 무장을 금지하는 조항이 있습니다. 일본이 정식 군대를 두지 못하는 것도, 일본이 해외 파병을 할 때 자국민의 눈치를 보는 것도 이 평화헌법 때문입니다. 이런 헌법적 가치는 전 세계적으로 볼 때에도 드문 일입니다. 그러니 '독특하거나 희귀하거나 혹은 아주 오래된 유산'이라는 세계문화유산 등재 기준에서 독특하거나 희귀함에 부합하니 세계문화유산으로 등재할 만하지 않을까요?

강화에 불교가 들어오다

① 고려산에 다섯 개의 절이 세워지다

　해마다 4월이면 진달래 붉게 물드는 고려산은 겨울을 지나 봄의 새 기운을 맞으려는 사람들에게 인기가 많습니다. 강화의 산이 그렇듯이 그리 높지 않은 400미터 중반의 고려산을 돌며 여기저기 피어나는 봄의 향기를 통해 해넘이와 해돋이로 다짐했던 새로운 1년을 다시 점검해 보곤 합니다. 그러나 고려산에 흐드러진 진달래를 보며 새롭게 태어나는 마음속 즐거움을 살피는 것만이 고려산의 매력은 아닙니다. 고려산은 고인돌부터 시작해서 고구려 장수왕 때 만들어진 다섯 개의 절 이야기, 고구려 연개소문 관련 이야기 등 이야기도 많이 품고 있는 산입니다. 붉게 피어나는 진달래와 고려산이 품은 이야기꽃이 함께 피어나면 고려산 산행의 즐거움은 배로 늘어날 것입니다.

다섯 빛깔 연잎이 뿌려진 오련산

고려산의 원래 이름은 오련산입니다. 고려산이라는 이름은 몽골의 침략으로 도읍을 강화로 옮긴 고려 정부가 강화도를 고려의 수도인 개성과 같도록 꾸미는 과정에서, 개성에 있었던 고려산과 같은 이름으로 바꾸어 부른 것이 지금까지 계속되고 있는 것입니다. 오련산은 장수왕 4년 천축조사(인도에서 온 고승)가 고려산 정상에서 날려 보낸 다섯 개의 연꽃 이야기에서 비롯된 이름입니다. 전해오는 이야기에 따르면 천축조사가 날려 보낸 청, 백, 황, 적, 흑색의 오색 빛깔 연꽃이 내려앉은 곳마다 절을 지었다고 합니다. 지금 그때 그대로의 모습으로 남아 있지는 않지만 현재에도 흑색 연꽃이 떨어진 흑련사를 제외하고는 청련사, 백련사, 황련사, 적련사(적석사)는 부처님을 향한 수행과 기도의 공간으로 남아 있습니다.

불교에서 연꽃은 새로운 탄생을 의미합니다. 연못의 표면에서 꽃을 피우는 연꽃은 수중세계에서 지상세계로 새로운 삶을 출발하는 그 첫모습을 연상하게 합니다. 이것은 불교에서 말하는 윤회의 관점에서 또 하나의 새로운 출발이지요. 이렇듯 오련산 연꽃 이야기에는 고구려 장수왕, 천축조사, 다섯 가지 색깔의 연꽃이 등장합니다. 이를 통해 상상해 보면 아마도 한강을 포함한 강화도를 세력 범위 안에 넣은 고구려가 불교를 통해 국가 운영과 민심 안정을 꿈꾸는 새로운 출발을 의도한 것일 테지요. 그리고 그 첫출발을 오련산으로 택했으리라 생각합니다.

청, 백, 황, 적, 흑 다섯 색깔은 동아시아 문화권에서 음양오행을 상징하는 색으로 오방색이라고도 합니다. 황색은 오행 가운데 흙(土)으로 중심부의 색이고 오방색 중에서 가장 고귀한 색으로 여겨집니다. 황제만이 황색 옷을 입는 것과도 관련이 있지요. 청색은 나무(木)에 해당하며 방위로는 동쪽을 의미하고, 창조, 생명, 그리고 귀신을 물리치고 복을 빈다는 의미를 지닙니다. 또 백색은 쇠(金)에 해당하고 진실, 삶, 순결 등을

다섯 빛깔 연꽃이 내려앉은 고려산 오련지

뜻하고, 적색은 불(火)에 상응하고 남쪽과 정열과 열정을 의미합니다. 끝으로 흑색은 오행 가운데 물(水)을 나타내며 북쪽과 인간의 지혜를 상징합니다.

이렇듯 고구려 장수왕 때 인도의 고승을 통해 뿌려진 오방색의 소망은 그 떨어진 자리마다 지어진 절을 통해 세상으로 널리 퍼져가기를 바랐을 것입니다. 지금은 그 다섯 색깔의 사찰 중 청련, 황련, 적련(적석), 백련사는 있지만 '인간의 지혜'를 뜻하는 흑색 연꽃만이 피고 있지 않습니다. 어쩌면 '개발'과 '경쟁'이라는 이름으로 지구의 멸망, 인류문명의 혼란 또는 그 지속성까지 의심받고 있는 현대사회에서 자연과의 공존, 그리고 세계 평화를 찾는 데에 인간의 지혜가 필요함을 역설하는 것인지도 모릅니다. 또 방위로는 북쪽을 상징하는 흑련사였기에 분단된 한반도를 넘어 평화롭게 통일된 한반도를 위해 인간의 지혜가 필요함을 역설하는 것일지도 모릅니다. 고려산은 4월이 되면 붉은 진달래를 통해 자신의 열정을 뿜어냅니다. 어쩌면 우리가 잃어버린 평화와 공존에 관한 인간의 지혜, 곧 흑련을 찾으려는 것은 아닐까요? 다섯 연꽃 이야기에서 상상할 수 있는 고려산의 '소망과 절규'를 느낍니다.

강화 팔경 적석사 해넘이

강화의 불교는 고구려 소수림왕 11년(381) 아도화상이 전등사(당시 진종사)를 세웠다는 기록이 처음입니다. 이와 비교하면 고려산 줄기의 다섯 절은 장수왕 4년(416)에 건립되었으니 전등사로부터 35년 후의 일이지요. 장수왕의 본격적인 남진(南進)과 함께 세워진 것으로 보입니다. 아마도 고려산에 세워진 다섯 개의 절이 불교신앙을 강화 사람들에게 더 가깝게 했겠지요. 고구려 때 세워진 고려산 주변 사찰이 어떠한 모습이었는지는 전해지지 않습니다. 지금 남아 있는 4개의 사찰도 대부분 근래에 다시 지었습니다. 때문에 당시의 사찰 건축을 통해 불교 건축의 아름다움을 살펴보는 것을 기대할 수는 없습니다.

　백련사 산사 찻집에서의 차 한잔, 황련사와 청련사의 낙엽 밟기는 강화를 찾는 사람들이 경험할 수 있는 색다른 즐거움입니다. 거기에 적석사 낙조봉에서 보는 해넘이의 장관은 고려산이 베푸는 최고의 선물입니다. 동해바다 정동진과 동서를 축으로 마주 보고 있기에 정서진이라고도 알려진 적석사는 원래 붉은색 연꽃이 떨어진 곳에 지은 적련사였습니다. 적련사가 적석사로 이름이 바뀐 것이 언제인지는 알 수 없지만 적련사의 붉을 적(赤) 자는 음양오행에서 불의 의미가 있기에 화재를 피하기 위해 적련사에서 음만 빌려서 적석사로 바꾸었다는 이야기가 전해옵니다. 실제로 몇 번의 화재가 있었다고 합니다. 여하튼 이름처럼 산다

적석사 낙조대에서 바라본 강화

는 말이 맞는 것일까요? 적련사는 동쪽에서 떠올라 하루를 살다가 가장 열정적인 빛을 뿜어내는 절정의 순간, 곧 해넘이의 아름다움을 볼 수 있는 낙조봉을 품고 있습니다. 특히 발 아래 저수지와 들판 그리고 서해 바다를 지나 하루의 삶을 마감하는 그 강렬한 붉은 노을은 사람의 마음에 감추어진 그늘까지도 찾아내어 밝혀줍니다.

적석사에는 조선 숙종 때 세워진 '적석사 사적비'가 남아 있습니다. 이 사적비와 구한말 『전등본말사지』 및 『강도지』에 따르면 고려 고종이 강화도로 도읍을 옮겼을 때 고려 임금(고종)의 임시 거처로 활용되었고, 조선시대에 이르러서는 광해군을 피해 선조 임금의 장녀인 정명공주가 이곳에 머물렀다는 기록이 있습니다. 개화기 기독교인들이 사립학교를 세울 때 적석사의 목재와 재산을 많이 빼앗기면서 적석사가 많은 고통을 겪었다는 이야기도 전해집니다.

진달래 붉게 물든 고려산(출처: 강화군 문화예술과 홈페이지)

또한 적석사 약수는 "국난이나 흉년을 맞으면 물도 함께 마른다"는 이야기가 전해집니다. 이것은 자연현상을 설명하는 것이 아니겠지요. 산 정상부에서 물을 얻는 일은 흔하지 않기 때문에 그만큼 물과 삶의 중요성 혹은 일체감을 강조하는 게 아닐까요?

강화 고인돌의 어머니 고려산

고려산 주변에는 고인돌이 많이 있습니다. 고려산의 기울기가 완만해지면 평지를 만나고 그곳엔 어김없이 고인돌이 있지요. 하점면 부근리의 꽃미남 고인돌, 내가면 오상리의 앙증맞은 고인돌군, 또 하점면 부근까지 이어지는 고려산의 능선을 따라 삼거리 고인돌군도 있습니다. 이와 같이 강화 고인돌은 대부분 고려산을 중심으로 그 사방에 분포한다고도 볼 수 있습니다. 여기에 고려산 정상부와 가까운 고천리에서도 고인돌을 살필 수 있습니다. 이렇게 고려산 주변에 다양한 규모의 고인돌이 여기저기 세워졌던 것은 적어도 고려산에서 발견한 채석의 흔적과 관련이 있습니다. 강화 고인돌의 성분을 분석해보면 고려산의 바위와 같습니다. 고려산이 강화 고인돌의 유전자와 일치하는 것이지요. 그런 면에서 고인돌의 주재료를 잉태했던 고려산은 강화 청동기 문명의 어머니라고도 볼 수 있습니다.

고려산과 연개소문

고려산은 고구려 연개소문의 출생지로도 소개되고 있습니다. 강화 부근리 고인돌 공원에 가면 '고구려 대막리지 연개소문 유적지'를 알리는 사적비가 서 있습니다. 여기에는 연개소문이 강화도 고려산에서 태어나 정상부의 치마대와 오련지에서 무예를 연마하였다고 기록되어 있습니다. 하지만 연개소문의 출생지가 강화 고려산이었다는 사실을 증명해 줄 명확한 기록은 없습니다. "몽고의 사신이 다섯 우물(五井)을 살피고 여기에 쇠말뚝을 만들어 깊이 박아 지맥을 끊었다"라는 설화와 함께 보면 오히려 고려가 몽골이라는 외세의 침략에 의해 도읍을 강화로 옮긴 후 이에 대응하는 저항 의지가 필요했고, 여기에 당나라의 침략에 저항하는 연개소문의 저항 이미지가 필요해서 만들어진 이야기가 아닐까 하는 생각도 듭니다. 그런데 이는 연개소문의 출생지가 강화라는 사실을 입증할 근거가 빈약하다는 뜻이지, 연개소문의 출생지는 '강화도가 아니다'라는 것의 근거가 될 수는 없습니다. 연개소문 가문이 수로 교통과 밀접하고, 고구려 서부 세족을 대표하는 가문으로 표현되는 점 등으로 살펴볼때, 또 그의 성(姓)이 연(淵)으로 "물에서 태어났다"는 설화와 고려산 정상부의 다섯 개의 우물(오련지)과의 연관성을 통해 강화일 수도 있다는

고구려 대막리지 연개소문 유적비

주장은 살펴볼 만합니다.

연개소문에 대하여 인터 넷 검색을 하면 천개소문이 라는 이름이 나타납니다. 그 런데 이름은 다양하게 표현 되더라도 성이 변하는 경우 는 흔하지 않지요. 성이 연 (淵)에서 천(泉)으로 바뀌는 데에는 정치적인 이유가 있 습니다. 당태종 이세민은 연 개소문과 동북아시아에서 정치적 라이벌 관계였습니다. 그런 이세민의 아버지 당 고 조의 이름은 '이연'입니다. 이연의 이름과 연개소문의 성이 같은 한자를 쓰고 있으므로 의미만을 차용하여 연(淵, 못 연)에서 천(泉, 샘 천)으로 바 뀐 것이지요. 고당전쟁의 패배가 나라만 잃은 것이 아니라 한 사람의 성 도 바꿨네요. 현재 연개소문에 관한 기록이 충분히 남아 있지 않고, 또 그와 관련된 기록이 당시 고구려와 적대적 관계였던 당나라의 기록에 의존하고 있다는 점은 아쉽습니다. 이에 더욱 고구려 연구의 필요성이 느껴집니다.

연개소문에 대한 평가는 '외세에 대한 저항'과 '국내 정치에서의 독 재'를 축으로 분명하게 나뉩니다. 또 긍정적 요소로서의 저항과 부정적 요소로서의 독재가 맞물려서 부정의 이미지를 지우거나 '부득이한 필 요성'의 도구로 활용되기도 합니다. 지금도 근현대사 과정에서 권력자의

'공로(功)'와 '과실(過)'을 함께 살피자는 주장이 있습니다. 동의할 수 있는 주장이긴 하지만, '공'은 '공'으로서 기억되고 '과'는 '과'로서 기억되어야 하겠지요. '공'이 '과'를 덮어주는 순간 '과'가 계속될 수 있기 때문입니다.

2-②

강화에 불교가
들어오다

② 전등사의 첫 이름 진종사

전등사는 강화도에서 고인돌과 더불어 가장 유명한 문화유적입니다. 단순한 관광이든, 아이들의 체험학습이든, 아니면 깊이 있는 역사답사를 하든 그 어떤 목적일지라도 반드시 들르는 강화 역사 답사의 필수 코스입니다. 왜 그런 것일까요? 전등사가 그렇게 많은 사람들의 사랑을 받는 것은 강화도 자연이 주는 아름다움은 물론, 전등사가 갖고 있는 역사적 경험이 이 땅의 역사와 많은 인연을 맺고 있기 때문입니다. 구체적으로 전등사에 전해오는 이야기에는 단순히 그곳만이 아니라 평범한 사람들의 사연이 함께 얽혀 있기에 전등사를 찾는 사람들에게 더 친근하게 다가올 것입니다.

진종사와 전등사

전등사라는 이름의 유래와 관련해서는 두 가지 견해가 있습니다. 하나는 정화궁주¹가 불심을 키우기 위해 옥으로 만든 등잔을 전해준 것에서 비롯되었다는 것이고, 다른 하나는 정화궁주가 북송에서 『경덕전등록』이라는 경전을 가져와 보관한 것에서 비롯되었다는 이야기입니다. 『경덕전등록』이란 중국 북송시대 선종 중심의 법맥을 가지고 있는 경전으로 당시 고려에는 없었고, 또 무신정권기에 급성장한 고려 조계종이 법맥을 유지할 수 있게 하는 귀중한 경전입니다. 이에 『경덕전등록』이라는 고려 불교사의 중요한 경전을 가지고 있는 절이라는 의미로 전등사라는 명칭을 쓰게 되었다는 이야기입니다. 보통 등잔은 어둠 속에서 빛을 찾게 하는 것으로 비유적으로는 '진리' 곧 '경전'을 의미하기도 합니다. 경전과 옥등잔! 서로 다른 것이지만 진리를 찾고자 했던 상징을 표현하고 있다는 것은 공통점이라 하겠습니다.

전등사라는 이름은 고려 후기부터 이어져왔습니다. 『전등본말사지』에 따르면 옛 이름은 진종사였고 고구려 소수림왕 때 아도화상이 창건했다고 전합니다. 그런데 이 기록에는 의문점이 생깁니다. 고구려 소수림왕 때 강화는 백제의 영역이었습니다. 강화가 고구려의 영향력 아래 들어간 것은 장수왕의 남하정책 이후였고 고구려 소수림왕 재위 시절의 백제에는 아직 불교가 전해지지 않았습니다.

또 진종사라는 이름은 공민왕 때 제작된 전등사 향로의 명문에 사용되고, 고려 말 이색의 시에 전등사라는 이름이 쓰이기도 합니다. 두 가지 이름을 비슷한 시기에 함께 쓰고 있는 것이지요. 앞서 말한 전등사의 이름 유래를 본다면 당연 전등사라는 이름이 쓰여야 합니다. 이렇듯 진

---

1 정화궁주에 대해서 조금 더 살펴보면 정화궁주는 고려 충렬왕이 태자로 있을 때 정비로 봉해졌다가 이후 충렬왕이 원의 강요에 못 이겨 39세 되던 해 16세의 원나라 공주를 정비로 맞이하게 되는데, 이로 인해 왕후의 자리를 원나라 공주에게 빼앗긴 인물이다. 그러므로 정화궁주가 원나라에 대해 갖는 반감과 불심을 통해 고려의 부흥을 도모하려던 마음이 충분히 이해된다.

종사와 전등사와의 관계는 좀 더 연구가 필요해 보입니다. 다만 전등사와 관련된 주요 기록이 원 간섭기 그리고 고려의 강화천도와 더불어 정신적 영역에서 힘을 기르고자 했던 시기에 만들어졌음을 감안하면, 어느 정도 우리의 상상력에 맡길 수도 있겠다는 생각이 듭니다.

삼랑성/정족산성/가궐지

전등사를 둘러싸고 있는 성곽은 단군의 세 아들인 부소, 부우, 부여가 강화 남단의 세 봉우리를 연결하여 세웠다는 삼랑성입니다. 이후에는 삼국시대에 만들어진 정족산성[2]으로 불렸습니다. 우리에게는 병인양요 때 양헌수 장군이 침략해온 프랑스 군대와 이곳에서 전투를 벌인 것으로 더 유명합니다. 삼랑성 성곽을 따라 오르다 보면 강화 서남부가 한눈에 들어옵니다. 풍수지리 측면에서 삼랑성을 둘러싸고 있는 동쪽의 대모산, 서쪽의 마니산, 남쪽의 길상산, 북쪽 고려산이 각각 금·목·수·화·토의 오행 중 목·금·화·수의 기운을 띠고 있으니 중심에 자리 잡은 정족산이 토의 기운을 얻어 명당자리가 된다고 합니다.

　앞서 말한 것처럼 전등사가 고려의 국운을 위해 주목받는 시기에 지은 사찰임을 감안하면 전등사를 왜 성이 둘러싸고 있는지 이해가 됩니다. 전등사가 고려 정부로부터 주목받은 것은 고려 정부가 강화를 제2의 수도로 정하고 옮긴 때입니다. 고려는 어두워져가는 고려의 국운을 되살리기 위해 명당을 찾았고 그곳에 가궐[3]을 지었습니다. 이는 풍수지리의 영향으로 이곳에 "가궐을 짓고 하늘에 제사를 지내면 몽고의 입

2　세 발 달린 솥(鼎)을 뒤집어놓은 모습.

3　임시로 지었던 궁궐을 말함. 『전등본말사지』에는 고려 고종과 원종 대에 전등사에 가궐을 짓고 원종 7년 승려들이 절을 다시 창건했다고 기록되어 있다. 현재 가궐은 터만 남아 있다.

조 요구가 없어지고 대국이 되어 원이 고려에게 조공을 바치게 된다"는 예언을 믿었기 때문입니다. 하지만 그것이 풍수지리의 예언이었을까요? 어쩌면 백성들의 고통을 뒤로하고 고려 왕실의 안녕만을 염원했던 고려 조정의 간절한 소망은 아니었을까요?

전등사 경내

전등사는 가람 배치 면에서 특이한 점이 눈에 띕니다. 일반적인 불교 건축에서는 불교의 중심인 법당에 이르기까지 일주문, 당간과 당간지주, 천왕문 등을 만나게 됩니다. 그러나 전등사는 동문 방향에서 제일 먼저 성곽을 만나고, 이어서 양헌수 장군 승전비를 만납니다. 남문으로 들어가더라도 일주문이나 천왕문을 만나지는 못합니다. 그러니 익숙함을 버리고 전등사로 발걸음을 내디뎌볼까요?

전등사 답사를 남쪽에서 시작하든, 동쪽에서 시작하든 삼랑성의 일부를 관통하게 됩니다. 여기서는 동문으로 올라가 남문으로 내려오는 동선을 따라 걷겠습니다. 동문을 지나 처음 만나는 것은 양헌수 장군 승전비입니다. 병인양요 당시 프랑스군에 맞서 부족한 화력으로 매복하여 프랑스군 철수의 계기를 만들었던 전투가 이곳 정족산성에서 벌어졌습니다. 이것이 양헌수 장군 승전비가 전등사 경내에 서 있게 되는 이유입니다.

사람들은 보통 전쟁에서 지휘관만을 기억하곤 합니다. 전쟁 관련 유적지에서 주로 지휘관의 업적을 기념하는 비석을 만나지요. 하지만 전등사에서는 병인양요의 흔적이 양헌수 장군의 승전비에만 남아 있는 게 아닙니다. 전등사 대웅전 내부의 기둥에 새겨진 여러 이름들 또한 병인양요의 흔적입니다. 지휘관과 영웅 중심의 역사 인식은 승리의 기억을

양현수 장군 승전비(병인양요)　　　　　전등사 대웅전 기둥에 새겨진 이름들

안겨주지만 그 당시 전쟁에 참여했던 사람들이 느꼈을 두려움과 전쟁의 참혹함에 대해서는 알려주지 않습니다. 전등사 대웅전 안 기둥에 자신들의 이름을 새겨 두려움을 멀리하고 위안을 얻으려 했던 모습을 생각해봅시다. 공포, 파괴, 살육이라는 과정과 전쟁에서 승리했다는 사실 중 우리는 무엇을 더 고민해야 할지를 생각해야 합니다.

　　사실 신미양요나 병인양요 모두가 조선과의 수교, 통상이 목적인 전투였다면 조선이 이 전쟁에서 승리했다고 여기기에는 다소 무리가 있습니다. 결과적으로는 신미양요의 상대국인 미국과 조미수호조약을, 병인양요의 상대국인 프랑스와 조불수호조약을 체결하였지요. 결국 미국과 프랑스는 조선에 대하여 각각의 목적을 달성한 것입니다. 목적을 위해 수많은 병사들의 죽음이 정당화된 것이 안타깝습니다. 그렇기 때문에 우리는 특히나 부처님의 자비로움을 품은 전등사에서 대웅전 기둥에 쓰인 병사들의 이름과 양헌수 장군의 승전비를 바라보면서 전쟁의 승리보다는 전쟁으로 인해 발생하는 고통을 떠올리는 거울로 삼는 것은 어떨까요? 전쟁은 승패의 관점이 아니라 평화의 관점에서 바라보아야 합니다.

시원하고 아름답게 나 있는 숲길을 따라 더 걷다 보면 어린아이들의 놀이터 놀이기구처럼 생긴 윤장대를 만나게 됩니다. 가끔은 아이들이 매달려 마치 회전목마를 타는 것처럼 환한 미소를 머금고 있습니다. 이 윤장대는 원나라에서 유행한 라마교의 영향을 받은 것으로 보입니다. 문자에 익숙하지 않은 민중에게 불경은 부처님의 품안에 안기지 못하는 경계가 되었을 것입니다. 글을 읽지 못하는 사람들도 정성을 담아 윤장대를 한 바퀴 돌리면 어려운 불교 경전을 한 번 읽은 것으로 여겨주었습니다. 어려운 살림살이에서 잠시나마 마음의 위안을 얻고자 했었던 민중에게 부처님의 품을 열어준 도구가 되었습니다. 윤장대는 부처에 대한 기록인 불경을 읽을 수 없었던 사람들에게 부처님의 자비를 베푸는 수단이었습니다. 그때 윤장대를 돌리며 부처님을 만난 이들의 기쁨이 마치 윤장대를 회전목마처럼 타는 아이들의 환한 미소와 같을 것입니다.

이제 전등사 경내로 들어가겠습니다. 전등사 경내로 들어가는 길은 대조루를 통합니다. 대조루라는 이름은 서해의 조류를 가리킵니다. 밀물과 썰물의 만남을 살펴볼 수 있는 곳이라는 뜻이지요. 이곳에 올라서 밀물과 썰물의 만남을 보면서 무엇을 느낄 수 있을까요? 사랑하는 이는 연인과의 만남을 연상했을 것이고, 불가에서는 부처님과의 만남을 꿈꾸었을 것입니다. 그렇듯 이곳 대조루는 서해를 조망하는 역할도 하겠

전등사 대웅전의 옛 모습

지만, 절에서 가장 중요한 건물인 대웅전을 만나는 통로가 되기도 합니다. 산을 깎아내지 않고 경사진 그대로 건물을 얹혔으니 대조루를 통해 전등사 경내로 오르는 동안 부처님을 대하는 우리의 자세는 자연스럽게 교정됩니다. 목이나 허리를 굽히고, 낮은 자세로 계단을 오르게 되지요. 부처님이 계신 대웅전을 만나는 그 순간! 아마도 우리는 손끝만 모으면 부처님을 향해 합장하는 불교도의 자세와 무척 닮아 있을 것입니다. 아울러 우리의 시선도 낮은 곳에서 바라보는 대웅전을 만나니 대웅전 곧 부처님의 권위가 새삼 더 웅장하게 다가옵니다. 현재 이곳에는 전등사에 있었던 많은 현판들이 보관되어 있고, 정수사에서 판각되어 정화궁주에 의해 전등사로 전해진 법화경이 이곳 대조루에 보관되어 있습니다.

전등사 대웅전은 석가모니를 모시는 전각입니다. 절에서 가장 중요한 건물입니다. 그렇기 때문에 규모와 격에 있어서도 가장 정성을 들여 지은 건물입니다. 전등사의 건물들은 자연적인 산의 기울기를 따라 자리 잡았습니다. 높은 지형에서 낮은 지형으로 가면서 명부전, 약사전, 향로전, 대웅전이 순서대로 자리 잡았습니다. 자연의 기울기는 다른데 건물의 기울기는 같으니 자연스럽게 대웅전의 규모가 커질 수밖에 없습니다. 전등사의 주요 전각임을 가람 배치에서 그 의도를 살필 수 있습니다. 대웅전을 보고 있노라면 사람들의 입에서, 혹은 강화 전등사를 소개한 책자에서 가장 많이 전하는 처마 밑 '나녀상'을 만날 수 있습니다. 중국이나 일본의 절에서는 간혹 보이기도 하지만 이 땅에서는 드문

전등사 대웅전

건축 요소입니다. 특히 불가에서 가장 소중히 생각하는 대웅전의 처마 밑에 발가벗은 형체의 나녀를 얹는다는 것은 쉬운 일이 아니었을 것입니다.

　이 나녀상에는 전해오는 이야기가 많습니다. 불교의 수호신을 형상화한 원숭이라는 이야기부터, 벌거벗은 여인(나녀)이라는 이야기, 또 벌거벗은 여인이라면 도편수와 사랑을 나누었던 주막집 주인인가 아니면 다른 사람인가 하는 게 그것들입니다. 가장 많이 알려진 게 도편수와 주막집 주인의 사랑 이야기지요. 간략하게 소개해볼까요? 전등사 중건을 책임질 도편수가 한양에서 내려와 이곳에 머물다가 어느 날 자주 다니던 주막집 주모에게 연민을 느낍니다. 오랜 객지 생활에서 오는 외로움을 달래기 위해 주막에 더 자주 다니며 사랑을 키워갑니다. 노동의 대가로 받은 돈을 주모에게 맡기면서 전등사 완공 후의 사랑에 대

전등사 지붕 모서리의 나녀상

해 핑크빛 꿈을 키워갔지요. 어느덧 전등사 공사가 막바지에 이르러 지붕을 올리려는 순간, 주모는 그동안 도편수가 가져다준 돈을 가지고 도망을 쳤습니다. 몇 날을 슬픔에 잠겨 있다가 생각을 정리한 도편수는 지붕을 받드는 네 귀통이에 자신이 사랑하던 주모를 발가벗겨 지붕을 들게 합니다. 실제로 그런 것이 아니라 그런 마음을 담아 조각했던 것이지요. 답사객들에게 가장 인기가 있는 나녀상 이야기를 들으면 많은 사람들이 공감하며 웃음을 짓습니다. 그러고 나서 바라보는 전등사 대웅전은 조금 다르게 느껴지지요. 아마도 대조루를 지나면서 바라보았던 웅장한 대웅전이 아니라 서민들의 이야기와 맞닿아 있는 좀 더 친근한 대웅전으로 여겨질 것입니다.

　　나녀상의 여인이 누구일까 하는 물음에는 전등사가 정화궁주와 많은 인연이 있기에 정화궁주를 정비의 자리에서 쫓아낸, 그리고 당시 고려를 침략한 원나라에 대한 원망을 담아 원나라 공주를 발가벗겨놓았다는 이야기도 전해집니다. 그 주인공이 누구이건 간에 지붕을 지고 있어야 하는 벌은 사람들의 입에 오르내리면서 더 큰 벌이 되어버렸습니다. 그런데 사람들의 입에 오르내리면서 잊히지 않는다는 점에서 이 벌을 기획한 도편수도 나녀 못지않게 마음이 무거울 것 같습니다. 나녀상을 보면서 돈을 가지고 야반도주한 주모도, 고려를 핍박한 원나라 공주도 그리고 이 자리를 지켜온 강화 사람들도 모두가 마음의 짐을 지게 된 것이지요. 이것이 역사의 힘이 아닐까 생각됩니다.

　대웅전에서 살펴보아야 할 것이 나녀상만은 아닙니다. 종교적인 면으로 돌아와서 대웅전 내부를 살펴보아야겠지요. 대웅전 내부에는 석가모니를 모셔두고 양 옆에 협시보살로서 약사불과 미타불을 모셨습니다. 그런데 유난히 눈에 들어오는 것이 부처님 위의 닫집입니다. 닫집은 대웅전 안에서 부처님이 사는 작은 집을 표현하는 것입니다. 부처님이 살고 계시는 집이니 소박함을 추구하는 불교라도 닫집만큼은 화려하게 꾸며놓지요. 전등사 대웅전의 닫집에는 용, 극락조, 비운 등이 조각되어 있습니다. 부처님이 살고 계신 극락 세계를 표현한 것이지요. 또한 닫집 위 천장을 바라보면 힘차게 날아오르는 극락조와 들보의 귀퉁이에 용머리를 장식하고, 그 주변에 연을 장식해 극락세계를 더욱 입체적으로 보여줍니다. 특히 천장에는 이색적인 것이 있는데 물고기를 천장에 양각해놓았습니다. 전등사가 선조와 광해군 때에 화재로 큰 피해를 입었으니 수중 생명체를 이곳에 만들어 화재에 대응하고자 하는 마음이 강했던 것은 아닐까요.

　대웅전 옆에는 작은 건물이 차례로 자리 잡고 있는데 대웅전 옆에서부터 왼쪽으로 향로전, 약사전, 명부전, 극락암입니다. 향로전은 대웅전을 관리하는 역할을 하던 곳입니다. 약사전은 약사여래를 모시는 공간으로 질병으로 고통받은 민중들의 마음을 달래주는 곳입니다. 약사불을 따로 모시는 전각을 짓는 것은 그리 일상적이지는 않은데, 이곳 전등사에는 약사전을 따로 만들었습니다. 약사불은 약병처럼 생긴 물건을 가부좌위의 두 손에 쥐고 있는 것이 특징입니다. 명부전은 지장보살을 주불로 죽은 이들을 만나는 곳입니다. 죽은 사람들을 위한 49재 등 추모회가 이루어지는 곳도 바로 이곳이지요. 명부전에서는 지장보살 외에

십왕(十王)을 볼 수 있는데, 그중 머리 위에 책같이 보이는 것을 이고 있는 왕이 염라대왕입니다. 염라대왕이 죽은 사람의 행적이 적힌 명부를 들고 있는 것이지요. 이렇게 보면 대조루를 지나 대웅전, 향로전, 약사전, 명부전, 극락암의 순서로 만나게 되는데, 유독 이런 전각 배치가 강화와 강화 사람들의 삶을 회복시키고 위로하는 구조를 지니고 있다는 생각이 듭니다.

일제강점기의 전등사는 어떠했을까요? 전등사에는 일제강점기와 관련해서 전해오는 이야기를 지닌 은행나무가 있습니다. 일제강점기 일본의 수탈이 극심하던 시기에 전등사 은행나무에서 나오는 열매까지도 수탈해갔다고 합니다. 어느 날 평소 은행 열매 생산량의 두 배를 가져가려 하자 고민하던 스님이 정성스럽게 기도를 드렸다고 합니다. 그때부터 이 은행나무에는 열매가 열리지 않았다고 합니다. 관리도 열매가 열리지 않으니 더 이상 괴롭힐 수 없었겠지요. 그렇습니다. 스님은 은행 열매가 두 배로 열리기를 기도하지 않았습니다. 오히려 열매 맺지 않기를 기도했지요. 풍요와 편리가 지상 제일의 과제가 되어버린 듯한 이 물질의 시대에 '평상시의 두 배'를 수탈하려는 의도에 맞서 선택한 것은 생산량을 늘리려 거름을 주고 은행나무를 잘 관리하는 것이 아니었습니다. 더 풍요롭고, 더 편리해지려는 세상의 요구에 우리는 무엇을 선택해야 할까요? 어쩌면 더 많은 풍요와 더 쉬운 편리가 아니라 '나눔'과 '불편'을 우리 삶에서 기도하는 것이 더 어울리지 않을까요?

전등사에도 소리를 내는 사물(四物)이 있습니다. 불교에서 사물이란 범종, 법고(북), 목어, 운판을 말합니다. 법고는 지상의 생물을, 목어는 수중 생물의 고통을 없애주는 소리를 냅니다. 범종과 운판 역시 모든 세계의 생물들이 가진 고통을 해결해주는 역할을 합니다. 그런데 자세히 보

정족산 사고(史庫) 옛 모습   정족산 사고(史庫) 현재 모습

면 사물 중 법고, 목어, 운판은 다른 절에서 보는 것과 비슷하게 생겼는데, 범종만은 우리에게 익숙한 범종과 생김새가 조금 다릅니다. 보통 한국식 범종은 용뉴와 음통도 있고 비천상도 새겨져 있고 범종 하단부도 굴곡 없이 우직하게 마무리하는데 전등사의 종은 조금 다릅니다. 우리가 전등사 범종이라 믿고 있는 이 범종은 본래 전등사에 있던 범종이 아닙니다. 본래의 전등사 범종은 일제강점기 말기에 전쟁 물자를 만들기 위해 가난한 시골 집의 숟가락마저 빼앗아 가던 시기에 수탈당합니다. 절의 상징인 범종을 빼앗겼으니 주지 스님의 고민이 컸겠지요. 이후 일제가 전쟁에서 지고 철수를 준비하던 무렵 주지 스님은 인천항을 돌아다니며 범종을 찾기 위해 노력하던 중 인천시 부평에 있던 창고에서 지금의 범종을 발견해서 가져왔다고 합니다. 생김새가 다른 이 범종은 중국에서 만들어졌습니다. 현재 보물로 지정되어 있는데, 중국 종이 우리의 보물로 지정된 드문 경우라 할 수 있습니다.

전등사 답사에서 또 하나 기억할 것은 바로 『조선왕조실록』을 보관하고 있던 사고(史庫) 이야기입니다. 강화도는 고려와 조선 왕조로부터 주목을 받았던 지역입니다. 원의 침략 당시 고려 왕조의 연명을 위해서

도읍을 옮긴 곳이기도 하고, 조선에 와서도 전란을 피하고자 선택되었던 지역입니다. 여러 면에서 가장 안전한 곳이기 때문입니다. 또한 전등사는 강화도에서 최고의 명당으로 여겨지는 곳입니다. 이러한 입지조건이 조선 왕조가 중요하게 여기는 기록물 보관소인 사고를 이곳에 두게 하였습니다. 사고는 왕실의 세보와 실록을 보관하는 곳으로 왕실과 관련된 기록물을 보관하는 선원각과 실록을 보관하는 장사각을 가리킵니다. 『조선왕조실록』은 서울의 춘추관과 충주 사고에 보관하는 것만으로는 안심할 수 없어 전주와 성주에 사고를 새롭게 만들고 총 4부를 제작하여 보관하였습니다. 그런데 4부의 실록 중 전주 사고의 실록을 제외하고는 임진왜란 때 모두 소실되었습니다. 전란을 수습하는 과정에서 전주 사고본을 다시 인쇄해서 강화도 마니산, 봉화 태백산, 영변 묘향산,[4] 평창 오대산 그리고 춘추관에 보관하게 되었습니다. 이때 전주 사고에서 보관하던 실록 원본을 강화도 마니산 사고에서 보관하였습니다. 이후 마니산 사고본은 전등사에 새롭게 지은 장사각으로 옮겨 보관하였습니다. 이렇게 보면 『조선왕조실록』의 유일한 원본을 마지막까지 보관하던 곳이 전등사 사고지요.[5] 이곳에는 우리에게 익숙한 영조가 선원록을 봉안하기 위해 전등사를 방문했다가 선원각과 장사각의 별관 격인 취향당(翠香堂)의 편액을 직접 썼다는 기록이 전해집니다.

전등사를 통해 만나는 이야기들은 단군에 관한 것부터 삼한시대의 성, 고려의 가궐지와 원 간섭기의 정화궁주 이야기, 조선의 실록 보관지였던 사고, 일제강점기의 은행나무, 전등사 범종 이야기처럼 이 땅의 역사와 맥을 같이하고 있습니다. 지금은 이곳에서 가을밤 우리의 귀를 황

---

4 이후 청과의 관계가 악화되자 무주 적상산으로 옮김.
5 이후 이곳에 보관된 실록 원본은 서울대 규장각으로 옮겨짐.

홀하게 만드는 산사음악회와 전등사 숲 해설이 진행됩니다. 강화를 흔히 지붕 없는 박물관이라 표현하는데, 전체적으로 작은 규모의 전등사를 통해 많은 이야기를 전해 들을 수 있으니 전등사는 지붕 없는 박물관 안의 특별전시실이라는 생각이 듭니다.

고려와 강화,
섬(島)에서 수도(都)가 되다

1

무신정권의
강화천도

고려궁지

고려궁과 조선조 강화행궁

고려와 조선의 수도였던 개성과 한양이 물길로 연결되어 있기 때문에 수로 교통을 이용해 개성과 한양으로 가기 위해서는 반드시 강화를 거치게 됩니다. 수도와 가깝고, 수로 교통의 요지라는 장점으로 고려와 조선 모두에게 위급한 일이 생겼을 때 쉽고 빠르게 피신할 수 있었습니다. 특히 강화는 고려와 조선의 세곡 운반제도인 조운의 기착지였기에 경제적으로도 큰 장점이 있습니다. 이러한 이유로 고려와 조선은 위기에 처하면 강화로 발길을 옮기려 하였습니다. 몽골이 침략했을 때 고려 정부가 그랬고, 두 차례에 걸친 호란을 경험하면서 조선 정부가 강화행을 선택하기도 했지요. 이런 이유에서 강화에는 방어 시설뿐만 아니라 왕실의 거처를 만들었습니다. 고려궁과 강화행궁이 바로 그것이지요.

몽골이 고려를 침략했을 당시 무신정권은 강화천도를 고려 고종에게 제안하였고, 고종은 이를 허가하여 강화로 도읍을 옮겼습니다. 강화

고려궁은 현재 남아 있지 않다. 멀리 조선시대 설치된 외규장각이 보인다.

천도를 위해 제일 처음으로 준비한 것은 고려궁을 짓는 것입니다. 기록에 따르면 본궁인 연경궁을 비롯해서 14개의 건물과 궁궐 부속시설을 지었다고 전합니다. 이때 강화 고려궁의 뒷산을 개성 송악산이라 부를 정도로 고려궁을 중심으로 주변의 지명과 궁궐 각 건물 및 문루까지도 개성의 궁궐을 모방했다고 합니다. 궁궐을 지으면서 궐외 각사 및 관리들의 거처도 만들었는데, 이는 당시로부터 이어져온 지명에 잘 반영되어 있습니다. 다만 지금은 고려의 것보다 조선행궁의 유적이 많이 남아 있는 터라 우리를 혼동시키지만 고려궁을 중심으로 당시의 거리를 상상해 보는 즐거움도 클 것입니다.

고려는 강화로 천도하면서 고려궁 이외에도 내성과 중성 그리고 외성을 모두 쌓았습니다. 내성은 지금의 강화성 사대문으로 이어진 것이고, 중성은 조금 더 영역을 넓혀서 국화리와 선원면에 걸쳐 축성되었고,

외성은 염하를 중심으로 쌓았습니다. 모두 토성으로 축성되었고 개성 환도 후 몽골의 요구로 허물게 되었지요.

조선 초기 강화행궁[1]은 고려에 비해 규모가 작았습니다. 고려궁이 있던 곳에 행궁을 건립하고 그 주변에 강화

고려궁의 정문 승평문(昇平門)

유수부와 외규장각[2]을 세웠습니다. 조선 초기 강화행궁의 영역은 성공회 강화읍성당 북편의 산자락에 있었던 동문, 강화향교가 서 있는 곳의 서문, 선원 김상용 선생의 순절비가 있는 곳의 남문으로 짐작해볼 수 있습니다. 이후 두 차례의 호란 이후 숙종 때에 이르러서 지금과 같은 4대문의 영역으로 다시 넓혀졌습니다.

---

1 병자호란 때 소실되었다. 이후 다시 장령전, 만령전, 봉선전, 외규장각, 척천정, 세심재 등의 조선행궁을 세웠으나 병인양요 때 행궁과 외규장각이 다시 소실되었고 현재에는 강화 유수부 건물인 명위헌과 이방청 건물이 남아 있다. 이때 외규장각에 보관되어 있던 많은 서적과 은괴가 프랑스에 약탈당했다.

2 1782년 정조의 명에 의해 강화도에 건립된 왕실 도서 보관소로 전쟁이 일어나면 안전지대로 꼽는 강화도의 지리적 특성이 위치 선정에 중요한 기준이 된 것으로 보인다. 외규장각은 서울 창덕궁의 규장각에 보관하고 있던 도서들을 좀 더 안전하고 체계적으로 관리하기 위해 조선시대 강화행궁(현 고려궁지)에 건립되었다.

특히 외규장각에 보관되었던 자료 중 '의궤'는 왕실이나 국가 행사의 준비과정과 결과까지 글과 글림으로 정교하게 기록해놓은 서책으로 조선시대 기록문화의 수준을 가늠할 수 있는 귀중한 자료이다. 특히 강화 외규장각에 보관되어 있던 어람용 의궤는 왕이 보는 어람용 의궤로 다른 사고에 보관되어 있던 분상용 의궤에 비해 종이의 재질, 채색, 제본의 형태까지 고급스럽고 정교하게 제작되었다. 외규장각의 의궤는 병인양요 때 프랑스군에 의해 약탈된 후 그 소재가 정확히 알려지지 않았다. 그러나 프랑스에서 근무하던 서지학자 박병선 박사가 이를 발견하여 그 소재가 세상에 알려졌다. 1993년 한국 고속철도사업의 프랑스 참여와 관련하여 방한한 프랑스 미테랑 대통령이 "수빈휘경원소도감의궤(綏嬪徽慶園園所都監儀軌)"를 가지고 온 것을 시작으로 약탈된 지 145년 만에 다시 돌아왔다. 조선의 기록문화 수준을 가늠할 수 있는 중요한 문화재인 '의궤'가 원래 있었던 강화 외규장각에 보관되면 그 의미를 더 살릴 수 있겠다는 바람이 생긴다.

강화행궁(고려궁터)을 중심으로 주변을 살피면 행궁으로부터 살창고개(고려 창왕이 살해된 고개)에 이르는 곳에 궁궐과 관청, 병영에서 일하는 서리, 향리, 영리 등의 숙곳동이라 부르는 궐외 생활지가 있었습니다. 고려궁지 아래쪽으로는 궁고을이라 하여 민가가 집중되어 있었고요. 또 지금 강화여고가 있는 곳은 향교가 있어서 향교골이라 불렀습니다. 원래 강화향교는 지금의 강화 남산 자락에 있었지만 궁궐에서 아래로 내다보이는 위치라 그 존엄과 위상이 깎인다 하여 강화여고 옆으로 옮겼습니다. 용흥궁 주변은 내수골이라 하는데 아마도 궁궐과 관아에서 필요한 물자를 조달하던 내수사가 있었던 이유에서 붙여진 이름인 듯합니다. 또 동문과 견자산 주변에는 관아와 병영이 있었고 최우의 사저가 이 부근에 있었다고 전합니다.

붕어빵에 붕어 없고, 고려궁지에 고려궁 없다

최근까지 고려궁지에서는 발굴 조사가 진행되었지만 눈에 보이는 것은 조선시대 건물인 명위헌과 이방청입니다. 고려궁 주변에 민가가 모이면서 "한 번의 화재로 이웃한 민가 1,000호가 불탔다"는 기록만 보아도 당시 고려궁과 고려궁 주변이 번화한 거리였음을 알 수 있지만 지금 고려궁지엔 고려와 관련된 흔적을 쉽게 찾아볼 수 없습니다.

고려궁을 지을 때는 개성의 궁궐을 모델로 비슷하게 지어서 정전 외에도 14개나 되는 궁궐의 전각[3]이 있었다고 하는데, 지금 남은 것은 정문으로 삼았던 궁의 남문이 갖고 있는 승평문이라는 이름과 고려 왕자들이 마셨다는 왕자정뿐입니다. 불에 타기도 하고 훗날 조선시대에

---

3 연경궁, 강안전, 경령전, 건덕전, 장령전, 만령전, 대관전, 여정궁, 승평문, 광화문, 장령문, 사직지 등.

돌보지 않았기 때문입니다.

강화성 남문 주변에는 구신골(귀신골), 부조고개라는 지명이 남아 있습니다. 주변에 귀신 이야기나 마애불이 있을 법한 이름이지만 실제는 전혀 관계가 없습니다. 이 두 지명은 모두 고려와 조선의 교체기에 있었던 사람들의 이야기에서 비롯됩니다. 고려가 망하고 조선이 들어서자 일부 사대부들은 고려에 대한 의리를 지키려 하였습니다. 그것은 조선 정부에 입조하지 않고 초야에 묻혀 사는 것인데, 아홉 명의 신하가 같은

고려성 남문에서 시간을 알려주던 강화동종
(강화역사박물관)

마음으로 살던 마을이었기에 구신골(九臣谷)과 부조개(不朝峴)라는 이름이 생겼습니다. 조선에 협력을 거부하던 고려 신하가 모여 세상 밖으로 나오지 않았다는 두문불출의 두문동이 강화에서는 구신골과 부조고개라는 지명으로 뜻을 같이하고 있는 것입니다.

2

무신정권 아래
문신의 삶

이규보 묘

사람이 만든 아스팔트 길을 걷는 것과 자연이 만든 숲길을 걷는 기분은 다릅니다. 직선과 곡선으로 구분되는 생김새도 다르고, 사람의 체중을 반사시키는 표피의 포용력 또한 걸을 때마다 온몸으로 받아주는 숲속 흙길과는 다릅니다. 자연이 만든 도화지 위에 사람의 발걸음이 하나씩 쌓여 만든 숲길에서 만나는 아늑함은 나무와 흙과 사람의 발이 만들어낸 합작품입니다. 전등사, 삼랑성, 온수리 성공회성당, 이규보 묘, 곤릉, 석릉, 가릉을 향하는 강화 나들길 3코스는 숲길로 연결되었습니다. 그중에서도 고려시대의 문장가였던 이규보(1168-1241)로 시작해서 곤릉, 석릉, 가릉으로 향하는 길은 나들길 3코스의 부제인 '능묘 가는 길'의 주인공이 되었습니다.

이인저, 이규보, 백운거사

소년기 이규보의 이름은 인저(仁氐)였습니다. 본관은 황려 곧 오늘날의 여주였고, 그의 아버지 이윤수는 개성에 사는 호부시랑이라는 관리였습니다. 가문의 영향력이 크지 않았던 이규보 가문은 고려 광종 때부터 시행되어온 과거를 통해 관직을 얻고 그것을 바탕으로 출세하는 것을 가문의 부와 명예를 키우는 것이라 생각했습니다. 때문에 어린

사가재 내부에서 바라본 이규보 묘

이규보는 아버지의 적극적인 지원으로 당시 명문 사학이었던 9재 학당의 성명재에 들어가 공부할 수 있었습니다. 9재 학당은 해동공자로 불렸던 최충이 세운 교육기관이었고, 당시에는 인기가 높았던 학교였습니다. 아버지의 교육열을 보면 가문을 중시하는 귀족사회에서 이규보가 출세하는 것뿐만이 아니라, 아들을 통해 가문을 일으키는 것까지 기대했었는지도 모르겠습니다. 성명재에서 이규보는 시 짓기에 조예가 깊어 그 재능을 인정받았습니다. 그러나 16세부터 시작한 과거 응시는 아버지의 바람을 쉽게 현실로 만들지 못했습니다.

　당시의 주류 문학은 유교 경전에 대한 배경지식이 필요했기에 문체가 자유분방했던 이규보에게 경전을 중심으로 한 과거는 어려움으로 다가왔습니다. 이규보는 세 번의 쓴맛을 본 후에야 국자감시에 합격하였고, 23살이 되던 해 대과에 응시하여 최종 합격했습니다. 그 과정에서 이규보의 이름이 바뀌는데, 거기엔 과거 합격에 대한 이규보의 절실한 바람이 담겨 있습니다. 과거에 떨어지고 나서 실의에 빠진 이규보는 어느 날 꿈속에서 밤하늘의 28개 별자리를 상징하는 신선들을 만났는데, 자신의 시험 결과에 대해 물으니 문장을 관장하는 규성에게 물어보라

하였습니다. 이에 규성에게 물어보니 과거에 합격할 것이라 대답해주었습니다. 한밤의 꿈이 준 자신감으로 과거에 응시한 이규보는 과거에 합격하였고 지난밤 꿈에 나타나 합격을 예언해준 규성(奎星)[4]에 보답(報答)하는 의미로 '인저'라는 초명을 버리고 규보(奎報)로 이름을 바꿨습니다.

고려시대에는 모든 신분에 과거 응시의 기회가 열려 있지 않았고, 기회가 있는 신분이라 하더라도 경제력이 바탕이 되지 않으면 뒷받침을 해주지 못했습니다. 거기에 기회와 경제력이 있어도 학문에 대한 재능을 갖추지 않으면 안 되었지요. 여기까지가 이규보가 누린 것입니다. 그런데 과거에 합격했다 하더라도 끌어줄 배경이 없다면 관직에 나갈 수 없었습니다. 이것은 큰 권세를 지니지 못한 이규보 가문이 결코 넘어설 수 없는 높은 벽이었습니다. 이러한 현실에 대한 이규보의 비판은 이규보의 글[5]과 일화[6]에서도 많이 보입니다.

---

4 규성(奎星) : 이십팔수(二十八宿)의 열다섯째 별. 입하절(立夏節)의 중성(中星). 서방(西方)에 위치하며 문운(文運)을 맡아보는 별.

5 이자(李子 이규보)가 남쪽으로 어떤 강을 건너는데, 때마침 배를 나란히 해서 건너는 사람이 있었다. 두 배의 크기도 같고 사공의 수도 같으며, 배에 탄 사람과 말의 수도 거의 비슷하였다. 그런데 조금 후에 보니, 그 배는 나는 듯이 달려서 벌써 저쪽 언덕에 닿았지만, 내가 탄 배는 오히려 머뭇거리고 전진하지 않았다. 그래서 그 까닭을 물었더니, 배 안에 있는 사람이 말하기를, "저 배는 사공에게 술을 먹여서 사공이 힘을 다하여 노를 저었기 때문이오." 하였다.

나는 부끄러워하지 않을 수 없었으며, 따라서 탄식하기를, "아, 이 조그마한 배가 가는 데도 오히려 뇌물의 있고 없음에 따라 지속(遲速)·선후(先後)가 있거늘, 하물며 벼슬을 경쟁하는 마당에 있어서랴? 나의 수중에 돈이 없는 것을 생각하매, 오늘날까지 하급 관직 하나도 얻지 못한 것이 당연하구나." 하였다. 이것을 기록하여 후일의 참고로 삼으려 한다. 주뢰설(舟賂說).

6 유아무와 인생지한(有我無蛙人生之恨)

"나는 있으나 개구리가 없는 게 인생의 한이다"라는 이 말은 고려 말 이규보가 과거에 낙방하고 초야에 묻혀 살 때 집 대문에 붙어 있던 글이다.

하루는 임금이 단독으로 야행을 나갔다가 깊은 산중에서 날이 저물었다. 다행히 민가를 하나 발견하고 하루를 묵고자 청하게 되었는데, 그 집 대문에 붙어 있는 글 有我無蛙人生之恨(유아무와 인생지한)이라는 글이 임금을 궁금하게 하였다. 개구리가 뭘까? 왕은 여러 가지로 생각해봤지만 도저히 감이 안 잡혔다. 사정 끝에 하룻밤을 묵어갈 수 있도록 허락을 받았지만 집 주인의 글 읽는 소리에 잠은 안 오고 궁금해서 면담을 신청했다. 그리고 궁금하게 여겼던 그 글에 대하여 들을 수 있었다.

이규보는 고려시대 문장가로 유명합니다. 『동국이상국집』과 「동명왕편」, 그리고 팔만대장경의 조성 목적을 적은 「대장각판군신기고문」 등이 대표적 문학작품입니다. 우리 교과서에도 『동국이상국집』과 「동명왕편」이 소개되고 있습니다.

앞서 말했지만 1168년 개성에서 태어난 이규보는 23살이 되는 1190년에 문과에 급제했습니다. 그러나 그는 관직을 받지 못했습니다. 귀족 중심의 사회였던 당시 사회에서 권세를 가진 가문 출신이 아니었기 때문입니다. 현실을 받아들일 수 없었던 이규보는 이듬해 깊은 산으로 들어가 백운거사라 호를 짓고 살았습니다. 이 호 속에 세상에 가로막힌 자신의 한을 고스란히 담아두고 시를 지으며 살았습니다. 이 시기 「동명왕편」도 지었습니다. 고구려 건국자인 주몽에 대한 기록은 이미 김부식의 『삼국사기』에도 실려 있지만 「동명왕편」이 더 서사 구조를 잘 갖추고 있다고 평가받습니다. 기존의 주몽에 대한 기록에 작가의 상상력을 동원해 더 세밀하고 높은 이상을 가진 고구려 건국 시조 주몽을 만들어낸 것입니다. 『삼국사기』는 기존의 고구려에 대한 기록을 참고로 신

옛날, 노래를 아주 잘하는 꾀꼬리와 목소리가 듣기 거북한 까마귀가 살고 있었다. 하루는 꾀꼬리가 아름다운 목소리로 노래를 하고 있을 때 까마귀가 꾀꼬리한테 노래 시합을 하자고 제의했다. 두루미를 심판으로 하고 3일 후에 하자는 것이었다. 꾀꼬리는 한마디로 어이가 없었지만 시합에 응하기로 했다. 꾀꼬리는 3일 동안 목소리를 더 아름답게 가꾸고자 노력했지만 정작 노래 시합을 제의한 까마귀는 노래 연습은 하지 않고 논두렁에 가서 개구리만 잡는 것이었다. 아무튼 약속한 3일이 되어서 꾀꼬리와 까마귀가 노래를 한 곡씩 부르고 심판인 두루미의 판정을 기다리게 되었다. 꾀꼬리는 고운 목소리로 잘 불렀기 때문에 승리를 확신하고 있었지만 결국 심판인 두루미는 까마귀의 손을 들어주었다. 나중에 알고 보니 까마귀는 그때 잡은 많은 개구리를 두루미한테 갖다 주고 뒤를 부탁한 것이었다.
이어 이규보 선생은 자신의 실력이나 지식은 남에게 뒤지지 않는데, 과거를 보면 꼭 떨어진다고 말했다. 돈이 없고, 정승의 자식이 아니라는 이유로……. 그런 일이 있은 후 임금은 궁궐에 돌아와서 임시 과거를 열 것을 명하였다. 과거를 보는 날, 이규보 선생도 참여하게 되었는데, 시제가 바로 '有我無蛙人生之恨'이란 여덟 자였다. 다른 사람들이 그게 무엇을 뜻하는지를 생각하고 있을 때 이규보 선생은 임금이 계신 곳을 향해 큰절을 한 번 올리고 답을 적어냄으로써 장원급제하여 유명한 학자가 되었다고 한다.

화적 요소를 최대한 생략하고 있는 반면, 「동명왕편」은 신화적 요소가 강렬하게 밴 서사적 구조를 더욱 확대하여 고려의 고구려 계승의식을 강조하였습니다. 이는 당시 고려사회의 주류가 신라 계승의식을 가진 귀족 중심 사회였던 점을 감안할 때 이규보의 주류 지배층과 현실에 대한 비판의식이 창작 동기에 반영된 것은 아닌지 생각됩니다. 실제로 「동명왕편」을 쓰고 난 후 10년 뒤 경주에서 일어난 신라 부흥운동에 이규보는 토벌군의 참모로 자원했습니다. 여기서 잠깐 살펴볼 것은 흔히 「동명왕편」은 대몽 항쟁기에 민족의식을 고취하기 위해 서술된 것으로도 알려져 있지만 오히려 만들어진 시기를 보면 몽골이 침략하기 전입니다. 따라서 대몽항쟁이라는 시대적 배경보다는 신라 출신 중심의 사회 주류층에 대한 반감과 새로운 세력에 대한 갈망이 더 컸을 것으로 보입니다.

무신정권 아래 문신의 삶

사회가 인정하는 지식인으로 사는 것은 개인에서 공인이 된 만큼 그 사회적 책임으로부터도 자유로울 수 없습니다. 재능과 출세라는 선택의 기로에서 시대정신과 자신의 이익이 충돌할 때 어떤 사람들은 현실을 버리고 자신의 문학적 재능을 살리기 위해 절필 혹은 은둔의 삶을 산 경우도 있지만, 어떤 부류는 자신의 재능을 철저히 출세를 위해 쓰기도 합니다. 아쉬운 일이지만 문학에서 우수한 문장가로 잘 알려진 인물이 역사에서는 아쉬움으로 기억되는 사람들이 종종 있습니다. 일제 강점기 조선의 천재로 명성을 얻었던 이광수, 조선인 가미카제 특공대원 마쓰이 히데오를 찬양했던 서정주 등이 그렇습니다. 거기에 고려 무신정권과 공생 공존의 길을 걸었던 이규보를 만나면 문학이 역사와 한 몸이 되지 못했던 과거 속에서 마음은 더욱 안타까워집니다.

이규보 묘를 지키는 석물

　　이규보가 태어나고 2년 뒤 정중부 등이 무신정변을 일으켰습니다. 무신정권의 시대가 열렸습니다. 따라서 이규보의 시대는 무신이 정권을 가졌던 시기와 일치합니다. 이규보는 이의민이 무신정권의 실권자일 때 과거에 합격했고, 관직은 최충헌이 개최한 시화에 참가하여 최충헌을 찬양하는 시를 짓고 말단 벼슬을 받았으며, 최우 때에 이르러서야 서방을 통해 출세했습니다. 때문에 관리로서의 삶은 무신정권, 그중에서도 최씨 무신정권과 깊은 연관이 있습니다. 몽골의 침입에 대한 최우 정부의 강화천도론에 대해서도 이규보는 적극 찬성하였습니다. 당시 고려 조정의 강화천도에 대해서는 의견이 팽팽하였습니다. 당대 이규보와 함께 최고의 문신으로 인정받던 유승단은 강화천도론에 부정적이었습니다. 과거 합격 동기생으로 각별한 우정을 나누던 두 사람은 '옛글에는 유승단, 즉흥시에는 이규보'라 불릴 정도로 문학적 재능을 인정받았던 사이였지만 강화천도에 대한 입장은 서로 달랐습니다. 이는 이규보의 관직 진출이 일반적 방법이 아닌 권력에 대한 찬양과 협조에 기반을 하고 있었기에 무신정권이 옹호하고 있는 강화천도론에 이규보는 찬성할 수밖에 없었을 것입니다.

관직에서 은퇴한 말년의 이규보는 술과 거문고 그리고 시를 좋아한다는 뜻을 지닌 '삼혹호'라고 다시 호를 짓고 강화에서 생활하다 여생을 마칩니다. 이규보의 묘에는 후손들이 묘역 정비사업을 하면서 지은 영정각과 사가재가 있습니다. 영정각은 이규보의 영정을 모신 건물이고, 사가재는 제사를 지내기 위해 지었습니다. 사가재는 원래 이규보 부친이 가진 개성 외곽의 별장 이름으로 "밭이 있으니 갈아서 식량을 마련하기에 가하고, 뽕나무가 있으니 누에를 쳐서 옷을 마련하기에 가하고, 샘이 있으니 물을 마시기에 가하고, 나무가 있으니 땔감을 마련하기에 가하다"는 의미로 붙여진 이름입니다.

이규보의 시에는 농민의 삶을 모티브로 한 시[7]도 몇 수 보입니다. 이를 단순하게 재구성하면 술 그리고 음악과 문학을 즐기는 지식인이 식량, 옷감, 음료, 난방 걱정 없이 살면서 농민의 삶을 걱정한 것이 되겠지요. 당대의 문장가가 농업과 농민을 소재로 글을 쓰는 게 드문 경우라 관심이 높아지긴 하지만, 그의 현실과 생각이 만들어낸 농부와 농업

---

7 (代農夫-농부를 대신하여) - 1. 논 바닥에 엎드려 비 맞으며 김을 매니 / 그 모습 흙투성이 어찌 사람 모습이랴 / 왕손 공자들아 농부를 멸시 마소 / 그대들의 부귀호사가 모두 농부 덕분이야. 2. 푸른 잎 새 곡식은 여물지도 않았는데 / 아전들이 벌써부터 조세 내라고 다그치네 / 나라 부강하게 하는 일이 농부손에 달렸거늘 / 어찌 이리 모질게도 농부들을 침탈하나.
(新穀行-햅쌀을 노래하다) - 한 알 한 알을 어찌 가벼이 여길 건가 / 생사와 빈부가 여기에 달렸는데 / 내 부처처럼 농부를 공경하노니 / 부처도 못 살리는 굶주린 사람 농부가 살리네 / 기쁘다! 늙은 이내 몸 / 또다시 금년 햅쌀 보게 되니 / 죽더라도 여한이 없네 / 농사의 혜택이 내게까지 미침에랴.

이규보 묘 석양(앞모습)　　　　　이규보 묘 석양(뒷모습)

에 대한 생각은 매우 낭만적입니다. 관리였던 시절 농민 반란에 대해 철저히 진압군의 편에 섰던 것에 비추어 보면 이규보의 농민에 대한 시선은 논둑의 풀을 모두 베어버리고 막걸리 한잔으로 고된 노동을 위로하던 시골 노인의 마음과는 달랐겠죠. 곁에서 보면 막걸리 한잔을 마시는 시원함이겠지만 그곳에 사는 사람은 스스로의 고된 노동을 위로하기 위한 유일한 선물일 것입니다.

　고려시대 무신정권은 농민의 입장에서 보면 고려 귀족사회의 모순을 개혁한 대안 세력이 아니라 마찬가지로 삶의 고통을 주었던 세력입니다. 새 세상을 열어주기보다는 그저 지배세력의 교체만을 가져온 대체 세력이었을 것입니다. 이규보는 성장기 자신이 경험했던 고려 사회의 모순을 극복하고자 대체 세력을 활용하려 했던 개혁가도 아니었습니다. 우리는 술과 거문고 그리고 시를 좋아했던 이규보를 통해 무신정권 아래 어느 문신의 삶을 살펴볼 수 있었습니다. 무신정권의 붓이 되기도 했던 대문장가를 보면서 일제강점기 하늘을 우러러 한 점 부끄럼 없기를 바랐던 시인과, 빼앗긴 들에 반드시 봄이 오길 염원했던 시인들이 각별하게 다가오는 하루를 경험하게 됩니다.

3

남한의 고려왕릉

가릉, 곤릉, 석릉, 홍릉

죽지 않는 삶을 기원했던 인간의 욕망은 세월과 현실에 늙고 죽어가는 모습을 보며 사후세계를 갈망하게 되었고, 그 갈망은 무덤으로 사후의 안식처를 만들게 되었습니다. 특히 당시의 사회가 신분제 사회였기에 살아 있을 당시의 삶을 이어가기 위해 무덤에도 그 권위를 상징하는 무덤의 격과 이를 바탕으로 살아 있는 자의 권위를 유지하기 위해 상장제례(喪葬祭禮)라는 형식을 띠었습니다. 오늘날 우리는 무덤의 격을 능(陵), 원(園), 묘(墓), 총(塚), 분(墳)으로 구분하고 있는데, 능이라 함은 왕과 왕비, 원은 왕세자와 왕세자빈 또는 왕세손과 왕세손비, 묘는 왕위와 관계없는 왕족과 일반인의 무덤을 총칭하는 명칭입니다. 또 총은 그 규모로 보아 당시 권력자의 무덤으로 추정되지만 그 주인을 알 수 없는 경우에 붙여진 이름이고, 분은 발굴이 되지 않아 무덤으로만 추정되는 무덤을 통틀어 일컫는 말입니다.

남한 지역의 고려왕릉

강화에는 능내리, 능묘길 등 능과 관련된 지명이 아직 남아 있습니다. 이 길 주변에는 남한 지역에서는 찾아보기 드문 고려왕릉이 있습니다. 고려의 도읍이 개성이었으니 주로 개성과 가까운 곳에 많이 있지만 현재 남한 지역에도 경기도 고양시의 공양왕릉과 강화의 가릉, 석릉, 곤릉, 홍릉 등이 확인되고 있습니다. 남한 지역의 분포를 유심히 보면 유독 강화도에 고려왕릉이 많이 있는 것을 알 수 있습니다. 거기에는 특별한 이유가 있습니다. 강화에 자리 잡은 고려왕릉과 그 무덤의 주인을 살피면 개성을 기점으로 고려 고종의 무덤인 홍릉, 고려 원종비 순경태후의 무덤인 가릉, 희종의 무덤인 석릉, 고려 강종비 원덕태후의 무덤인 곤릉이 순서대로 자리 잡았습니다. 가릉과 석릉, 곤릉은 가까이에 모여 있는 반면 홍릉은 조금 떨어진 강화 북쪽 고려산에 있습니다. 방향을 중심으로 살피면 홍릉, 가릉, 석릉, 곤릉의 순서지만 무덤의 주인공과 관계된 왕위 기준으로 보면 석릉(21대 희종), 곤릉(22대 강종), 홍릉(23대 고종), 가릉(24대 원종)의 순서입니다. 이중 홍릉과 석릉은 왕의 무덤이고, 가릉과 곤릉은 왕비의 무덤이지요. 이렇게 고려 21대 희종부터 24대 원종 때까지의 왕릉이 강화도에 자리 잡은 것은 각 능의 주인공이 고려 고종 때 사망했고, 이 시기는 몽골의 침입을 피해 강화도로 도읍을 옮긴 시기[8]였기 때문입니다.

석릉, 곤릉, 가릉이 있는 이 길을 강화 나들길의 세 번째 코스로 일명 '고려왕릉길'이라 부릅니다. 나들길을 걸으며 석릉, 곤릉, 가릉을 답

---

8 1232년 7월 25일(음력 6월 14일)은 최우가 천도를 위해 강화로 들어온 날이고, 1270년 7월 4일(음력 5월 26일)은 강화에서 개경으로 환도하기로 결정한 날이고, 1270년 7월 13일(음력 6월 2일)는 삼별초의 항쟁이 시작된 날이다.

석릉(고려 21대 희종의 무덤)

사하고 나면 왕릉이라 하여 격조 높은 명당을 기대하신 분은 실망할 겁니다. 얼마 전 세계문화유산으로 등재된 조선의 왕릉인 동구릉과 비교하면 강화의 고려왕릉은 초라하기까지 합니다. 왜 그럴까요? 그 이유 역시 교과서를 통해 배운 역사 지식의 도움을 얻으면 쉽게 이해됩니다. 고려 인종 때 이자겸의 난, 묘청의 서경천도운동 등으로 문벌귀족 내부에서는 권력 다툼이 시작되는데, 이 과정을 통해 문벌귀족에게 권력이 집중되었습니다. 당연히 문벌귀족 중심의 사회 분위기가 조성되었겠지요. 이로써 무신들의 불만이 쌓였고, 무신 및 하급군인의 불만은 인종에 이어 왕위를 계승한 의종 대까지 계속되다가 무신정변으로 나타납니다. 문관 중심의 사회 풍토가 낳은 무신정변으로 고려의 실권을 무신이 장악하였고, 이에 따라 왕은 존재만 인정될 뿐 권력은 가질 수 없었습니다. 무신정변으로 의종은 폐위되고 그 뒤를 이어 무신정권의 입맛에 맞는 왕들이 무신의 동의를 거쳐 왕위에 오릅니다. 명종, 신종, 희종, 강종, 고종, 원종이 같은 상황에서 차례로 즉위합니다. 강화에 있는 고려왕릉의 초라함은 무신정권기 고려 왕의 권력과 비례하는 것입니다.

강화에 있는 왕릉을 이야기할 때 무신정권과의 관계를 떼어놓고는 설명이 어렵습니다. 먼저 무신집권기의 왕위 계승을 대략적으로 살펴보겠습니다. 의종 때 무신정변으로 권력을 잡은 정중부는 명종을 즉위시키고, 경대승과 이의민을 거쳐 무신정권의 실세로 등장한 최충헌은 명종을 폐위하고 신종을 즉위시킵니다. 신종은 그의 아들 희종에게 양위하고 희종은 최충헌 암살을 시도하다 폐위되었습니다. 또한 무신정권은 희종의 사촌형 곧 명종의 아들 강종을 희종에 이어 즉위시켰고, 강종이 즉위 2년 만에 죽자 강종의 아들 고종을 왕위에 앉힙니다. 고종은 무신정권이 몽골의 침입에 대비한다는 명분으로 강화도로 천도할 때의 왕입니다. 고종은 무신정권의 주장을 받아들여 강화도로 천도했지만, 최씨정권의 마지막 권력자인 최의가 죽을 무렵 고종은 잠시 왕권을 회복하였다가 원과의 전쟁이 멈춘 1259년 사망하였습니다. 고종의 뒤를 이어 원종이 즉위하고 1270년 개경으로 환도를 결정했습니다. 강화도 고려왕릉은 네 명의 왕을 옹립하고 또 폐위시키기도 할 만큼 강력했던 최씨무신정권기에 만들어진 것입니다.

고려왕릉에서 풍기는 무신정권의 냄새

이제 강화도에 있는 고려왕릉에 관한 이야기를 풀어야 할 텐데, 여기서는 강화 나들길 코스에 있는 위치 순이 아니라 왕위 계승 순서대로 이야기하려 합니다. 왕릉에 대한 이야기보다 무신정권기 고려 정치와 관련한 흐름을 알아보기 위해서입니다. 또 고려 사회가 조선에 비해 여성

석릉(고려 희종)의 석물(좌)　　　　석릉(고려 희종)의 석물(우)

의 지위가 높았던 시기지만, 이때에도 여성의 정치활동이 제한되어 있었으니 무덤의 주인이 왕비인 가릉과 곤릉을 두고서 왕비가 아닌 왕을 중심으로 이야기할 수밖에 없음을 이해 바랍니다.

　석릉은 21대 희종의 무덤입니다. 희종 역시 이름만 왕일 뿐 정치적 실권은 최씨 무신정권에 있었습니다. 그러나 희종은 선왕인 신종의 양위로 왕위에 오르니 이 무렵의 왕들 중에서는 왕 스스로의 체면과 대의 명분을 내세울 수 있었습니다. 희종은 이러한 명분과 권위를 바탕으로 최충헌을 제거하려다가 사전에 발각되어 폐위되었고, 강화도와 지란도로 유배되었다가 고종 재위기에 사망하여 석릉에 묻혔습니다. 이 과정에서 권력을 유지하려면 최충헌 자신을 보호하기 위한 기구가 필요하다는 것을 느꼈습니다. 결국 교과서에 나오는 교정도감이라는 친위기구를 만들고, 교정도감은 최씨 무신정권기 최고 집정기구가 됩니다.

　곤릉은 22대 강종비 원덕태후의 능입니다. 강종은 희종의 사촌형이고, 희종의 아버지 신종에 앞서 최충헌에 의해 폐위된 명종의 아들입니다. 강종은 아버지 명종의 폐위와 함께 이곳 강화도에 유배되었다가 환갑을 앞둔 나이에 다시 최충헌에 의해 왕위에 오릅니다. 환갑의 나이에 준비되지 않은 즉위였고, 최씨 무신정권이 그를 선택한 이유도 위협적인 정치세력을 갖지 못했기 때문입니다. 따라서 강종은 왕으로서의 권력을 갖지 못했었지요.

홍릉의 주인 고종은 강화도로 천도한 시기의 왕입니다. 개풍군 승천부에서 한강 하구를 건너면 바로 강화도 승천포를 만납니다. 이 길은 강화천도 이전에도 개풍군에서 강화로 오가는 일상의 이동로였습니다. 기록에 의하면 장대비가 내리는 날 진흙탕이 되어버린 길을 따라 이동하였다 전합니다.

강화로 도읍을 옮기는 것은 한 국가의 미래를 위한 '모색'이 아니라 어려움을 잠시 '모면'하기 위해서였습니다. 물론 '강화천도'는 고종이 아니라 최충헌에 이어 집권한 최우의 생각이었습니다. 겉으로 보기에 강화천도는 국가와 백성을 위해 대몽항전을 위한 돌파구처럼 여겨질 수도 있겠지만, 분명 그것은 최씨 무신정권의 안위를 지키기 위한 방책이었습니다. 강화에 도착한 최우는 천도 이전의 삶과 다를 바 없는 호화로운 삶을 살았으며, 단 한 번도 강화 밖으로 나아가 백성의 생명을 지키기 위한 전투를 실행한 적이 없었습니다. 다만 고려의 백성들은 강화도에 안전하게 피난 온 조정으로부터 "산과 섬으로 들어가라"는 수동적 방어책만을 들었을 뿐입니다.

또 고려 정부의 강화천도가 강화 사람들에게 행복한 것은 아니었습니다. 오늘날이야 한 나라의 수도가 옮겨 오면 그곳의 부동산 가격이 올라서 많은 이익을 낼 테니 좋아하는 이들도 있겠지만, 당시 고려 귀족들의 사치스러운 생활을 떠받쳐야 했던 강화 사람들은 피할 수 있다면 피하고 싶었을 겁니다. 지금 강화 인구가 6만여 명 정도인데 강화천도기에 강화로 유입된 인구는 30만에 육박했다고 합니다. 강화에 궁궐을 지으면서 개성의 궁궐과 크게 다르지 않게 지었다면, 또 개경으로부터 이주한 지배층들의 호화로운 생활이 강화에서도 계속 유지되었다면, 그 과정에서 강화 사람들이 겪어야 할 부역은 얼마만큼 혹독했을까요.

홍릉(고려 고종)의 석물

　가릉은 고려 24대 원종의 비인 순경태후의 무덤입니다. 무신정권의 권력은 최항과 최의에게로 세습되지만, 정방을 세워 인사권을 장악하고 사저에 서방을 만들어 문신을 등용함으로써 문신과 무신을 함께 지배했던 최우의 권력만큼은 아니었습니다. 이러한 무신정권의 쇠락과 계속되는 원나라의 침입은 고종 말 출륙환도[9]를 결정해야 했습니다. 결국 고종은 원나라와의 화의를 결정하고 자신을 대신해서 원종을 원나라에 볼모로 보냅니다. 지금도 강화성 동문 옆에는 원나라로 가는 아들을 보았다는 이야기가 견자산(見子山)이라는 이름으로 전해집니다. 원종이 볼모가 되어 원나라로 가자 원나라의 군사적 압력은 피할 수 있었지만 이때부터 고려는 원의 간접 지배를 받게 되었습니다. 원종 이후부터 공민왕까지 고려 국왕들의 호칭이 충(忠)으로 시작하는 것도, 과도한 공물 요구로 고려 백성들이 어려움을 겪었

9　강화도를 나와서 개성으로 가는 것. 몽골과의 전쟁이 아닌 화의를 선택하는 것.

던 것도, 교과서에 나오는 원나라의 정치적 간섭도 원종 때부터 시작되었습니다.

강화 나들길 고려왕릉길을 살펴보면 정작 각 무덤의 주인에 대한 것보다는 무신정권에 관한 이야기가 더 많습니다. 눈으로 보이는 왕릉길 속에 무신정권의 냄새가 더 짙게 배어 있는 거지요. 하지만 우리가 강화의 고려왕릉길에 발걸음을 내디딜 때에는, 최씨 무신정권과 고려왕의 관계에서 또 이후로도 계속되는 원나라의 간접 지배로부터 피해를 입었던 것은 백성들이었고, 그 가운데 강화 사람들이 있었다는 사실을 잊지 말아야 하겠습니다.

4

강화 사람의 눈으로
드라마 「무신」 살펴보기

삼별초 유허비

「무신」이 강화로 온다

문화방송의 주말 드라마 「무신」이 방영되었습니다. 같은 시간대의 타 방송 주말 드라마와 비교해서 시청률도 높았습니다. 「무신」에서는 중반부터 무대가 개경을 떠나 강화로 이어졌습니다. 무신정권의 성립 배경이 되었던 개경(개성)에서 몽골과의 항전을 위한 강화천도를 단행한 장면이 방영됨으로써 「무신」의 역사적 무대가 강화로 옮겨진 것입니다. 때문에 강화에도 「무신」의 촬영 세트가 만들어졌지요. 강화에 살고 있는 사람으로서 강화가 시청자들에게 알려지는 계기가 된다고 생각하면 즐거운 일입니다. 이 드라마로 인해 강화도의 인지도는 분명 높아질 것이니까요. 하지만 어떠한 역사 인식으로 알려지는가도 면밀히 살펴보아야 할 것입니다.

이야기 구조 하나, 노비에서 최고 지도자로

「무신」의 인기에는 배우들의 명품 연기와 실감나는 촬영 기법 등의 요

삼별초의 이동 경로를 따라 강화도는 진도, 제주도와 자매결연을 맺었다(앞쪽에는 진돗개 석상도 있다).

인이 있겠지만, 주인공 김준(김주혁 분)의 상징적 의미도 큰 몫을 해냈습니다. 실제 「무신」의 제작진이 밝힌 기획 의도에도 "역사상 노예가 벼슬을 얻고, 막부의 주인자리에, 그것도 일인지하 만인지상의 정승자리에 이른 일은 일찍이 없었습니다. 그 노예는 소원하던 주군의 여인을 취하였고, 결국 고려 조정 최고의 자리인 문하시중에까지 올라 국권을 통째로 거머쥐었습니다. 허구가 아닌 실록에 있는 역사적 사실입니다. 이 얼마나 흥미로운 이야기인가요?"라며 강조하고 있습니다.

오늘날처럼 '개천에서 용이 나기 힘든' 시대에 살고 있는 사람들에게 노비에서 최고 지도자가 되는 김준의 삶은 마음속에 생긴 허탈함을 대리 만족시켜주기에 충분합니다. 하지만 김준이 노비에서 최고 지도자가 되었다고 해서 고려 무신집권기를 신분 상승이 가능한 사회였고 능력 중심의 개방적인 시대로 보는 것은 옳지 않습니다. 신분이 낮은 이의

민, 김준 등이 고려 무신정권의 실력자가 되기는 하였지만 그렇다고 해서 그들이 권력을 잡았을 때 신분제를 폐지하거나, 능력 중심의 신분사회를 만들려고 했던 개혁 사례는 역사책 그 어디에서도 찾아볼 수 없습니다. 분명 고려 무신집권기는 무신을 중심으로 한 하극상의 시대였고, 최씨 무신정권을 지나면서 그 권력이 세습된 왕조 사회에서 좀처럼 찾기 힘든 특수한 성격을 띤 시대였습니다.

이야기 구조 둘, 외세에 저항한 자주정신

강화천도 결정 이후 이제 드라마 「무신」의 공간적 배경은 강화도가 될 것이고, 주 내용은 몽골이라는 외세에 저항하는 고려 무신정권의 자주정신으로 그려졌습니다. 이는 "김준이 살아가는 삶에는 온 강토가 다 찢어지고 부서져 나가는 힘겨운 민족의 수난기가 함께한다. 이른바 30년간 끈질기게 지속된 대몽항쟁사이다. 전 유럽을 휩쓸며 세계를 정복하고 거대한 대륙 중국을 먹어치운 몽골이 고려로 향한 것이다. 그리고 고려의 무신과 민초들은 한 덩어리가 되어 민족자존과 생존을 위해 필사항쟁을 택한다. 고려인들은 아무리 짓밟혀도 끝없이 일어나 무기를 들었다. 그 중심에는 언제나 무신들의 막부가 있었다. 아니 막부를 운영해가는 무신들의 자주정신이 그 뿌리였다"라는 드라마 기획 의도에도 잘 나타나 있습니다.

무신들은 강화도로 천도하면서 개성의 궁궐과 같은 고려궁을 짓고, 방어시설인 성곽을 구축하고, 또 갑자기 늘어난 30만의 인구를 부양할 수 있는 대규모 간척사업을 진행했습니다. 그런데 몽골에 대한 장기 항전을 위해 강화로 도읍을 옮긴 무신정권이 단 한 번도 강화 밖 내륙에서 전투를 조직하거나, 무신답게 스스로 전투의 주역이 된 적은 없었습

삼별초 항몽유허비

니다. 강화에서의 장기 항전이 깊어질수록 더 넓은 지역에서 백성들의 고통은 더욱더 가혹해집니다.

이런 상황을 다른 시각으로 보면 무신정권은 오직 강화도만을 지키려 했었죠. 왜 그랬을까요? 어쩌면 그들이 지키고 싶었던 것이 외세의 침략으로 고통받고 있는 백성들과 다른 것은 아니었을까요? 우리에게 알려진 용인 처인성 전투의 승리도 관(官) 중심이 아니라 그 고장에 살고 있던 하층민의 자발적인 힘 때문이었습니다. '노비문서 소각'으로 상징되는 '신분차별 철폐'와 같은 한마디가 처인성의 천민들이 스스로 국가를 위해 싸울 수 있는 원동력이 되었습니다. 하지만 강화에서는 정권의 핵심에 있었던 무신정권이 신분제와 관련된 그 어떠한 '선언' 하나 내놓지 못했습니다. 과연 강화의 무신정권이 지키려 했던 것은 용인 처인성에서의 하층민이 지켜려 했던 것과 같은 것이었을까요?

강화 사람이 빠진 강화 역사

강화에는 고려와 관련된 흔적이 많이 남아 있습니다. 강화 사람들은 스스로를 '강도(江都)' 사람이라 부르기도 하는데, 지형상의 용어인 섬 도(島)나 행정상의 용어인 길 도(道)를 쓰지 않고 도읍 도(都)를 씁니다. 또우리에게 익숙한 고려궁지 외에도 외포리에서 망양돈대로 가는 길에 있는 삼별초 유허비와 남한에서는 좀처럼 찾기 힘든 고려왕릉이 있습니다. 이렇게 강화가 고려 역사의 중심에 서 있는 것은 몽골의 침략과 그에 맞선 최씨 무신정권의 저항 그리고 그 방편으로서의 강화천도에서 비롯됩니다. 하지만 30만이 넘는 인구의 대량 유입과 외세에 대한 저항을 명분으로 궁궐 및 방어시설, 또 강화 북쪽의 간척작업에 동원되어야 했던 강화 사람들에 대한 기록은 그 어디에도 남아 있지 않습니다.

5

인쇄 문화가
꽃피다

선원사와 팔만대장경 그리고 훈맹정음

선원사와 팔만대장경

강화에는 선원면이라는 행정구역이 있습니다. 선원면은 선원사(禪源寺)에
서 유래된 이름이었으나 지금은 선원면(仙源面)이라 불립니다. 지명의 한
자 변화는 선원사에서 보관하고 있던 고려대장경(재조대장경, 팔만대장경)이
서울로 옮겨지면서 선원사의 존재감이 줄어들고, 또 조선이 공식적으로
는 유교 국가로서 병자호란 당시 청과의 항전을 주장하며 스스로 목숨
을 끊었던 선원(仙源) 김상용을 기리기 위해서 선원(禪源)에서 선원(仙源)
으로 한자를 바꿔 표현한 것입니다.

　선원사는 최고 권력자인 최우가 강화로 도읍을 옮기면서 민심을 수
습하기 위해 지은 사찰입니다. 백성들을 육지에 남겨놓고 왕과 지배층
만이 강화로 옮겨 온 사실과 당시 육지에서 전쟁의 고통을 감내해야 했
던 백성들을 생각하면, 부처님의 힘을 통해 민심을 수습하고자 절을 지
었다는 것이 감동적이지 않고 쓸쓸한 웃음만 짓게 합니다. 과연 가까운

선원사지 전경

선원사지 출토 유물

거리에서 몽골군의 침략에 재산과 생명을 잃은 백성들을 봐야만 했던
강화 사람들은 강화에 들어선 절을 어떻게 받아들였을까요? 선원사가
유명해진 것은 송광사와 더불어 고려 후기 2대 승보사찰이었던 점도 있
지만, 우리에게 익숙한 팔만대장경을 만들고 보관했던 것으로 더 유명합
니다. 선원면에는 도감이라는 마을이 있는데, 이는 팔만대장경 조판을
총괄하는 대장도감이 있었던 데에서 유래하였습니다. 팔만대장경 조판
이 엄청나게 큰 국가적 사업이었기에 몽골을 코앞에 두고 안전할 수 없

었으리라는 것을 근거로 경상남도 남해에서 팔만대장경이 만들어졌다는 이야기도 있습니다. 그렇지만 대장도감을 본사와 분사로 구분할 때, 또 팔만대장경이 한양을 거쳐 지금의 보관지인 합천 해인사로 옮겨지기 전 이곳 강화 선원사에 보관하였다는 기록을 볼 때 팔만대장경이 선원사와 밀접한 관계가 있다는 점은 분명해 보입니다.

고려대장경, 재조대장경, 팔만대장경

대장경이란 경, 율, 논 삼장을 일컫는 말입니다. 경이란 부처님의 말씀이고, 율은 부처님의 말씀대로 살기 위해 지켜야 할 규범을 말하고, 논이란 '경'과 '율'에 스님이 해석한 설명을 단 것입니다. 불교 경전을 인쇄본으로 처음 만든 것은 북송 때 제작한 북송관판대장경인데, 이는 여진족이 세운 금의 침입으로 소실되었습니다. 우리나라에서는 고려 현종(1011) 때 처음으로 대장경을 조판(초조대장경)하였고, 이후 내용을 더 보충해서 속장경을 만들었습니다. 속장경은 중국, 거란, 일본의 경전을 수집하고 조사해서 동아시아 불교의 경전을 집대성한 것으로 대구 부인사에 보관했으나 몽골군의 침입으로 불에 타 없어졌습니다. 이후 선원사에서 다시 대장경을 만들게 되는데, 이것은 없어진 초조대장경과 속장경을 다시 만들었다고 해서 재조대장경, 고려시대 완성된 대장경이기에 고려대장경, 그 판각본이 8만 1,258매라는 데서 비롯되어 팔만대장경이라고도 불렀습니다. 불교에서 인간의 수많은 번뇌를 '팔만사천번뇌', 부처님의 많은 가르침을 '팔만사천법문'이라고 부르듯이 '팔만 혹은 팔만 사천'이라는 숫자는 '많다'라는 의미로 여기기도 합니다.

팔만대장경이 우리에게 문화적 자부심이 된 것은 팔만의 판각본에서 오자나 탈자를 거의 찾아볼 수 없다는 점, 또 명필가로 유명한 추사

김정희도 "인간의 글씨가 아닌 신선이 쓴 글씨"로 칭송할 만큼 하나하나 새겨진 글자가 아름답기 때문입니다.

세계금속활자 발상중흥비(갑곶돈대)

팔만대장경 그리고 '훈맹정음'

언젠가 인류가 만든 위대한 발명품으로 독일의 구텐베르크가 만든 금속활자가 첫 번째로 선정되었다는 뉴스를 들었습니다. 금속활자로 찍은 성경이 유포되면서 성경을 읽는 계층이 확대되었고, 이것이 종교개혁 등으로 이어져 유럽 사회의 변동을 촉진시켰다는 이유에서였습니다. 금속활자의 영향력을 따진다면 당연 구텐베르크의 금속활자겠지만, 얼마나 오래전에 발명되었는지를 따지면 당연히 우리가 만든 직지심체요절입니다. 우리가 금속활자를 만들 수 있는 기술력은 한순간에 이루어진 것이 아니지요. 금속활자의 제작 기술은 목판활자를 만들어왔던 경험이 질적 발전을 이룬 것입니다. 그렇게 본다면 초조대장경이 불타고 다시 팔만대장경을 만들었던 강화는 금속활자를 잉태한 우리나라 인쇄술의 요람[10]입니다.

한편 팔만대장경의 제작 전통이 강화도에 고스란히 남아 '맹인들의 훈민정음'이라 불리는 훈맹정음을 만들게 되었습니다. 이는 강화도의 부

---

10 실제로 강화에서는 팔만대장경뿐만 아니라 『상정고금예문』도 인쇄되었다. 『상정고금예문』은 현존하는 최고(最古)의 금속활자본인 『직지심체요절』보다 앞서 만들어진 것으로 이규보의 『동국이상국집』에 그 편찬 기록이 전해온다. 『상정고금예문』은 예부터 고려시대까지 전해오는 예절에 관한 글들을 모아 정리해놓은 책이다. 지금은 전하지 않는다.

훈맹정음 창안자 송암 박두성

속 섬인 교동에 살았던 박두성이 만든 한글 점자체계를 가리킵니다. 송암 박두성은 강화에 보창학교를 세운 이동휘의 주선으로 한성사범학교를 졸업하고 서울에서 교편생활을 하다 한국관립맹학교에 근무하였습니다. 죽기 전 마지막 유언도 "점자책은 쌓지 말고 꽂아서 보관하라"고 할 정도로 시각장애인을 향한 열정이 뜨거웠습니다. 훈맹정음은 앞을 보지 못하는 맹인들에게 손끝으로 세상을 볼 수 있게 하는 축복이었습니다. 구텐베르크가 유럽의 사회 발전에 영향을 준 인쇄술을 발명했다면, 송암 박두성 선생의 훈맹정음은 소외되었던 시각장애인을 책과 세상 속에서 살게 해준 의미로운 발명이었습니다.

봉천산 주변의 고려 불교 유적

강화의 얼굴 하점면 석조여래입상과 5층석탑 그리고 봉천대

봉천산에 오르며

한강은 동쪽에서 서쪽으로 흐르며 그 하구에 섬 하나를 마침표처럼 찍어놓았습니다. 그리고 그 시작 강원도와 성(姓)과 돌림자를 함께 쓰듯 비슷한 이름 강화도가 수천 년 인간의 역사와 함께 삶을 나누며 살아왔습니다. 강원도에는 높고 웅장한 산맥과 그 산맥에서 뿜어져 나온 물길이 깊고 맑은 강과 푸른 바다를 만들었습니다. 강원도에 익숙한 사람은 강화도에 와서 그 높이와 깊이가 그리워 향수병을 앓을 확률이 많습니다. 봉천산을 오르며 우리 마음속에 다가오는 산과 바다에 대한 느낌은 사뭇 비슷하면서도 한편으로는 매우 다릅니다. 봉천산을 오르며 서로의 느낌을 나누어보면 답사 여행의 흥미가 더할 것입니다.

강화도에도 강원도와 같이 산과 바다가 있습니다. 그러나 산은 그리 높지 않고, 바다의 깊이 또한 깊지 않습니다. 강원도에서 태어난 저 역시도 그 산과 바다에게 쉽게 마음을 내어주지 못했습니다. 강화도의 산은

봉천산에서 바라본 운해

백두대간의 산과는 확연히 다릅니다. 강화도에 있는 마리산(469.4m), 진
강산(443m), 고려산(436m), 봉천산(291m)은 높지 않습니다. 스스로 높아
산이 되었던 백두대간의 산과 달리 강화도의 산은 주변이 스스로 낮아
져 중앙의 높이를 더해주는 겸손한 들녘으로 인해 산이 되었습니다. 강
화도의 산은 이렇게 겸손함에 둘러싸여 있습니다. 강화의 바다 또한 푸
르름과 수평선을 지닌 동해와 달리 주변의 작고 다양한 섬들을 포근히
감싸안아 바다가 됩니다. 강화도가 가진 포용의 질서가 바로 강화의 바
다에서 비롯됩니다.

　　강화 산과 바다의 특성은 강화 사람들과 강화 역사에도 담겨 있습
니다. 강화는 중심에서 일어나는 것을 한번쯤 곱씹어보고, 그 중심의 흡
입력이 아무런 비판 없이 추종하는 것에 저항했던 땅입니다. 세상이 혼
탁해지고 무엇인가 해법을 강구하고자 할 때 홀연히 역사의 배경이 되

어 새로움을 모색했던 경험이 어린 곳입니다.

봉천산 주변 유적들

이런 강화의 산과 강, 그리고 바다를 한눈에 바라보며 스스로를 바라
보게 하는 강화의 명소 중 하나가 봉천산입니다. 봉천산은 강화의 많은
산 중에서 가장 키가 작습니다. 그럼에도 강화의 북쪽 산하를 아우르기
엔 부족함이 없지요. 강화 하점 면사무소 옆에 있는 작은 오솔길을 한
시간쯤 오르고, 바위산을 넘는 약간의 노력만 더한다면 그 어떤 높이에
서도 부럽지 않은 북녘 풍경을 맞이할 수 있습니다. 예전에는 강 하나를
사이로 이웃한 마을이었지만 지금은 남과 북의 경계가 되었습니다. 건너
편에 보이는 곳이 북녘 땅 개풍군입니다. 봉천산 앞을 가르는 강물은 생
활권역을 나누던 경계가 아니라 국경을 가르는 경계가 되었고, 인간의
통과를 허락하지 않는 장벽이 되었습니다.

봉천산 일대는 국가 혹은 종교 차원에서 만들어진 여러 유적과 하
음 봉씨의 시조인 봉우에 관한 이야기가 서로 얽혀 있습니다. 전해오는
하음 봉씨의 탄생설화에 따르면 고려 때 한 노파가 연못에서 빨래를 하
고 있었는데, 오색 무지개가 비추며 연못에서 옥함 하나가 떠올랐다고
합니다. 그 옥함을 열어보니 옥동자가 비단에 싸여 있어 노파는 이를 신
기하게 여겨 옥함 속의 아이를 임금에게 바쳤습니다. 임금은 이 아이를
궁중에서 자라게 하고 이름을 '받들고 도우라'는 의미로 '봉우'라 지었습
니다. 봉우는 10세에 과거에 급제해 훗날 조정에서 큰 벼슬을 얻었습니
다. 이후 봉우의 5대손인 봉천우가 정승에 올라 조상의 은공을 기리기
위해 절을 짓고 탑을 세웠으며, 제단을 지어 제사를 지냈다고 합니다.
또 탄생설화에 나타난 노파에 대한 고마움으로 노파의 모습을 돌에 새

겠다고 합니다.

봉천산 둘레에는 보물 10호인 하점면 5층석탑과 보물 615호인 석조여래입상이 있습니다. 이 모두가 하음 봉씨와는 상관없이 설명되기도 합니다. 나라의 안전과 번영을 기원하는 제사가 열렸던 봉천대, 고려 왕조를 개창한 왕건을 기리기 위해 세웠던 봉은사를 강화천도기에 제작된 5층석탑과 석조여래입상으로 설명하기도 합니다. 그러나 하음 봉씨와 관련된 유적과 고려가 강화로 도읍을 옮긴 시기에 만들어진 여러 유적은 서로 다르지 않을 겁니다. 두 유적의 제작 시기와 봉천우가 살았던 시기를 놓고 판단해보면 강화천도기의 여러 유적이 개경 환도 이후 관심과 관리가 소홀해지자 하음 봉씨 이야기가 새롭게 입혀진 것은 아닐까 추정해봅니다.

봉천대, 5층석탑, 석조여래입상

강화도에는 진강산, 대모산, 혈구산, 덕산 등에 8개의 봉수대가 있었습니다. 그중 봉천산 위의 봉천대는 고려시대까지만 해도 제사를 지내는 제단의 기능을 하였습니다. 강화천도기에 개성이 내다보이는 봉천대에서 행해진 국가 주도의 제사는 외세 침략에 대한 저항이자 민중을 버리고 강화로 천도한 지배층의 안녕을 꿈꾸는 제사였습니다. 강화에 단군과 연개소문 등 민족의 역사성과 자주성을 유난히 강조하는 이야기가 많이 전해오는 것 역시 이와 다르지 않습니다. 조선에 와서는 외세에 대한 저항이 아니라 통신수단인 봉수대로 그 쓰임이 바뀌었습니다. 조선에 이르러서 봉천대는 정신적 영역의 제단이 아니라 현실 영역의 통신수단으로 그 성격이 변한 것입니다. 조선시대 봉천대는 교동의 화개산과 개성의 송악산, 통진을 거쳐 한양의 목멱산(남산)까지 이어져 서해바다에서 일어나는 일을 한양으로 신속하게 연결해주었습니다.

하점면 5층석탑은 고려 태조 왕건의 원찰인 봉은사의 것으로 알려져 있지만, 고려시대를 대표하는 귀족 문화의 유적이나 유물의 화려함을 기준으로 본다면 왜소해 보이기까지 합니다. 고려가 개경에서 강화로 천도할 때 그 규모와 형식을 송악과 같게 했다는 기록을 감안해 보면 국가에서 관리하는 사찰인 봉은사와 그곳의 탑으로서는 너무나 초라해 보입니다. 하점면 5층석탑은

하점면 5층석탑(봉은사 탑으로 추정)

천년 동안 그 생명을 지켜오면서 세월의 풍파에 제 모습을 잃었다기보다는 오히려 무관심 속에서 무너져갔습니다. 자연사보다는 사고사에 가깝습니다. 이런 석탑을 우리는 보물 10호라 지정하고 뭇사람들의 관심을 바라고 있습니다. 그러나 화려하지 않은 것들에 대한 관심은 크지 않은 게 현실입니다. 시골에 있는 쓰러져가는 작은 탑은 더더욱 관심을 받기가 힘들겠지요? 보물 10호 강화 하점면 5층석탑은 지금도 큰 한숨 내쉬고 있을 겁니다.

이 석탑 뒤편으로 가면 보물 615호 하점면 석조여래입상이 우리를 반깁니다. 봉천산 위에서 북녘 땅을 바라보고 온 이들에게 615라는 숫자는 다시 한 번 마음속에 뭉클함을 만들어냅니다.

하점면 석조여래입상은 그 옷차림이나 신성함을 알리는 광배 등의

봉천산 하점면 석조여래입상 얼굴

특징을 보아 불상임에 틀림없지만, 그 모습은 시골 장터에서 볼 수 있는 할머니의 느낌을 줍니다. 화려하지 않은 모습, 보통의 불상보다 작은 어깨, 세련되지 않은 조각솜씨에서 비롯된 석상의 전체적 이미지 때문에 사람들은 부처가 아닌 시골 할머니를 닮았다는 말에 고개를 끄덕입니다. 석조여래입상을 만든 사람은 앞서 말한 하음 봉씨 이야기에서 옥함을 건져 왕에게 가져다준 할머니를 창작 동기로 삼은 게 아닐까요?

여하튼 불상이든 할머니를 조각한 석상이든 모두 강화 사람을 모델로 하였습니다. 신라의 미소, 백제의 미소라 부르는 유물들도 모두 그 지역 사람들의 얼굴을 토대로 만들어진 것이듯, 하점면 석조여래입상은 강화 사람의 모습을 알 수 있는 그리 많지 않은 자료임에 분명합니다. 석상은 여원인(與願印)[11]과 시무외인(施無畏印)[12]의 손모양으로 강화 사람들의 마음을 풀어주고 있습니다. "걱정하지 말고, 소원을 빌어라"는 의미를 상징하는 석상은 부처가 아니라 할머니일 때 더 친근하고 마음을 풀어주지요. 세련되고 예쁘지는 않았지만 우리네 할머니 같은 인상에서

---

11 왼손을 내려서 손바닥을 앞으로 향하게 한 손모양으로 중생이 원하는 것은 무엇이든지 다 들어준다고 하는 의미.
12 오른손이나 왼손을 어깨 높이까지 올려 다섯손가락을 모으고 앞을 향하게 하여 중생의 두려움을 제거하기 위한 수인.

봉천산 석성 흔적   봉은사지 연못

적어도 내 마음에 맺힌 고민들은 충분히 맡길 수 있겠습니다. 이렇듯 좀
처럼 속내를 드러내지 않는 섬사람의 특징을 고스란히 지닌 하점면 석
조여래입상은 이곳에 자리 잡은 지 천년 동안 강화 사람의 마음을 어
루만지며 희로애락을 함께해왔습니다. 볼품없는 석조여래입상이 보물인
것은 어쩌면 이 때문이 아닐까요?

III

조선과 강화,
유학의 씨앗이 퍼지고
자라다

1

성리학의 전래와
성리학적 통치 질서

교동향교와 연산군 유배지

개경에 이르는 첫 관문 '교동[1]' 미리 알기

교동! 우리나라에 있는 동네 이름 가운데 아주 흔한 게 바로 교동입니다. 한자로 교동(校洞)이라 많이 쓰는데, 보통 주변에 향교가 있기 때문입니다. 그런데 우리의 발걸음이 찾은 교동은 향교와 밀접한 관련이 있음에도 실제로는 향교와 관련된 한자를 쓰지 않습니다. 교동은 신라 경덕왕 16년 행정구역 개편에 따른 호칭 변경으로 교동(喬桐)이라 씁니다. '교(喬)'는 높다는 의미입니다. 옛날 용어 중에 교목(喬木)은 키가 큰 나무를 가리키는데 고구려에서 교동을 고목근현(高木根縣)이라 부른 것에서 비롯된 표현인 듯합니다. '동(桐)'은 오동나무를 뜻하는데 지금도 읍내리 부근에는 오동나무가 많습니다. 한편으로 오동나무는 '동재'라 하여 좋

---

[1] 최근까지 교동을 가려면 창후리에서 배를 이용해야 했다. 그러나 2014년 8월 교동 연륙교가 개통되면서 승용차로 이동할 수 있게 되었다. 강화군 이강 삼거리에서 교동 방면으로 우회전하여 군 검문소를 지나야 한다.

은 인재를 뜻하기도 하므로 인재가 많이 났기 때문에 그런 표현을 쓴 것입니다.

교동은 과거 중국에서 고려의 수도인 개성으로 들어가는 물길 위에 자리 잡고 있어 물길을 이용할 경우 중국의 문물이 가장 먼저 도착하는 땅입니다. 교동은 개성으로 향하는 예성강 입구의 벽란도와 더불어 중국을 비롯한 세계와 소통하는 창구 역할을 수행하였습니다. 오히려 지금보다 더 많은 외국인들이 이곳 교동을 지나며 고려라는 나라에 대한 호기심을 키웠을지도 모릅니다.

한양의 문턱 강화! 개경의 문턱 교동!

지금의 교동은 행정구역 상 강화에 속하지만, 교동의 지위가 강화에 비해 낮은 것만은 아닙니다. 조선의 수도인 한양으로 통하는 한강 하류에 최후의 보루로 우뚝 서 있는 것이 강화라면, 고려의 수도인 송도(개성)로 흐르는 예성강과 서해를 이어주는 것은 강화가 아니라 교동입니다. 또한 교동은 중부 이북의 서해를 지키기 위한 요충지였습니다. 지금은 서해 NLL을 놓고 남과 북이 대립하고 있지요. 그 옛날 교동을 중심으로 서해를 지키던 황해도와 경기도의 수군들이 지금의 NLL을 놓고 남과 북의 해군이 대립하고 있는 모습을 본다면 어떤 느낌일까요? 하루 빨리 한강 하구가, 서해바다가 그리고 세계가 평화로운 가운데 이웃이 되는 그런 세상이 왔으면 좋겠습니다.

조선은 지방 통치를 위해 전국을 8도로 나누고 관찰사 또는 감사라 하는 관리를 파견했습니다. 그 아래에는 부(府)·대도호부(大都護府)·목(牧)·도호부·군·현을 두었고, 각각 지방관(부윤·대도호부사·목사·도호부사·군수·현령·현감)을 파견하였습니다. 교동은 조선시대에 도호부에 해당되어 종3품의 도호부사가 파견되었습니다. 강화도 유수부[2]로 승격되기 전에는 도호부였습니다. 이처럼 교동이 그 크기와 위치에도 불구하고 도호부의 격을 지닌 것은 고려 및 조선의 수도와 가깝고 서해안을 끼고 있어 군사적으로도 중요한 지역이었기 때문입니다.

우리는 수군 하면 이순신을 떠올립니다. 더 나아가 이순신 장군의 직함을 기억한다면 삼도수군통제사를 떠올릴 것입니다. 이때 삼도라 하면 경상도, 전라도, 충청도를 일컫는 말입니다. 교동에도 삼도수군통제사가 지휘하는 삼도수군통제영이 있었습니다. 이렇듯 조선의 수군은 충청, 전라, 경상의 해역만이 아니라 경기, 황해까지의 바다를 지켰으며, 바로 그 경기, 황해, 충청의 해안을 지키는 삼도수군통어영의 본영이 교동읍성 안에 있었던 것입니다. 지금은 건물의 흔적 없이 그 터만 남아 있는데 삼도수군통어영의 수군 훈련장은 교동 서쪽 해안에 있었다고 전해지며, 썰물 때면 당시의 석축과 함정을 묶어두었던 계류석이 보입니다.

공자상이 처음으로 봉안된 교동향교

교동이라는 지명이 향교와 관련이 없다고 해서 강화 교동의 향교를 가볍게 여겨서는 안 됩니다. 교동향교(喬桐鄕校)는 우리나라에서 처음으로 문묘의 기능을 행한 향교입니다. 교동향교는 우리나라 최초의 문묘라 하여 수묘(首廟)라 불립니다. 고려 때의 학자 안향은 중국 원나라로부터 공자와 그 제자들의 화상을 처음으로 받아들여 고려의 수도인 개성으로 향했습니다. 중국에서 출발한 안향 일행은 물길을 맞추기 위해 고려의 첫

---

2 유수부는 경관직이 파견되는 일종의 중앙 관할 지역으로 조선 후기에는 강화와 더불어 개성, 경기도 광주, 수원의 사도(四都)가 해당된다.

교동향교 대성전. 공자의 위패를 봉안하고 있다.

땅 교동에 정착해서 첫 제사를 드렸습니다. 이는 고려에 성리학이 도입되는 상징적인 의미가 있기에 이를 기념하기 위해 향교를 세운 것입니다.

교과서를 뒤적이다 보면 안향은 우리나라에 유교를 들여온 유학자로 안내되어 있습니다. 고려 성종 이후 조선까지 일상생활은 물론이고, 정치까지 성리학이 사실상 지배해왔습니다. 그런 면에서 안향의 성리학 도입은 성리학 중심 조선 역사의 시간적 출발점입니다. 아울러 안향 일행의 첫 번째 기착지가 된 교동은 공간적 출발점이 되는 것입니다.

원래 향교는 유학의 성현에 대한 제사와 교육 기능을 수행하는 공공기관입니다. 그래서 기본적인 향교 건축도 제사 기능을 담당하는 문묘 구역과 교육을 담당하는 강학 구역으로 구분해서 짓습니다. 공간적으로 살피면 평지에서는 전묘후학의 형태가 주를 이루고 있고, 구릉 지역에서는 그 지형을 2~3단으로 정지한 다음 전면에 강학 구역을 후면에 문묘 구역을 둔 전학후묘의 형태로도 건축되었습니다. 시간적 측면에서는 조선 초에는 전묘후학 형식, 중기 이후부터는 대부분 전학후묘형식을 따랐습니다. 문묘 지역은 대성전을 중심으로 동무와 서무로 구성되고, 성현의 위패를 모시는 공간입니다. 또 강학 구역은 교수와 훈도가 기거하는 명륜당과 학생이 기숙하는 동재와 서재로 구성되어 있습니다. 이 밖에도 제사를 준비하는 진사청, 문묘 공간과 강학 공간을 구분하는 내삼문, 향교와 다른 공간을 구분하는 외삼문, 생활의 편리성을 위한 협문 등이 있습니다. 교동향교는 명륜당이 앞, 대성전이 뒤에 배치된 전학후묘 형식입니다. 처음 만들어질 때에는 화개산(華蓋山) 북쪽에 있었으나 조선 중기에 현재 위치로 옮겼으며 1980년 복원했습니다.

교동향교 명륜당. 우리나라 최초의 향교로 교육 기능을 담당한 건물

교동향교 둘러보기

향교 건축에서 대성전은 공자의 초상과 위패가 모셔진 곳으로 문묘 기능을 담당하는 공간입니다. 문묘는 문선왕묘 곧 공자를 기리는 곳입니다. 따라서 향교 건축에서는 가장 권위 있는 건물이지요. 문묘를 설치하지 않으면 향교로서 인정하지 않았을 정도로 향교에서는 매우 중요한 공간이기 때문에 가장 격이 높은 공간입니다. 교동향교 대성전에는 공자를 비롯해서 우리나라 성현들의 위패를 안치해놓았습니다. 초기 대성전에는 공자를 중심으로 중국 선현들을, 한 단계 아래 격인 동무와 서무에는 우리나라 성현들의 위패를 모셨으나 1948년에 개최된 전국유림대표회의에서 의논한 결과 중국의 문물을 지나치게 흠모하며 따르는 것 같다 하여 성리학과 관계된 정이, 주희를 제외한 위패는 치워버렸다가 지금은 대성전에 함께 모셔두고 있습니다. 대성전의 부속 건물로는 동무와 서무가 있습니다. 원래 무는 우리나라 성현들의 위패를 모시는 곳이지요. 대성전에 중국 성현들을 모시고, 그 아래 격인 무에는 우리나라 성현들을 모시는 것으로 공자를 정점으로 하는 위계를 만들었습니다.

교동향교 성전약수. 위장병과 학업 증진에 효험이 있다고 전한다.

교동향교 명륜당 기둥. 자연미가 살아 있다.

교동향교의 동무에는 설총, 안유, 김굉필, 조광조, 이황, 이이, 김장생, 김집, 송준길의 위패를 두었고, 서무에는 최치원, 정몽주, 정여창, 이언적, 김인후, 성혼, 조헌, 송시열, 박세채의 위패를 모시고 있습니다.

　　향교는 교육기관의 역할도 수행해왔습니다. 이름처럼 지방의 교육 활동을 위해 고을에 설립한 일종의 공립 중등학교입니다. 조선시대에는 사립학교 격인 서원과 함께 중등교육을 이끌어가는 공교육의 쌍두마차 중 하나였습니다. 향교와 서원의 차이점은 서원이 향교에 비해 자기 수양과 은둔 생활을 즐길 수 있다는 것이고, 제사 기능에 있어 향교가 공자를 위시한 중국의 성현과 우리나라의 선현을 모신다면, 서원은 설립 주체의 학맥과 같은 선현들을 모신다는 점입니다. 이 때문에 서원에는 동무와 서무가 없습니다. 교동향교를 둘러보면서 재미있는 것은 명륜당 우측면에 있는 기둥입니다. 유교 토착화를 꿈꾸던 유학자의 마음이

교동 화개사(강화군 교동)

생긴 그대로의 나무기둥을 자연스럽게 활용한 목수에게 전해진 것일까요? 성리학과 교동의 자연이 자유롭게 어우러져 만든 재치 넘치는 장면입니다. 명륜당은 동재와 서재를 부속으로 거느리고 있습니다. 재는 공부하는 학생들의 생활 공간인 일종의 기숙사입니다. 일반적으로 동재는 부엌이 있어서 서재보다 규모가 큽니다. 때문에 동재는 선배들이, 서재는 후배들이 사용하였다고 합니다.

교동 답사의 끝자락 화개사로 향합니다. 고려 때 창건되어 고려 말 문신 목은 이색이 이곳에서 독서하였다고 전하는 화개사는 유독 화재와 인연이 깊습니다. 1840년대 그리고 1967년에 화재로 피해를 입었다가 다시 지었습니다. 원래 화개사는 목은 이색이 꼽은 고려 8대 명산 중 화개산에 위치한 사찰로 화개사(華蓋寺)라는 이름처럼 꽃으로 덮인 아름다움을 뽐내었습니다. 지금은 그저 꽃이 피는 화개사(華開寺)인지 아니면 두 번의 화재로 그 모양새가 조금씩 변해갔으니 화개사(火改寺)라 불리는 것인지 그 운명이 기구합니다. 여하튼 화개사 자체는 우리의 눈을 그리 즐겁게 해주지 못합니다. 그래도 화개사 앞뜰에서 바라보는 풍경은 우리의 아쉬움을 달래주기에 부족함이 없습니다. 특히 햇살과 함께 흐르는 은빛 서해바다와 건너편으로 보이는 강화의 모습은 손을 내밀면 다다를 듯 돌아갈 곳에 대한 그리움을 자극합니다. 우리가 돌아가야 할 곳은 이미 정해져 있지만 한번쯤 저물어가는 석양의 붉은빛을 바라보는 여유로움을 가져보는 것은 어떨까요? 오래전 고려의 학자 목은 이색이 그랬던 것처럼, 그가 남겼던 교동삼수[3]를 감상하면서 잠시나마 머물러보는 것은 어떨까요? 교동 해안 어느 어부 집안의 정경을 느끼면서 우리도 고려의 평범한 민초로 돌아가보는 것은 어떨까요? 강화로 돌아가서 그네들처럼 산 아래 한술 걸러내는 대포집에 앉아 오늘 우리의 발걸음을 안주 삼아 즐거운 담소 한번 나누어보는 것은 어떨까요?

유배지로서의 교동

보통 조선시대의 형별은 태, 장, 도, 유, 사의 다섯 가지로 구분합니다. 쉽게 풀어보면 태형은 10대에서 50대까지 다섯 단계로 구분하여 작은 회초리로 때리는 것이고, 장형은 태형보다 무거워 큰 회초리로 60대에서 100대까지 때리는 것으로 일반적으로 도형이나 유형에 더해지는 형벌이었습니다. 도형은 일종의 징역형으로 일정 기간(보통 1년에서 3년) 동안 관아에 구금하고 일과 시간 중에는 각종 노역에 종사하도록 하였습니다.

---

3 I. 바다 가운데 화개산 푸른 하늘 찌를 듯 솟았는데 / 거기에 황폐한 사당 햇수를 알 수 없네
한 잔 술 올리고는 북쪽을 바라보니 / 부소산 빛은 더욱 창연하구나.
　II. 그 산 아래 노닐던 나그네 절방을 빌려 임시로 드니 / 들 과일 살이 붙고 샘물도 향긋하네
신에게 입은 은혜란 모름지기 갚아야지 / 바람에 대하여 땅에다 두 번 잔을 기울이네.
　III. 바다는 끝이 없이 푸른 하늘과 맞닿았는데 / 돛대 그림자 날아오니 해는 서녘에 뉘엿뉘엿
산 아래 집집마다 한 술 걸러내고 / 파 설고 회 치는데 닭은 홰에 올라가네.

유형은 거주 지역을 강제로 옮기는 것으로 기간을 정하지 않고 특정한 지역에 유리시켰는데, 사형을 면한 정치범에게 죄를 감면하여 부과하는 경우가 많았습니다. 사형은 조선시대 형벌 중 가장 무거운 형벌로서 일반적으로 교형과 참형으로 나뉩니다. 교형은 신체를 온전한 상태로 두고 목을 졸라 죽이는 것이며, 참형은 신체에서 머리를 잘라 죽이는 것입니다. 유교 사회에서 시신을 훼손하는 것은 커다란 의미가 있습니다. 역모 등 정치범에게 많이 가해졌겠지요.

조선의 다섯 가지 형벌 가운데 교동과 연관성을 찾아본다면 당연 유형입니다. 교동이 여러 인물들의 유배지로 유명하기 때문이죠. 교동에 유배 온 인물들은 주로 왕족으로 왕위계승에 실패하거나, 반정으로 왕위를 내려놓은 왕족들이었습니다. 강화가 주로 유학의 주류에서 스스로 혹은 타의에 의해 비주류가 된 이들의 고민이 심어져 있는 곳이라면, 교동은 왕족의 유배지인 것입니다. 이것은 우리에게 잘 알려진 여러 선비들이 주로 전라도 지방에서 귀양살이한 것과 비교하면 큰 차이라 할 수 있습니다. 아마도 훗날 있을지 모르는 반정에 대비하기 위해 가까우면서도 사람들의 접근이 쉽지 않은 섬을 찾았으리라 여겨집니다.

이 밖에도 유배지로서 교동을 찾은 인물로는 고려의 희종이 있었고, 조선에는 세종의 셋째 아들로 계유정난에 의해 강화로 유배된 후 교동에서 죽은 안평대군 그리고 임해군과 광해군이 있습니다. 임해군은 광해군의 형으로 광해군에 의해 교동으로 유배를 오게 되었습니다. 흥미롭게도 임해군을 교동으로 유배 보낸 광해군 자신도 인조반정 후 이곳 교동으로 유배를 왔습니다. 이렇게 연결시켜보면 역사는 참 재미있습니다. 광해군의 조카뻘인 능창대군도 광해군에 의해 이곳 교동으로 유배되었다가 사사되었습니다. 어머니가 다른 광해군의 형제들이 죽은 공간은 교동이라는 공통점이 있습니다.

연산군의 흔적을 찾아라!

조선 왕조의 계보를 찾다 보면 사후에 묘호를 받지 못한 왕이 두 명 있는데, 연산군과 광해군이 그 주인공입니다. 모두 쿠데타라 할 수 있는 반정으로 왕위를 빼앗기고, 성공한 쿠데타 세력에 의해 평가되었으므로 그들의 업적이 후세에게 좋은 이미지를 주지 못했습니다. 그러나 조금 더 관심을 가지고 살펴보면 연산군과 광해군에 대한 평가는 사뭇 다르지요. 광해군은 비록 인조반정으로 왕위를 빼앗기고 강화와 교동, 제주도를 옮겨 다니며 유배생활을 하지만, 역사는 그에 대한 평가와 또 반정의 주인공인 인조에 대한 평가를 뒤집어 놓기도 했습니다. 그러나 연산군에 대한 평가는 반정 세력인 중종에게도, 또 조선을 연구하는 그 어떤 이에게도 긍정적인 평가를 받지 못하고 있습니다. 공교롭게도 광해군과 연산군은 강화도, 교동과의 인연도 함께 가지고 있네요.

연산군은 조선의 10대 왕으로 성종의 장남입니다. 즉위 초기에는 사창,[4] 상평창,[5] 진제장[6] 등을 설치하여 민생 안정에 힘썼고, 『국조보감』과 『여지승람』 등의 서적을 간행했습니다. 또 관리들이 집에서 독서에 전념할 수 있도록 '사가독서'를 시행하였습니다. 그러다가 친어머니가 폐

---

4 보릿고개라 불리는 춘궁기에 곡식을 대여해주고, 가을 추수기에 되받는 제도로 주로 지방 자치적으로 운영되었다. 춘궁기의 빈곤을 해결하지 못하면 씨앗으로 쓸 볍씨를 보전할 수 없기에 봄에 곡식을 빌려줌으로써 안정적인 경제활동을 가능하게 했다.

5 고려와 조선시대의 물가조절 기관으로 흉년이 들면 가격을 내려 곡물을 시장에 내팔고, 풍년이 들어 곡물이 흔해지면 가격을 올려 곡물을 사들였다. 물가조절을 통하여 민생 안정에 기여하였다.

6 경제적으로 어려운 백성에게 곡식을 나누어 주거나, 죽을 만들어 나누어 주는 곳.

위되어 죽었다는 소식을 접한 후에는 사화(士禍)[7]를 일으키고, 향락[8]에 빠져 살았다고 합니다. 이후 중종반정으로 폐위되어 강화도 교동에 유배되었습니다. 연산군은 이곳 교동에 유배된 지 2달 만에 전염병으로 죽었습니다. 그래서 이곳에서 연산군의 흔적을 찾기가 쉽지 않습니다. 어떤 이는 유배지가 연산군 적거지 비석이 있는 읍내리라 하고, 또 어떤 이는 봉소리 신골에 있는 호두포 대숲이라 합니다. 2달간의 유배생활과 연산군에 대한 부정적 평가로 인해 500여 년이 지난 우리는 그의 정확한 유배지조차 알지 못하게 되었습니다. 연산군이 귀양살이를 한 곳으로 추정되는 첫 번째 장소인 연산군 적거지에는 '연산군 구저지'라고 새긴 자그마한 화강암 비석이 세워져 있습니다. 그 옆에는 연산군이 먹고

---

7 사화(士禍)는 훈구와 사림의 경쟁구도에서 사림세력이 화를 입는다는 뜻으로 무오사화, 갑자사화, 기묘사화, 을사사화 등 4회 일어났다.

   ① 무오사화(戊午士禍, 1498 연산군 4년) 성종의 실록을 편찬하는 과정에서 당시 사관인 김일손이 스승인 김종직의 '조의제문(弔義帝文)'을 사초에 실은 것이 문제가 되었다. '조의제문'은 항우에 의해 죽은 의제를 추모하는 글인데, 이러한 상황은 어린 조카를 죽이고 왕위를 빼앗은 세조와 단종의 상황과 닮았다. 훈구세력은 이를 빌미로 사림 세력을 정치적으로 몰아내었다. 사초 제작자인 김종직은 부관참시 당했다.

   ② 갑자사화(甲子士禍, 1504 연산군 10년) 갑자사화는 훈구와 사림 간의 대립보다는 연산군의 폭정으로 국가재정이 어려워진 상황에서 당시 훈구세력이 가지고 있던 재산을 몰수하려는 연산군에 대한 훈구세력의 국왕 견제 과정에서 발생한 것이다. 연산군의 어머니 폐비 윤씨 사건을 알게 된 연산군은 자신의 어머니를 폐위시키는 데 관여했던 많은 선비를 죽였다.

   ③ 기묘사화(己卯士禍, 1519 중종 14년) 연산군의 뒤를 이은 중종은 조광조를 등용해 훈구세력을 견제하기 위한 개혁을 실시하는데, 불교와 도교를 통제하고, 향약과 소학을 보급하고, 현량과를 통한 인재를 등용하고자 하였다. 이러한 개혁에 대한 훈구의 견제로 발생하였다. 주초위왕(走肖爲王- 조광조가 왕이 된다)이 새겨진 나뭇잎으로 조작되어 발생했다.

   ④ 을사사화(乙巳士禍, 1545 명종 즉위년) 인종의 외척인 윤임(대윤)과 명종의 외척인 윤원형(소윤)의 대립으로 소윤을 지지했던 사림들이 피해를 입었다. 인종 즉위로 왕위계승에서 밀린 윤원형이 명종 즉위를 계기로 윤임 등 소윤 세력을 제거한 사건이다.

8 '흥청망청'이라는 말의 유래는 연산군 때로 올라간다. 연산군은 전국에 채홍사, 채청사를 파견하여 각지의 기생들을 모았다. 이렇게 모인 기생들 중 궁중에 들어간 기생을 흥청이라 불렀다. 연산군은 흥청이들과 놀면서 원각사를 폐지하고 기생 양성소로 만들었고, 성균관은 유생들을 쫓아내고 유흥장으로 만들기도 하였다. 임금이 흥청과 놀아나면서 정치가 제 기능을 하지 못하는 것에 빗대어 생긴 말이다. 오늘날 '흥청망청'은 사전적 의미로 흥에 겨워 마음껏 즐기며 노는 것, 혹은 계획 없이 돈이나 재물을 마구 쓰는 것을 뜻한다.

마셨을 법한 우물이 있고, 그 안에는 신기하게도 오동나무 한 그루가 서 있습니다. 연산군 유배지 우물에 생긴 오동나무이니 많은 추측을 불러 일으킵니다. 대부분 연산군과 관련된 것이지만 교동의 '동'이 오동나무를 의미한 것과 관련해서 설명하는 사람도 있습니다. 지금 우물 위에는 철망을 덮어놓았는데 누군가 연산군의 원혼에 홀려 우물로 빠져드는 것을 방지하기 위함이라 말하는 사람도 있습니다.

연산군의 유배지로 추정되는 다른 한 곳은 봉소리 신골의 대숲입니다. 옛날엔 강화에서 교동으로 오는 뱃길이 지금처럼 창후리 선착장에서 월선포로 들어오는 길이 아니었습니다. 옛날에는 강화와 교동의 가장 가까운 곳을 연결하는 뱃길, 곧 인진나루에서 호두포 뱃길을 이용하곤 했습니다. 최근까지는 창후리 선착장을 통해 교동에 들어갔습니다. 옛 뱃길의 선착장이었던 호두포에서 조금 더 들어가면 봉소리 동쪽 봉황산 기슭에 신씨가 많이 살아 신골이라 불리는 마을에 대나무 숲이 있습니다. 연산군이 유배지에서 읊었다는 시의 "인진나루 보이는 곳에"라는 구절을 근거로, 마을 사람들은 봉소리 신골 대나무 숲이 연산군의 유배지였다고 믿고 있습니다. 또 하나의 근거는 보통 유배를 보낼 때 반드시 감시를 할 수 있는 관청 가까이에 유배지를 마련하는데, 당시 관청은 현재 교동읍성이 있는 읍내리가 아니라 이곳에서 가까운 고읍리라는 점입니다. 때문에 고읍리 관청에서 멀지 않은 봉소리 신골이 연산군 유배지라는 주장입니다. 실제로 연산군이 유배를 오는 시기와 교동읍성이 교동의 중심지가 되는 데에는 120여 년이라는 시간 차이가 있습니다.

이왕 연산군 이야기가 나온 마당에 그와 관련 있는 곳으로 한번 더 가볼까요? 혹시 '부군당'이라고 들어보셨나요? 원래 부군당은 '부군(府=마을 부 君=임금 군)'이라 하여 지방의 관아에 세운 사우(祠宇)를 가리킵니

다. 마을에 새로운 관리가 임
명되면 부군당에 와서 제사를
지냈습니다. 이러한 의례는 중
종 때에 잠시 중단되었다가 이
후에는 다시 유행합니다. 교동
읍내리에도 부군당이라는 특
이한 공간이 보이는데, 유독
관심을 끄는 이유는 역시 연
산군과의 연관성 때문입니다.

교동읍성 남문. 1921년 폭풍우로 허물어져 지금은 홍예만
남아 있다.

교동 부근당(扶=도울 부 芹=미나리 근 堂=집 당)은 앞서 말한 부군당과는 한
자부터 다릅니다. 미나리는 윗사람에게 선물할 때 자기 의견을 적어 마
음을 표현한다는 뜻도 있습니다. 그러니 가진 것 없는 백성이 흔한 미나
리 중 햇미나리를 통해 연산군의 넋을 위로한다는 마음이 들어가 있는
것입니다. 부근당(扶芹堂) 안에 초상화가 걸려 있습니다. 초상화 속에는
산봉우리, 천연색 구름, 병풍, 붉은색 옷을 입은 남성과 초록 저고리와
붉은 치마를 입은 여성이 앉아 있습니다. 두 부부 앞에는 작게 그려진
분홍빛 옷의 하인이 함께 그려져 있습니다. 이 그림의 주인공이 누구인
지 명시되어 있지 않지만 마을 사람들은 연산군이라 믿고 있습니다. 교
동에서 죽은 연산군의 넋을 위로함으로써 연산군의 한(恨)으로부터 자
유롭고자 한 교동 사람들의 마음이 표현되어 있겠지요.

앞서 말한 것처럼 강화와 교동을 가장 가까운 곳끼리 연결해주는
인진나루와 교동의 호두포 뱃길이 옛날 뱃길입니다. 그러나 지금은 그
뱃길로 교동에 갈 수 없습니다. 인진나루로 향하는 48국도가 끊겼기 때
문이고, 민간인 통제구역으로 되어서 길은 있으나 갈 수 없습니다. 이

길을 자유롭게 다닐 수 있는 것은 사람을 제외한 다른 생명체일 뿐입니다. 사람의 출입을 제한하는 선! 언젠가 인진나루를 통해 교동의 호두포까지 연산군의 유배길을 따라 교동을 답사해보는 즐거움을 누릴 수 있었으면 좋겠습니다.

2

유교와 불교의
만남

함허대사와 정수사

정수사와 함허동천은 거리상 매우 가깝습니다. 거리만이 아니라 함허대사의 흔적을 느낄 수 있는 곳이라는 면에서 더 가깝지요. 정수사는 신라 선덕여왕 때 창건한 절입니다. 원래는 정수사(精修寺)라 하여 스님들의 정신수양에 좋은 곳이라는 이름이었으나 훗날 함허대사가 이곳에서 샘물을 발견하고는 정수사(淨水寺)라 이름을 붙였습니다. 독음으로는 같은 정수사지만 한자 이름이 달라진 것은 단순히 샘물의 발견 때문만은 아닐 것입니다. 함허대사가 활동하던 시기는 조선이 막 열리던 때이니 조선이 고려의 숭불정책을 폐기하고 숭유억불정책으로 전환하였을 시기입니다. 그러니 가급적이면 불교적 색채가 진하게 나지 않는 유연함이 필요했겠지요. 특히 함허대사는 불교와 유교가 서로 통할 수 있다는 입장을 가진 스님이었으므로 절 이름을 고치는 것에 유연함을 보일 수 있었을 것입니다.

마니산 정수사 대웅전(강화군 화도면)

성균관 유생에서 스님으로

함허대사는 성균관에서 공부하다가 유교의 인(仁)이 죽음에 대해서 언급하지 않음에 실망하고 불가에 귀의합니다. 나옹선사와 무학대사로 이어지는 법통을 이어받은 험허대사는 마니산의 한 계곡에서 수양에 들어갑니다. 그곳이 함허동천입니다. 어느 날 함허동천에서 수양하던 함허대사를 만나기 위해 속세에서 인연을 맺은 부인이 충주에서부터 찾아옵니다. 수행 중이었던 함허대사는 출가 이후 속세와의 인연을 끊었으니 만날 수 없다 하였지만 부인의 생각은 달랐습니다. 부부의 연은 죽음만이 가를 수 있는 것이니 얼굴이라도 한번 보고 돌아가기를 청합니다. 함허대사는 이마저도 받아들이지 않았습니다. 부인은 혼으로라도 당신을 지켜보겠다며 서해바다로 뛰어들었지요. 부인이 뛰어든 자리에서 바위가 솟아났고 사람들은 이 바위를 각시바위라 부릅니다. 정수사 함허대사 부도비에서는 각시바위가 보입니다. 여전히 만나기를 청하고 있는 각시바위와 고승의 무덤인 부도비의 애절한 교감이 궁금해집니다.

함허대사의 순애보

함허대사와 부인의 순애보 때문일까요? 정수사 주변에는 상사화 자연 군락지가 있습니다. 상사화는 '이별초'라고도 하는데 꽃과 잎이 피는 시기가 다릅니다. 그래서 꽃과 잎은 서로 만날 수 없지요. 정수사 답사의 즐거움은 정수사 자체에만 있지 않습니다. 정수사 주변에 핀 아름다운 야생화 구경도 덤으로 얻는 즐거움입니다. 정수사 주변을 아름답게 채워준 야생화의 영향인지 정수사 대웅전의 창살문에도 화분에 담긴 꽃이 그대로 조각되어 있습니다. 부분적으로 조각해서 붙인 것이 아니라 통으로 조각한 창살문입니다. 그 섬세함과 아름다움이 한 폭의 그림입니다. 이 대웅전 꽃살문은 찬찬히 바라보아야 합니다. 한 결 한 결 파내어진 결을 따라가다 보면 아마 정수사 주변 살아 있는 야생화를 모아놓은 듯한 느낌이 들 정도로 아름답습니다. 정수사 법당 및 꽃살문은 보물 161호로 지정되었습니다.

　　대웅전 옆에는 상사화에 취한 마음을 달래주는 샘물이 있습니다. 정수사에 왔으니 몸과 마음을 맑게 해주는 샘물 한 모금 마시고 멀리

함허대사 부도비

시야에 들어오는 서해바다를 한번 마음에 품어보는 것도 좋을 듯싶습니다. 서해바다와 샘물에 마음이 맑아졌다면 정말 정수사 답사를 제대로 하신 겁니다.

정수사 대웅전 꽃창살(내부)

정수사 대웅전 꽃창살(외부)

3

성리학을 넘어 양명학으로

강화학파(정제두 묘와 이건창 생가)

강화도에도 소박한 여행, 자신의 발에 하루를 맡기는 도보 여행 코스가 생겼습니다. 누구나 나들이 나온 기분으로 일상을 벗어나 자유롭게 거닐 수 있는 길이라 하여 '나들길'이라 이름을 붙였지요. 제주의 올레길이나 지리산의 둘레길이 자연이 만들어놓은 풍경으로 눈을 즐겁게 한다면 강화의 나들길은 인간의 삶을 빼고는 좀처럼 특별함을 느끼기 어렵습니다. 강화의 길은 자연의 길이 아니라 사람의 길입니다. 눈보다는 귀와 마음을 열어놓고 걸어야 그 참맛을 알 수 있는 길입니다.

해가 지는 마을길, 양명학길

정제두 묘에서 시작해서 강화 외포리까지 시골 마을과 해안을 거쳐가는 길에 나들길이 만들어졌습니다. 강화의 서쪽 해안을 따라 걷는 이 길에는 '해가 지는 마을길'이란 주제가 붙어 있습니다. 이 길은 해질녘 고즈넉함과 하늘과 땅을 이어주는 둥근 태양을 만났을 때 한없이 몰입할 수 있는 즐거움을 줍니다. 정제두 선생 묘에서 시작해 영재 이건창 선생의 묘소까지를 걷다 보면 역사 시간에 배운 용어가 떠오릅니다. 바로 '양명학'입니다. '해가 지는 마을길'은 초기 양명학(조선)에서부터 후기 양명학(대한제국)까지의 역사가 담긴 길입니다. 눈으로는 황홀한 석양을 만나고 귀로는 '양명학'의 역사를 만날 수 있습니다.

양명학 그리고 '친민(親民)'과 '신민(新民)'

양명학은 남송시대 주희가 체계화한 성리학의 관념성 문제에 대응하여 생겨난 새로운 유학의 한 갈래입니다. 명나라의 철학자인 왕수인(호 양명)이 만들었습니다. 성리학은 고려 말에 전래되어 조선의 사상계를 지배하던 학문으로 사물이 지닌 특성을 인정하는 성학(性學)이었습니다. 성리학에서 자연과 사회는 도덕적 본성을 갖는 것이고, 이 안에 속한 사물의 개별성과 등급성을 인정하였습니다. 이를 바탕으로 성리학은 조선 사회의 모든 시스템에 작용하는 성리학적 명분론으로 자리 잡아 인간 세계의 위계성을 강조하였습니다. 이에 반해 양명학은 사물이 지닌 특성보다 마음을 통한 자각에 중심을 두었습니다. 그리고 마음을 통한 자각은 세상을 움직이는 '지행합일'과 '양지'에 이르게 하는 마음공부에 집중했습니다. 양명학은 '결과'보다도 마음속의 '동기'에 집중한 것입니다. 이미 마음속에 있는 이치가 '진리'라고 생각했기에 진리의 완성은 실천과도 통한다고 여겼습니다.

인간의 마음속에 있는 '앎'을 주희는 불완전한 것으로, 왕양명은 완전한 것으로 해석했습니다. 주희는 불완전한 것을 완전함으로 만들기 위해 끊임없는 교육이 필요하다고 여겼습니다. 반면 왕양명은 거짓된 앎을 걷어내기 위한 성찰을 중요시했습니다. 이와 같은 차이는 민중을 어떻게 보아야 할까에 관한 '친민'과 '신민' 논쟁으로 이어졌습니다. 주희는 본래의 '친민'을 '신민'으로 달리 해석해서 민중을 가르쳐야 할 대상으로 여기고, 가르침은 유학에 익숙한 사대부의 역할로 생각했습니다. 사대부가 민중을 가르쳐야 하니 당연히 이에 대한 반대급부로서 사대부의 특권을 인정했습니다. 반면 왕양명은 말 그대로의 '친민'에 집중했습니다. 백성은 교화 대상이 아니라 함께 수양하면 누구나 지니고 있는 '좋은 앎' 곧 '양지'에 이를 수 있다고 생각했습니다. 그래서 먼저 깨달은 사람, 곧 사대부가 수양을 통해 '양지'를 세우고 이를 바탕으로 백성과 친해지면 자연스럽게 덕을 이룰 수 있다는 것입니다.

이러한 양명학파의 고민은 오늘날 시민을 교화 대상으로 볼 것인가, 함께 사회정의를 이루는 동반자로 볼 것인가의 관점에서도 살펴볼 만합니다. 당시에는 신분제가 엄격했던 봉건사회였으므로 하층민이 주체성을 갖는 게 쉽지 않았을 것입니다. 그러니 영웅이나 지도자의 역할을 강조하였겠죠. 하지만 지금은 교육과 언론 등의 정보매체와 선거 등의 정치활동을 통해 시민 개개인의 의식이 높아진 시대입니다. 당연히 영웅이나 지도자에 의해 움직이는 것이 아니라 서로 의견을 나누고 함께 공감하는 시민의 역할이 강조되는 사회입니다. 따라서 사람을 '가르침의 대상'이 아닌 소통의 대상으로 보는 것이 중요합니다. 양명학을 수용한 강화학파의 생각이 지금 더 친숙하게 여겨지는 것은 성리학의 한계를 넘어선 시각 때문입니다. 한 사람 한 사람이 가지고 있는 성찰과 실천의 기운이 존중받는 세상을 꿈꾸어봅니다.

양명학파에서 강화학파로

조선의 양명학파가 '양지'에 이르기 위해 선택했던 환경은 강화도였습니다. 양명학의 철학과 강화가 만나 이루어낸 조선의 양명학이 '강화학'이 된 것이지요. 입신양명을 위한 유학이 아닌 진리를 찾기 위한 마음속 동기가 강화도와 만나면서 자연스럽게 '우리'의 시각으로 역사와 문화에 관심을 갖게 하였습니다. 양명학은 조선 후기에 발생한 실학에도 영향을 주었지요. 물론 양명학파는 조선 사회의 비주류로 살았으나 이미 기득권을 가진 지배층이었습니다. 백성의 고단한 삶을 그토록 애닲게 여겨 많은 시로 풀어낸 이건창도 갑오농민운동에 대해서는 날 선 비판을 쏟아냈습니다. 그렇기 때문에 성리학에 대한 다른 해석을 내어놓았다는 것과 '신민'이 아닌 '친민'으로 보고자 했음을 들어 강화학파를 조선의 진보 세력으로 보는 것은 지나친 해석일 수 있습니다. 하지만 조선 사회의 지배층으로서 현실의 문제를 외면하지는 않았다는 점과 갑오농민전쟁에 대해 봉건질서를 해치는 행동으로 비판하면서도 농민의 삶에는 연민의 정을 보였다는 점, 한 사회의 지배층으로서 극복할 수 없는 현실을 '자결'을 통해 외면하지 않은 점은 생각해보아야 합니다. 소외된 지배층이었으나 지배층으로서의 책임을 다하려는 자세를 견지했습니다. 사회로부터 받은 것을 사회로 돌려주는 '환원'과 '순환'이 강화학파에서 보이니, 그렇지 못한 지금의 시대를 살아가고 있는 우리에게 허전함과 씁쓸함이 남습니다.

정제두는 왜 강화로 왔을까?(강화 정제두 묘)

양명학에 관심을 가진 정제두는 왜 강화로 들어왔을까요? 강화도의 자연환경에 대한 애정 때문일까요? 오랫동안 정제두와 강화학에 대한 관심은 이어졌지만 정제두와 강화도가 어떻게 만났는지는 관심 밖의 일이

정제두 묘(강화군 양도면)

었습니다. 최근 이에 대한 향토사학자[9]의 연구 결과가 발표되어 눈길을 끕니다.

　양명학의 대가인 정제두가 강화에 온 이유는 정제두의 가계와 관계 깊습니다. 정제두는 영일 정씨로 고려 말 온건파 사대부인 정몽주의 후손입니다. 정제두의 외가를 살피면 고려 말 성리학을 공부한 유학자이지만 정몽주와 달리 조선 건국에 참여한 급진파 사대부 권근(본관 안동)과 조선 명장으로 연미정 주변의 땅을 하사받은 황형 장군(본관 창원)의 후손과 관련 있습니다. 조선 건국에 적극적으로 참여하지 않았던 영일 정씨 가문이 정제두의 고조부에서 권근 가문과 연결됩니다. 권근의 후손 중 권철은 다섯 아들을 두었는데, 둘째가 권개, 다섯째는 우리에게

9　양태부, 전 강화문학관 관장, 「하곡 정제두의 가계와 '강화학파' 묘지 발견조사-하곡 가문의 강화학파 혼맥을 중심으로」.

정제두 묘 문인석

익숙한 권율 장군입니다. 권개의 첫째 딸과 영일 정씨인 구웅이 혼인하여 안동 권씨 가문과 만나는 것입니다. 또 조선의 명장 황형 장군과는 정제두의 증조부 대에서 혼인으로 관계가 이어집니다.

권근과 황형은 강화에 많은 땅과 재산이 있었습니다. 조선 전기에는 장자 상속제보다는 아들과 딸을 구분하지 않고 골고루 유산을 상속하는 균등 분재가 일반적인 상속 방법이었습니다. 그로 인해 영일 정씨 정제두 가문은 안동 권씨와 창원 황씨로부터 각각 고조모와 증조모가 상속받은 땅이 있어 강화에서 삶의 기반을 다질 수 있었습니다. 정제두가 관직을 그만두고 강화로 내려온 배경에는 경제적 기반이 갖추어져 있었기 때문입니다.

강화학파의 현실 대응책(이건창 생가)

양명학을 삶의 철학으로 여긴 학자들은 마음속 동기를 중요시합니다. 그런데 이들이 도저히 감당할 수 없는 현실을 만날 때 이에 대응하는 처세는 어떤 것일까요? 붕당정치의 변질이라 불리는 조선의 상황과 병인양요, 신미양요, 운요호 사건과 개항, 일제강점기로 이어지는 현실을 만나면서 양명학자들은 어떻게 대응했을까요? 그들의 머릿속에 있는 도덕적 수양과 함께 '실천'이라는 화두가 양명학자들에게 어떤 영향을 주었

영재 이건창 생가(강화군 화도면)

을까요? 강화도를 공부하다 보니 갑자기 이런 의문이 생겼습니다. 하곡 정제두 이후 강화에서 양명학을 공부한 인물들을 통해 답을 찾아보았습니다. 강화학파의 선택은 크게 두 종류로 나뉩니다. 참을 수 없는 현실을 잠시 떠나 후학을 키운다거나, 아니면 개인이 할 수 있는 가장 극단적인 선택을 한 경우입니다. 정제두가 붕당정치가 변질되는 현실에서 잠시 빗겨나 후학을 키우는 데 힘썼다면, 지금부터 만날 전주 이씨 덕천군파의 강화학파 학자들은 강화도에서 외세의 침략을 뼈저리게 느끼며 극단적인 선택을 하였습니다. 이시원, 이건승, 정원하 등 강화학파의 지식인들이 자결을 선택했습니다.

전주 이씨 덕천군파가 강화학파와 인연을 맺은 것은 혈연을 중심으로 이어진 가학(家學)으로서의 양명학과 관계가 깊습니다. 정제두 선생의 아들 후일에게는 딸 셋이 있었습니다. 첫째와 셋째 딸은 각각 이광명과 이영익의 전주 이씨 덕천군파에게 시집갔고, 둘째 딸은 고려 건국 과정에 등장하는 신숭겸의 후손 신대우와 혼인하였습니다. 이로써 가문의 학문(家學)으로 전해지던 양명학이 강화에 첫발을 들인 전주 이씨 덕천군파와 만나게 되었습니다.

강화에 살았던 대표적인 전주 이씨 덕천군파 학자가 영재 이건창 선생입니다. 이건창의 할아버지인 이시원은 병인양요 때 동생과 함께 자결했습니다. 마음으로 받아들일 수 없는 현실에 대한 극단적인 저항이었습니다. 외세의 침략과 이에 대항할 힘의 부재는 지행합일을 강조하는 양명학자들이 감당할 수 없는 일이었습니다. 할아버지의 죽음을 15세에 경험했던 이건창은 조선 500년을 통틀어 최연소 문과 급제자일 만큼 영특했기에 조선의 위기를 익히 알고 있었습니다. 암행어사를 맡았을 때는 엄격함으로 그 임무를 수행하여 고종은 수령을 임명할 때 "잘못하면 이건창을 암행어사로 보내겠다"고 경계할 정도로 그의 심정은 굳건했습니다. 그에게 외세의 침략과 급변하는 조선의 사정은 받아들이기 무거운 현실이었습니다. 이건창은 이러한 마음의 무거움을 시로 풀어냈고, 고려와 조선을 통틀어 빛나는 9인의 문장가로 꼽힐 정도로 문장의 완성도가 높았다고 합니다. 그는 특히 『당의통략』이라는 저술을 통해 붕당정치의 변질 과정을 양명학적 관점에서 풀어냈습니다.

이건창의 동생 이건승은 조선의 혼란기에 정제두의 6세손 정원하와 함께 자결하려 했지만 가족들의 만류로 끝내 이루지 못했습니다. 이건승은 그동안 양명학자들이 보여왔던 자결이나 현실에서 빗겨서 학문 탐구에 매진하는 우회적인 방법을 선택하지 않았습니다. 그는 을사늑약이 체결된 후 저물어가는 조선을 일으키고자 1906년 '계명의숙'을 설립했습니다. 계명의숙은 시기적으로는 이 땅에 두 번째로 세워진 근대적

민족학교입니다. 그 이름 그대로 나라 잃은 사람들을 인도하는 인재를 배출해내고자 지식을 넓히고(광개지식-廣開智識), 마음먹으면 실천하고(심즉사-心即事), 맡은 일은 튼실하게 하는(무실-務實) 설립 취지를 담은 양명학적 정신을 독립 의지

매천 이왕재가 쓴 당호 명미당

로 한 단계 발전시켰습니다. 한일 강제병합이 이루어진 후에는 만주 회인현으로 망명하여 나라를 구하기 위한 독립운동에 매진하였습니다. 학문적 출발이 다르더라도 양명학을 공부한 지식인은 위기에 처한 민족과 고달파진 백성의 삶을 외면하지 않았습니다. 그리고 가슴속 깊은 곳에서 울려 나오는 '지행합일'의 실천 지성은 현실과 지식인으로서의 자존심 속에서 끊임없는 고뇌의 삶을 요구하였을 것입니다. 이러한 바탕 위에서 이후 양명학은 백암 박은식,[10] 보재 이상설,[11] 위당 정인보[12] 등으로 이어져 나라를 잃은 조선에서 그 명맥을 이어가게 되었습니다.

---

10 임시정부 2대 대통령 역임, 대한매일신보, 황성신문 주필, 서북학회 회장 등을 역임하였고, 『한국통사』, 『독립운동지혈사』를 저술하였다. 유교구신론을 주장하며 기존 제왕 중심의 성리학적 유교에 대한 개혁을 주장하였다.

11 이준, 이위종과 함께 네덜란드 헤이그에서 열린 만국평화회의에 밀사로 파견되었다. 이후 연해주 지역의 대표적인 독립운동가로 활동하며 권업회와 대한광복군정부 등을 조직하였고, 밀산부 한흥동의 독립운동 기지를 건설하였다.

12 영재 이건창의 육촌아우인 양명학자 이건방의 문하에서 공부하였고 『조선사연구』 등을 저술하며 후학 양성에 힘썼다. '국학'이라는 용어를 처음으로 사용하였다.

해가 지는 마을길 위로 양명학이 비추는 내 마음

'해가 지는 마을길'은 정제두부터 이건창까지 성리학의 관념성을 비판했던 조선의 양명학, 곧 강화학을 살펴보는 길입니다. 이 길을 걸으면서 올레길이나 둘레길과 다른 강화 나들길의 느낌을 맛보기 위해서는 양명학을 이해해야 합니다. 마음 밖의 현상이 아닌 내 안을 살피며 걷다 보면 나들길의 맛이 더 싱싱하게 살아날 것입니다. 멀리 서해바다와 그 뒤로 사라져가는 붉은 태양의 햇살 한 줌을 마음에 받으면 더더욱 좋은 여행이 될 것입니다. 해가 하늘에 있는 동안 내뿜었던 열기와 광기, 그 마지막을 열정적으로 뿜어내는 강렬함이 내 삶에서는 무엇을 움직이고 있는지 생각해보는 도보 여행도 좋을 것입니다. 그렇게 걷다 보면 어느새 성찰과 실천의 강화학이 마지막 힘을 다해 빛을 뿜는 해넘이가 되어 우리를 반겨줄 것입니다.

4

임진왜란이 남긴
관우 신앙

북관제묘

『삼국지』의 조연 관우가 신앙의 대상이 되다

관제묘는 우리에게 익숙한 『삼국지』의 등장인물 중 관우를 모시는 사당입니다. 중국 사람들이 문성(文星)으로서 공자를 존경하는 것은 이미 알려진 일이지만, 관우를 신격화한 것은 우리에게 익숙하지 않습니다. 그럼에도 불구하고 이 땅에는 관우를 모시는 신앙이 퍼져 있고 관성묘, 관제묘, 관왕묘, 관운묘 등의 이름으로 남아 있습니다. 중국 사람들에게 공자가 문성이라면 관우는 무성(武星)입니다. 그들은 공자만큼 관우를 사랑합니다. 그렇다면 공자와 관우 무엇이 다를까요? 공자는 충(忠), 효(孝) 사상과 이것의 사회적 실천인 인(仁)을 강조합니다. 공자가 강조한 이 덕목들이 오늘날 동아시아에서 공자를 존경하는 이유인 것은 틀림없습니다. 그러나 역사 속 중국 왕조는 한족(漢族) 이외에도 대륙을 통일하고 나라를 세운 민족이 많았습니다. 이러한 상황에서 대다수의 한족에게 이민족이 세운 황제를 위해 충(忠)을 다하라는 말은 그 의미가 다

관우 신앙을 모신 북관제묘(강화군 강화읍)

르게 느껴졌겠죠. 이에 반해 관우는 나라가 아닌 사람에게 의(義)를 다한 인물입니다. 도원결의를 시작으로 유비에게 향했던 일편단심의 의리는 충(忠)과는 다른 의미로 중국 사람들에게 다가오지 않았을까요? 이런 이유로 중국에서는 공자 못지않게 관우를 추앙의 대상으로 삼았을 것입니다. 여기에 무장인 관우를 통해 상업활동의 안정성과 이것을 토대로 한 부의 축적을 기원하는 관습[13]도 역할을 했을 것입니다.

중국에서 관우를 모시는 신앙은 임진왜란 때 조선으로 출병했던 명군(明軍)을 통해 이 땅에 들어옵니다. 전쟁에 참여하는 군인들의 두려움을 없애는 데 무성인 관우의 신앙이 필요했을 것입니다. 명나라는 그들의 신앙을 조선에도 강요했습니다. 그 영향으로 서울 종로구 숭인동

---

13 지금 중국에서의 관우 신앙은 재물을 많이 쌓는 것에 비중을 두고 있다.

에 동묘(동관묘)[14]가 세워집니다. 그런데 왜 관우 신앙을 조선에 강요했을까요? 아마도 여진의 성장 속에 명에 대한 의리를 강조하기 위함이고, 이를 위하여 명의 원병 참전을 각인시키려는 의도가 아니었을까요. 정치적 이유도 있었던 겁니다. 명군이 물러가고 조선의 관우 신앙은 정치적 의미가 점점 사라지고 일상의 신앙으로 변화합니다. 조선의 관우 신앙은 잡귀를 물리치고, 사악한 기운을 극복하려는 성격을 띠게 되었죠.

관제묘에 모셔진 관우(출처: 「신편 강화사」)

　강화도에도 관제묘가 많이 들어서 있습니다. 강화 나들길 1코스 심도역사문화길에서 한옥마을을 지나는 곳에 북관제묘와 동관제묘가 있습니다. 두 관제묘는 모두 조선 고종 때 세워졌는데, 동관제묘가 1885년(고종 22년), 1892년(고종 29년)에 세워진 북관제묘보다 조금 빠릅니다. 동관제묘는 마여인(馬女人)이 북관제묘는 강화산성 수문장 윤의보(尹義普)가 만들었다고 합니다. 관제묘 사당 내부는 일반적으로 관우를 중심으로 좌우에 아들인 관평과 심복 장수였던 주창을 함께 모시고 있습니다. 관우을 모신 사당답게 관우를 죽인 여몽의 성과 같은 "여(呂)씨가 들어

14　우리나라에서는 남관왕묘가 먼저 세워졌으며, 명나라 장수의 부상에 따른 요양지에 세웠던 사당이 시초이다. 또한 동묘(1596)는 명나라 황제의 건립 요구에 따라 세워졌는데, 서울 종로구 숭인동에 있다. 현재 지하철 6호선 동묘역이 있다. 아울러 지방에도 세워졌는데 주로 명나라 군대가 주둔했던 곳에 있다.

오면 아무 이유 없이 죽는다"는 전설도 전해집니다.

　　오늘날 관우를 모시는 신앙은 원조 격인 중국과 역사적 연관성을 가진 한국뿐만 아니라 일본에서도 보입니다. 그러나 중국에서 신격화된 관우 신앙이 한국과 일본에 들어오는 역사적 배경은 차이가 있습니다. 일본에서는 요코하마를 비롯해 주로 화교들이 밀집한 차이나타운에서 찾아볼 수 있는데 중국을 떠나 외지 생활을 하는 화교들에게는 그들의 재산과 안녕을 기원하는 신앙의 대상이 필요했던 까닭이었습니다.

복과 장수를 기원하는 남관제묘 내부

5

정묘호란과 병자호란
그리고 강화도

충렬사와 안동 김씨

강화는 왕(王)과 관련이 깊습니다. 고려 때 몽골의 침략을 피해 도읍을 옮긴 것도 그렇고, 조선의 임해군, 영창대군, 철종 등과 같이 왕위에 영향을 끼칠 수 있는 왕족을 견제하거나, 고려 말 우왕과 창왕, 조선의 연산군과 광해군처럼 반정으로 쫓겨난 왕의 유배지였던 것도 그렇습니다. 거기에 몽골의 침략을 피해 도읍을 옮긴 고려 정부와 후금(훗날 청)의 침입으로 위기를 맞았을 때 왕의 피난처로 쓰였습니다. 이처럼 강화도는 개성과 한양에 가깝고 전국에서 모인 세곡이 지나가는 한강 하구의 요충지였으며, 외적을 효율적으로 막을 수 있는 천혜의 요새였습니다.

임진년 왜란이 일어났을 때 선조는 만일의 사태에 대비해 의주로 피난을 갔습니다. 전쟁 결과가 좋지 않을 경우 국경을 넘어 명으로 피난을 가기 위해서였지요. 이렇게 되면 국내에서 왕을 대신해 전쟁을 지휘하고 국내 정치를 대신해야 하는데 이 기능을 수행하는 것이 분조입니다. 하나의 조정을 둘로 나누는 것입니다. 의주에 머물고 있는 선조를 원조, 광해군을 중심으로 하는 또 하나의 정부를 분조라 합니다. 왜란을 거치면서 발생한 원조와 분조의 정치 구조는 호란을 겪으면서 다시 한 번 발생하는데, 이때 인조를 중심으로 하는 원조는 강화도로, 세자를 중심으로 하는 분조는 전주로 각각 이동했습니다. 외세의 침략이 북에서 남으로 이루어진 터라 인조는 왜란 때처럼 의주로 가지 않고 강화도로 향했습니다. 후금이 유목민 중심의 기병 전술에 익숙해서 상대적으로 바다와 갯벌이 방어에 유리하리라는 판단 때문이었습니다.

후금은 강화까지 병력을 출동하지 않았습니다. 후금의 최종 목표는 명이었습니다. 그리고 명으로 가는 길목인 요양과 심양을 명으로부터 빼앗았습니다. 당연히 명에서는 요양과 심양을 회복하기 위해 군대를 보냈겠지요. 그러나 후금은 요양과 심양을 회복하려 출동한 명나라 장수 모문룡을 제압하였고, 모문룡은 후금과의 전투에 밀려 조선으로 들어왔습니다. 후금은 배후의 위협 조건인 조선과 화의하고 모문룡과의 전투에 전념할 수 있다면 위험을 각오하고 조선 전역에 후금의 군대를 보내는 모험을 감행할 의지가 없었습니다. 이러한 동북아 질서에 따라 후금은 정묘호란에 적극적이지 않았습니다. 이런 상황에서 이미 강화도에 무사히 도착한 인조는 자신의 안전을 전제로 후금과 협상할 수 있었습니다. 후금과의 강화조약은 강화도 연미정에서 체결되었습니다.

후금은 국호를 청으로 고친 1636년 다시 조선을 침략했습니다.[15] 이때의 청은 정묘호란 때와는 달랐습니다. 정묘호란 때까지 청은 화포 기술이 없었기 때문에 조선이 수군(해군)과 성을 중심으로 전투를 벌이면 쉽게 승리할 수 없었습니다. 그러나 병자호란 때의 청은 명군으로부터

---

15 병자호란.

충렬사. 흥선대원군의 서원 정리 정책에도 살아남았다.

화포 기술을 획득하였습니다. 전통적인 기마전술을 넘어 바다와 산성을 중심으로 하는 전투에서 화포라는 전투력을 갖춘 것입니다. 이러한 청의 자신감은 중원 진출을 더욱 자극하였고, 자칫 중원으로 군사력을 돌렸을 때 또 다른 배후의 적이 될지도 모를 조선을 확실하게 견제할 필요가 있었습니다. 그것은 정묘호란 때의 형제관계를 넘어서 군신관계를 관철시키는 것이었지요.

반면 정묘호란부터 병자호란이 일어날 때까지 10년은 철저한 개혁과 대비를 요구했으나 조선은 이러한 시대의 요구를 받아들이지 않았습니다. 병자호란이 발발하자 인조는 정묘호란 때의 경험대로 다시 강화로 피난하려 하였지요. 그러나 정묘호란 때 인조의 강화행을 막지 못해 협상의 주도권을 잡을 수 없었던 청은 먼저 강화로 가는 길목을 차단했습니다. 들판의 곡식을 불태우고 산으로 들어가 장기전을 펼치는 조선

충렬사 내삼문(강화군 선원면)

의 전술[16]로는 청의 군대를 단기간에 제압할 수 없었습니다. 오히려 수병과 홍이포로 무장한 청은 강화성을 함락시켰습니다. 강화도로 들어오지 못한 인조는 남한산성으로 향했고, 홍이포의 위력 앞에 견고한 남한산성도 허물어졌습니다. 인조는 끝내 남한산성을 나와 머리를 세 번 조아리며 세 번 절하는 이른바 '삼배구고두'의 예를 청태종에게 행했고, 이를 기록한 삼전도비는 아직도 서울 잠실벌에 자리 잡고 있지요. 겉으로는 정묘호란과 병자호란 때 왕의 강화도 입성 여부가 전쟁의 양상을 다르게 만든 것처럼 보이지만 결국 병자호란의 승패는 전투력 차이에서 온 것입니다. 몽골과 후금의 전투력의 한계를 청이 수병과 홍이포로 보완하였던 것입니다.

---

16 청야전술.

전란을 피해 왕이 그랬던 것처럼 서해의 여러 섬으로 들어간 백성들도 많았습니다. 그들은 외적의 살육은 피할 수 있었지만 제한된 면적의 섬에서 충분한 식량을 구할 수 없었기에 배고픔이라는 또 하나의 위협을 맞닥뜨렸습니다. 섬으로 들어가는 백성들은 일상의 평온을 갈망했지만 전쟁은 그것을 허락하지 않았습니다. 왕에게는 생존을 위한 평온이 가능했습니다. 그래서인지 이 땅의 왕은 강화도를 생존을 위한 최후의 보루로 정하고 전란 때면 어김없이 강화로 향했습니다. 그리고 왕이 강화로 들어오면 섬사람들의 삶은 더욱 괴로워졌습니다. 생존을 위해 고향을 떠나 섬으로 들어왔던 백성들은 두고 온 모든 것에 미안함을 느꼈을 것입니다. 그러나 왕은 두고 온 백성에게 미안해하지 않았습니다. 왕에게 백성은 통치의 대상일 뿐 함께할 목적은 아니었습니다.

병자호란 이후에는 민중 봉기나 외세와의 전쟁 때 왕이 강화로 오지 않았습니다. 무기와 전술 등 전투력이 발전하여 강화는 더 이상 요새 기능을 못했지요. 운요호 사건, 병인양요, 신미양요 등에서 강화의 방어선이 뚫려서 외세의 상륙을 허용한 것에서 살필 수 있습니다. 왕이 더 이상 강화로 오지 않았다는 것은 적어도 강화 사람들에게는 그만큼 고통이 줄어들었다는 것이겠지요. 그래도 왠지 씁쓸합니다.

선원 김상용과 충렬사

충렬사는 선원 김상용의 충절을 기리기 위해서 만들어진 사당입니다. 김상용은 정묘호란 당시 인조가 강화도로 향했을 때 한양에 남아서 도성을 지키는 유도대장을 맡았습니다. 병자호란 때에는 왕족과 종묘의 위패를 가지고 강화도에 들어왔다가 강화성이 함락되었다는 소식에 격분하여 남문 성루 위에서 자폭하였습니다. 남문에서 화약에 불을 붙여 자폭하였기에 김상용의 시신은 찾을 수 없었다고 합니다. 그의 유품인 신발이 떨어진 곳에 충렬사를 지었다는 이야기[17]가 전해지고 있습니다. 원래 강화군 선원면은 임진왜란 때 전란을 피해 강화로 들어온 김상용 가문이 살았던 곳입니다. 그래서 김상용을 비롯한 가문의 사우가 있던 곳을 더 확장하여 현충사라는 사당을 지었습니다. 훗날 효종 대에 이르러 충렬사라는 편액을 받고 사액서원이 되었습니다. 사액을 받았다는 것은 국가의 공인을 받았다는 것이기에 그에 걸맞은 위상과 경제적 지원을 받음을 의미합니다. 충렬사는 흥선대원군이 왕권 강화와 양반 세력을 견제하기 위해 추진하던 서원 철폐 과정에서도 살아남았습니다.

충렬사에는 위패를 모신 사당과 성취당, 제수용품을 보관하던 전사청, 대문 옆의 수직방 외에 명륜당과 기숙사였던 동재, 서재 등의 교육시설이 있었으나 지금은 남아 있지 않습니다. 충렬사의 사당에는 김상용 외에도 서포 김만중의 아버지인 김익겸, 신미양요 때 조선군을 지휘했던 어재연과 그의 동생 어재순, 청과의 화의가 아닌 척화론을 주장했다가 청에 끌려가 죽은 삼학사 중 홍익한과 윤집, 강화 사람으로 청과 싸우다 순절한 강홍업, 황선신 등 28명의 위패를 모시고 있습니다.

척화론 – 세도정치 – 개화운동 – 독립운동 그 과정 속의 (구)안동 김씨

안동 김씨 이야기를 좀 하겠습니다. 우리 역사 속의 명문가이면서 답사할 충렬사와 깊은 관련이 있기 때문입니다. 안동을 본관으로 하는 김씨는 둘로 나뉩니다. 신라 경순왕의 후예로 고려시대 여원연합군의 총사

---

17 남문에서의 자폭과 관련하여 당시 순절이 아니라 담뱃불에 의한 실화(失火) 사고라는 주장이 제기되었으나, 평소 선원이 흡연을 하지 않았고 아랫사람의 흡연에 충고할 정도로 흡연을 혐오하였다는 사실이 증언에 의해 증명되어 '순절'로 인정되었다. 예나 지금이나 특히 소중한 문화재 앞에선 절대 금연이다.

령관이자 삼별초를 진압한 김방경을 중시조로 하는 구(舊) 안동 김씨[18]와 신라 말 고창(안동)의 성주로 있다가 왕건을 도와 견훤에 맞서 싸운 김선평의 후예로 김상용의 아버지인 김극효를 중시조로 하는 신(新) 안동 김씨.[19] 신 안동 김씨는 안동을 지킨 분파(향파, 남인)와 서울로 상경한 분파(경파, 노론)로 다시 나뉘는데, 이 중에서 충렬사와 관련한 안동 김씨는 경파, 곧 장동 김씨를 가리킵니다. 장동 김씨(新 안동 김씨 경파)는 병자호란 당시 척화파로 유명한 김상용, 김상헌[20] 형제 대에 이르러 왕비, 정승, 판서를 많이 배출하는 등 가문의 중흥기를 맞습니다. 아마도 병자호란 때 김상용의 죽음과 김상헌의 척화론이 병자호란의 패배라는 정치 현실과 만난 결과일 것입니다. 특히 김상헌의 후손 김조순에 이르러 왕실의 외척이 왕의 권력을 능가하는 세도정치가 시작되는데, 이는 김상용과 김상헌 형제의 영향이 안동 김씨가 세도가문의 한 축을 이루게 되는 배경이 되었던 것입니다.

　　김상용과 김상헌은 서인(노론)이지만 인조반정 당시에는 입장이 달랐습니다. 형인 김상용은 반정에 호의적인 공서파였고, 동생인 김상헌은 반정에 참여하지 않은 청서파였습니다. 그럼에도 불구하고 김상용과 김상헌은 광해군의 중립 외교를 비판하고 성리학정 대의명분을 중요시했

---

18 구 안동 김씨는 조선시대를 통틀어 무신 최고의 영예인 충무공의 시호를 받은 9명 중 2명(임진왜란 때 진주대첩을 이끈 김시민 장군, 광해군 때 후금과의 전투에서 강홍립과 함께 출전하였다가 전사한 김응하)을 배출했으며, 삼도수군통제사도 10명이나 배출하는 등 중시조 김방경의 후손답게 주로 무과에서 출세한 인물이 많았다. 구 안동 김씨는 인조반정에 참여하여 영의정까지 올랐다가 효종 때 탄핵을 받았던 김자점에 이르러 영향력이 줄어든다. 근현대의 인물로는 김구가 있다.
19 후손으로는 김조순(순조비의 아버지), 김병연(『금오신화』 김삿갓), 김옥균(갑신정변 주도자), 김좌진(독립운동가) 등이 있다.
20 병자호란 당시 척화파의 대표적 인물로 주화파인 최명길과 대립하였다. 청으로 끌려가던 중 남긴 시조 "가노라 삼각산아 다시 보자 한강수야 / 고국산천을 떠나고자 하랴마는 / 시절이 하 수상하니 올 동 말 동 하여라"로도 유명하다.

김상용 순절비(강화군 강화읍)

습니다. 김상용의 순절과 김상헌의 척화론은 적어도 반정이라는 수단을 통해 권력을 갖게 된 인조 정권 아래서 반드시 지켜내야 할 명분이었습니다. 이러한 명분은 인조의 후계 구도에도 영향을 끼쳤습니다. 호란 이후 청에 대한 입장이 달랐던 온건파 소현세자의 죽음과 이를 이은 강경파 봉림대군(효종)의 즉위 과정에서도 성리학적 대의명분은 큰 영향을 끼쳤고, 효종 때 충렬사라는 현판이 김상용의 사당에 내려진 것과도 관련이 깊습니다. 결국 김상헌과 최명길의 청에 대한 척화-주화 논쟁 속에는 명과 청에 대한 도덕적·실리적 차이는 있었지만 왕조의 수명을 연장시키려는 의도는 같았습니다. 청으로 끌려간 김상헌과 최명길이 말년에 서로를 인정할 수 있었던 것도 척화-주전 논쟁을 방법의 문제로 인식했기 때문입니다.

그렇다면 인조반정, 김상용의 순절, 김상헌의 척화론을 관통하는 유교철학이 김조순 대를 거치면서 어떻게 되었을까요? 김조순은 잘 알려진 것처럼 순조비의 아버지로 역사는 그를 세도정치의 기초를 만든 사람이라 기록하고 있습니다. 김조순은 김상헌의 후손으로 그가 권력의 중심에 선 것은 정조와 관련이 깊습니다. 사도세자의 죽음에 관여한 노론은 그의 죽음을 옹호한 벽파와 상대적으로 부정적 시각을 가졌던 시파로 나뉘었지요. 안동 김씨 김조순은 정조에게 권세가 출신이면서도 아버지인 사도세자의 죽음을 동정한 고마운 사람으로 여겨졌습니다. 이러한 역사적 배경은 정조가 김조순을 신뢰하는 바탕이 되었습니다. 그러나 정조가 죽은 뒤 김조순은 선조인 김상용, 김상헌이 간직했던 성리학적 대의명분보다는 가문의 입신양명에 더 높은 관심을 가졌습니다. 김조순 등의 세도가문은 홍경래의 난 등 농민봉기가 집중되던 시기에 어려운 백성의 삶에는 깊은 관심을 보이지 않았습니다. 민본주의에 근거한 유교적 명분이 지배층의 정당성을 담보한다면, 민생의 어려움에 대해 권력의 실세로서 당연히 역할을 해야 했지요. 그러나 당대 최고의 명문가로서 가져야 할 사회적 책임을 조금도 수행하지 않았습니다.

조선 후기 급진적 개화운동을 이끌었던 김옥균과 청산리 전투로 알려진 김좌진은 적어도 당시의 사회가 요구했던 시대정신을 외면하지 않았습니다. 외세, 특히 일본에 대한 입장을 떠나서 본다면 민본을 잃어버린 유교정치의 틀을 벗어나고자 했던 개화운동, 일제의 식민지 정책에 맞서 무력으로 대항하고자 했던 무장독립운동이 안동 김씨 가문의 인물과 관련되어 있다는 점에서 작은 위안을 갖게 합니다. 특히 집안의 노비를 풀어주고, 자신 소유의 전답을 노비들에게 나누어 주었던 김좌진의 민본 사상은 크게 감동적입니다. 김옥균과 김좌진이 권력의 중심인 서울이 아닌 충남 공주와 홍성에서 어린 시절을 보낸 것을 감안한다면, 같은 안동 김씨지만 역사 속 서울의 안동 김씨 중심 가문과는 사회적 유전자가 다르지 않을까요?

6

조선의 건축과
간척

강화성과 선두포 축언시말비

아스팔트 대신 흙을 묻히며 가는 성곽 걷기

강화에 들러 지도를 보면 진, 보, 돈대라는 시설이 강화 해안을 둘러싸고 있습니다. 5개의 진, 7개의 보, 53개의 돈대는 방어시설이지만 그 설치 목적을 보면 강화를 방어하기 위한 것만은 아닙니다. 진, 보, 돈대 특히 가장 큰 규모인 5진의 기능은 한강을 따라 수도인 서울로 향하는 세곡의 보호와 외적의 침입을 막는 것이었습니다. 곧 서울로 향하는 물길을 보호하려는 것이지요. 이에 반해 강화성(江華城)은 강화를 보호하기 위한 방어시설입니다. 이 때문에 강화 역사 답사를 오는 사람들은 염하를 따라 있는 국방 유적을 더 많이 찾고, 또 국가를 중심으로 구성되는 교과서에도 주로 강화 외곽의 국방과 관련된 유적이 많이 소개되고 있습니다. 그러나 강화를 터전으로 살고 있는 강화 사람의 입장에서 보면 오히려 외곽의 방어시설보다 더 새롭게 다가와야 할 것이 바로 강화읍을 둘러싸고 있는 강화성입니다. 물론 그 방어시설의 수혜는 강화 사람 모두가 아니라 읍성 안에 거주하고 있었던 강화의 지배층에게 주로 돌아갔지요. 오히려 그 시설들을 만드는 과정에서 거주하는 사람들보다 강화 민중의 땀과 노동이 훨씬 많이 들어갔다는 사실을 알아두어야 할 것입니다.

오늘 우리는 강화를 둘러싸고 있는 강화 내성의 성곽을 따라 걷습니다. 몇 해 전까지만 해도 오랜 세월에 걸쳐 무너지고, 또 수풀에 싸여 그 흔적이 온전하지 않았지만 최근 들어 복원되면서 옛 강화성의 잘생긴 얼굴을 보게 되었습니다. 강화성은 강화를 둘러싼 얕은 산을 축으로 자연스럽게 성곽을 올렸으니 쭉쭉 뻗은 직선의 대로와 아스팔트의 간편함에 익숙한 이들에게는 다소 힘든 일정일 수도 있습니다. 그러나 오랜 세월 강화를 지키고 살아왔던 사람들의 땀과 노동이 밴 시설임을 감안할 때 문화유적의 화려함보다 그들의 숨결과 삶을 헤아리는 마음가짐이 필요하지 않을까요?

강화성은 계속 변하고 있다

우리는 강화성에서 '성(城)'뿐만이 아니라 '곽(郭)'도 보게 됩니다. 흔히 성은 그 위치에 따라 산성과 평지성, 축성한 재료에 따라 토성, 석성, 토석축성, 전축성으로 구분됩니다. 조금 더 구체적으로 살피면 산성은 자연의 형태에 따라 방어를 목적으로 쌓은 성이고, 평지성은 평지에 쌓아 방어 목적 외에 행정구역의 성격도 띕니다. 강화성과 강화의 부속 섬인 교동의 읍성은 행정적 요소가 있는 평지성에 속합니다.

또 성을 쌓을 때 사용한 재료에 따라 토성은 흙으로, 석성은 돌로, 전축성은 구운 벽돌로, 토석축성은 안쪽은 토사와 잡석으로 채우고 바깥쪽은 돌로 마감한 것입니다. 강화성을 축성 재료에 따라 구분하면 토

강화성의 옛 모습(남문)

석축성 형식에 해당하지만 그렇게 단정지을 수만은 없습니다. 고려의 강화성은 처음에 토성이었다가 토석축성으로 다시 지어집니다. 강화성은 여러 모습으로 변해왔습니다. 강화성은 고정되어 있는 것이 아니라 역사에 따라 변화하는 마치 '진화하고 있는 생명체'와 같습니다.

　강화성은 고려 때 처음 만들어졌습니다. 몽골의 침입에 따라 강화로 천도를 결심한 고려 지배층은 강화에 성을 쌓기 시작합니다. 이때 (1232년) 무신정권 집정자 최우는 개성의 고려궁과 같은 위치와 배치, 같은 이름으로 강화에 고려궁궐을 지었습니다. 개성과 마찬가지로 내성, 중성, 외성으로 축성했고, 이 가운데 내성이 지금의 강화성입니다. 강화성은 주로 흙을 재료로 하는 토성이었지만, 몽골과의 화친 조건으로 토성을 허물게 되었습니다. 이후 전쟁을 대비해 다시 강화성을 축성하였고, 후금의 침략으로 정묘호란을 겪었을 당시에는 인조가 잠시 강화성에 살았습니다. 병자호란 때에는 봉림대군 등이 이곳 강화성으로 피난 왔다가 청(후금)이 다시 화의 조건으로 강화성을 허물게 하였습니다. 지배층의 명분으로 사용된 북벌운동은 조선 숙종 때 이르러 대대적인 국방시설 보수에 영향을 끼칩니다. 숙종 때 보수된 강화성은 안쪽을 흙과 잡석으로 채우고, 외벽을 화강암 석재로 마감한 토석혼축 방식이었습니다. 현재의 강화성은 주로 조선 숙종 때 만들어진 것을 복원한 것입니다. 이렇게 강화성은 몽골을 만나 흙으로 지어지고, 또 후금을 만나 토석혼축 방식으로 변화되었습니다.

오랜 시간이 흐르면서 강화성은 자신의 모습을 바꾸어왔습니다. 전쟁의 시대에서 평화의 시대를 맞이하면서 방어시설로서의 성곽이 아니라 '문화유산과 자연'의 가치를 지닌 강화성으로 변하고 있지요. 우리의 발걸음도 시간이 흐르면 강화성을 변하게 할 것입니다. 강화성이 어떻게 진화해갈까요? 또 우리는 어떤 모습으로 강화성과 어울려야 할까요?

강화성의 사대문 - 소박한 강화의 사대문은 이야기를 담고 있다

강도남문(江都南門)이라 쓰여 있는 현판의 한자를 모른다 해도 남쪽 방향을 알려주는 상상의 신 주작을 찾게 되면 이곳이 강화성의 남문이라는 사실을 쉽게 알 수 있습니다. 남문 위에는 문루가 고풍스럽게 자리 잡았는데 이름이 안파루(晏波樓)입니다. 편안한 물결을 꿈꾸며 바라보는 문루이지요. 이름은 그토록 시적이고, 평화로운데 실제의 강도남문은 그러한 역사를 가지고 있지 않습니다. 병자호란 당시 남한산성에서는 주전파와 주화파가 각각 자신의 대외정책을 놓고 논쟁을 벌였지요. 결국 최명길을 중심으로 한 주화파의 논리가 채택되어 청과의 강화가 송파(잠실)에서 체결되었지만, 주전파였던 김상헌의 동생 김상용은 강화성 남문에서 폭약을 장치하고 그대로 불길 속으로 뛰어들었습니다. 따라서 이곳은 주전의 논리를 강조한 주전파에게는 성리학적 명분의 상징적인 공간이 되었습니다. 폭사한 김상용은 이후 북벌의 상황과 맞물려 당대의 충신으로 여겨졌습니다. 훗날 조선 정부에서는 김상용의 시신을 수습하여 그의 충절을 기리고자 했지만 자폭해서 여기저기로 흩어진 시신을 찾기란 어려웠고, 그의 신발이 발견된 곳에 충렬사를 세워 그의 정신을 기리게

강화성 남문   강화성 북문

했다고 전합니다.

국어 시간에 서포 김만중이 유복자 곧 아버지 없이 태어난 아이라고 배웠는데, 김만중의 아버지 김익겸도 이때 김상용을 따라 자결했고, 현재 충렬사에 그 위패가 모셔져 있습니다. 때문에 강화성 남문을 이야기할 때면 병자호란, 김상용, 김만중의 이야기가 부록으로 따라다니지요. 우리에게 익숙한 김만중의 문학작품이 홀로 계시는 어머니를 위해 쓰인 것이라면 작품 활동의 근원적 모티브는 이곳 남문에서 시작된다고 할 수 있겠지요.

남문에서 시작한 강화성 성곽 걷기는 복원된 남장대를 지날 무렵 우리는 갈증을 풀어주는 남산 약수터에 다다릅니다. 남산 약수터를 가다 보면 뜻밖의 소득을 얻게 되지요. 곧 암문의 발견입니다. 혹 남문 앞 안내문에 적혀 있는 '4개의 대문과 4개의 암문'을 찾으려는 마음에 발걸음마다 주변 살피기를 해왔다면 몸의 갈등을 풀어줄 약수만큼 답사의 갈증을 풀어주기에 넉넉할 것입니다. 이 암문이 강화성에 유일하게 남아 있는 암문이니까요. 암문은 주로 군사적으로 통신, 보급, 기습을 위해 만들어진 문이지만, 평상시의 암문은 죽은 자가 자신의 삶터를 떠나 자연으로 돌아가기 위해 지나는 마지막 문이 되기도 합니다. 이 문을 지나 묘지로 향했으니 암문은 죽은 자들에게는 저승의 문턱이겠고, 산 자들에게는 죽은 이와 함께하는 마지막 문이 되었을 겁니다.

이 암문을 지나면 가파른 내리막길을 만납니다. 산성에서 내리막길은 평지를 만나기 위함이고, 거기서 주요 교통로인 대문을 만나게 되는데 그것이 바로 강화 서문입니다. 서문 위에는 남문처럼 첨화루(瞻華樓)가 있습니다. 한자 뜻을 그대로 살려 해석하면 '꽃을 우러러보다'라는 뜻이지요. 그런데 '화(華)'가 중국을 상징하고, 또 그 방향이 중국이 있는 서쪽을 향하고 있다는 생각을 집어넣으면 그리 좋은 의미가 되지는 않지요.

서문의 홍예 밑으로 지나가 시선을 위로 향하면 남문과 마찬가지로 호랑이 한 마리가 그려져 있습니다. 서쪽을 상징하는 사신 중 백호를 가리키겠지만, 고구려 사신도의 백호보다는 사찰 산신각에 나오는 호랑이를 더 닮았습니다. 강화성 서문 옆에는 '서양의 아치'가 아니라 '우리의 홍예'를 살펴볼 수 있는 석수문이 있고, 그 옆에는 강화도 조약 체결지인 연무당 옛터가 있습니다. 이렇듯 강화성의 서문은 그 이름에서도, 자신감 있게 포효하지 못하는 백호의 모습에서도, 또 이름 없이 빈터만 남아 있는 연무당 옛터의 초라한 모습에서도, 중국과 일본이라는 동아시아의 이웃에게 받은 상처가 고스란히 남아 있는 듯합니다.

서문을 지나 다시 북문으로 향합니다. 강화 서문 첨화루에 올라가 북쪽으로 향한 길을 걷습니다. 그러나 여장을 따라가던 길은 곧 여장을 잃고, 성벽을 따라가던 길은 성벽도 잃고 곧 조그마한 절의 앞마당과 만나면서 서문에서 북문으로 가는 길은 사라집니다. 강화성의 서북쪽 성곽은 지금은 사람 사는 집과 담, 텃밭이 되기도 하다가 어느새 서울에서 공급하는 상수도 정화시설에게마저 그 자리를 내어주었습니다. 서문에서 북문으로 향하는 산성길은 불편한 길이 되었습니다. 안타까운 발걸음은 다시 북문으로 향하고 그곳에서 시작되는 서문 방향의 길을 찾는 것으로 강화성을 온전히 잇기 위한 노력을 해보지만, 북문에서 서문 쪽으로 다시 시작한 발걸음은 강화읍이 내려다보이는 너른 들판과 함께 가다가 어느새 전시(戰時)용 진지와 만나고 이곳의 끝은 군부대와 만납니다. 멀리서 지켜보는 보안용 감시 카메라에 노출된 나는 부대 초병의 경계와 검문을 받고서야 멈추어 서고, 또 의심도 벗을 수 있지요. 역사의 고장 강화, 지붕 없는 박물관이라 하지만 곳곳의 철책과 군사시설은 역사의 고장 강화에서, 또 지붕 없는 박물관에서 그야말로 벽이 되어가고 있습니다. 지붕은 없으나 철책이 많은 곳이 되어서는 안 됩니다. 이것이 '호국의 성지'가 아닌 '생명과 평화의 터전'인 강화가 되어야 하는 바람의 근원이기도 합니다.

강화성 북문은 고려궁지와 가깝지요. 고려궁을 뒤에서 감싸안는 포근한 어머니 같은 역할을 했던 성곽입니다. 특히나 고려궁지를 끼고 북문 가는 길은 언제나 꽃길의 아름다움, 산책의 편안함을 주는 길입니다. 계절마다 색상을 달리하는 꽃으로 만들어진 이 길은 금세 사람의 마음을 사로잡아버립니다. 잃어버린 북서쪽 성곽에 대한 아쉬움을 달래는 길입니다.

강화산성 북문에 도착하면 진송루(鎭松樓)가 다가옵니다. 진송루라는 편액을 바라보고 있노라면 무엇인가 어색함이 느껴집니다. 한문은 위에서 아래로 쓰고 오른쪽에서 왼쪽으로 줄바꿈하는 게 일반적인데, 이 진송루는 한자인데도 마치 한글로 쓰듯 오른쪽에서 왼쪽으로 쓰였

19세기 후반의 강화성

습니다. 또 다른 강화성의 대문처럼 북쪽을 상징하는 현무의 형상이 그려져 있어야 할 텐데 그렇지 않습니다. 어색해할 것 없습니다. 복원하면서 미처 신경 쓰지 못했기 때문이지요. 복원은 앞선 시대의 것을 알기 위한 뒷세대의 정성이 기본이 되어야 할 텐데, 여기서는 옛 성의 아름다움보다는 '복원은 어떻게 해야 할까?'를 고민하게 합니다.

강화 북문을 지나 동쪽으로 성곽길을 걷다 보면 멀리 조강 너머로 북녘 땅의 개풍군이 내려다보입니다. 고려 개성의 궁궐을 생각하며 만든 것이 강화의 고려궁이고, 고려 개성에 송악이 있듯 강화의 북산을 송악이라 불렀으니 이곳 북문에서 바라보는 개성의 모습을 상상하면서 북녘에 대한 그리움을 다스렸을 것입니다. 분단시대에 살고 있는 지금도 가깝지만 가볼 수 없는 것과 마찬가지겠지요. 그 의미는 다르겠지만 여전히 강화 북문은 북녘에 대한 그리움이 담긴 곳입니다. 북문 아래에 있는 오읍 약수는 그 이름과 관련된 이야기가 전합니다. 고려 고종 때 강화로 천도하여 성을 쌓던 중 가뭄이 심하게 들어 많은 사람들이 힘들어했습니다. 고종이 이곳 북산에 올라 기우제를 지내니 하늘에서 벼락이 쳐 바위를 깨트리고 그 바위 틈에서 물길이 솟았습니다. 너나없이 기

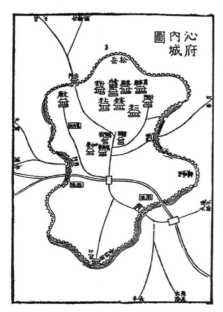

강화읍 옛 지도

뽄 나머지 하늘도 울고, 땅도 울고, 신(神)도 울고, 임금도 울고, 백성도 울었다는 데에서 전해진 이름입니다. 그런데 이 울음의 다섯 주체가 모두 같은 이유로 울었을까요. 물이 나와서 모두 기뻐했겠지만 궁궐 짓는 노역에 동원된 사람들은 기쁨의 눈물만은 아니었겠지요. 이것은 북문 위에서 바라보는 북쪽에 펼쳐진 너른 들판에서도 느껴집니다. 이 들판은 강화천도 시기에 만들어졌는데 보통의 섬에서는 네모 반듯하게 정리된 들판을 찾기가 쉽지 않습니다. 이곳은 간척된 땅을 농경지로 만든 것입니다. 앞서 말한 것처럼 강화의 인구는 지금도 6만 정도인데, 그 당시 개성에서 강화로 유입된 인구가 30만에 이른다고 합니다. 당연히 그들을 위한 농경지가 필요했겠지요. 강화 사람들은 강화성뿐만이 아니라 북쪽의 농경지를 간척하는 데도 동원됩니다. 강화 북쪽 들녘에서 거둬들인 농산물이 그곳에서 땀 흘린 강화 사람에게도 혜택으로 돌아왔을까요? 고된 간척 일을 마치고 온 강화 사람들은 다시 이곳 오읍 약수에 들러 울음 섞인 약수 한 사발로 마음을 달랬을 것입니다.

답사객이 아닌 관광객은 오읍 약수 한잔 마시거나, 북문 오르는 길의 꽃구경을 끝으로 북문 구경을 마칩니다만 북문이 주는 답사의 재미는 따로 있습니다. 바로 북문에서 동문 쪽으로 나 있는 성곽을 따라 걷는 길입니다. 진송루에 올라 여장을 따라 놓인 길을 걸으면 멀리 북녘 땅과 함께 한강의 끝자락, 그리고 강화의 북단 민통선 지역이 한눈에 들어오는 풍경을 만납니다. 특히 가을에는 노랗게 물든 이곳의 정취에 성곽 걷기를 포기하고 그 자리에 눌러앉아 도시락 까먹으며 푸른 하늘을 이불 삼아 누워 있기를 바라게 됩니다.

강화성 북문과 동문을 이어주는 성곽 찾기는 또 한 번의 어려움을 만납니다. 이미 그 성곽의 형태는 없어졌거니와 오밀조밀 붙어 있는 가옥, 그리고 몇 번의 공사로 없어진 성곽들, 가끔 조각난 흔적을 볼 수 있지만 그 성곽의 길은 동네 슈퍼 앞에서 장기를 두시는 할아버지의 설명에 의해서만 알 수 있습니다. 성곽은 사라졌지만 할아버지의 이야기 속에서 동문 옆에 동소문이 있었다는 것, 옛날에는 그 길을 통해 시체들을 성 밖으로 운반했다는 것, 동문(대문)보다 동소문(암문)을 통해 더 많이 다녔다는 이야기를 들을 수 있습니다.

강화성 동문 역시 최근 복원되었습니다. 동문 위에는 망한루(望漢樓)라는 문루가 있고, 홍예 위에는 방위를 알려주는 청룡이 그려져 있습니다. 그리고 동문 옆에는 야트막한 산이 있습니다. 견자산(見子山)이라 하는데 '아들을 보는 산'이라는 뜻입니다. 이곳의 지명 유래는 강화도 천도 이후 몽골과 화의가 결정되자 그 증표로 왕(고종)의 아들(원종)을 볼모로 보낼 때 몽골로 가는 아들을 바라보기 위해 올랐다는 것에서 유래된 이름입니다. 아들에 대한 아버지의 애틋함을 생각하면 아쉬운 곳이지만 공녀로 끌려가는 고려의 딸들을 과연 왕은 먼발치에서나마 지켜보기라도 했을까요?

견자산에서 내려와 고갯길을 넘으면 재미난 이정표 하나를 만나는데 바로 '살창이 길'입니다. 전해 내려오는 이야기로는 이곳에서 고려 창왕이 살해되었기 때문에 붙여진 이름입니다. 승리한 자의 역사는 사서로 기록되지만, 그 뒤편의 역사는 이렇게 사람들의 입에서 살아남아 오늘날에는 이정표로 근근이 그 흔적을 드러냅니다.

농토를 넓혀라 – 선두포 축언시말비

현재 강화도는 석모도와 교동도를 포함한 세 개의 큰 섬과 부속된 작은 섬으로 구성되어 있습니다. 남한에서 다섯 번째[21]로 큰 섬이지요. 그런데 오래전 강화도는 지금만큼 넓지 않았습니다. 현재 강화도 면적의 3분의 1은 간척사업으로 조성된 땅입니다. 강화의 간척사업은 고려 때부터 시작되었습니다. 고려가 원나라의 침입에 맞서 강화도로 도읍을 옮겼으니 인구가 갑자기 늘어났겠지요. 당시 강화로 건너온 사람들의 숫자가 30만이었다고 합니다. 원에 대항하는 시기였으므로 육지와의 물자 교류가 쉽지 않았겠지요. 이런 이유로 강화도에서 왕실과 지배층의 안전을 보장할 자립적 경제구조를 갖추어야 했습니다. 쌀을 생산할 수 있는 토지를 확보해야 했지요. 주로 강화도 북쪽에 간척지가 조성되었습니다. 이렇게 고려를 시작으로 조선 숙종 때까지 강화에는 간척을 위한 대공사가 이루어집니다.

선두포 축언시말비는 조선 숙종 때 강화유수 민진원의 지휘 아래 이루어진 간척사업의 내용을 기록한 비석입니다. 민진원이라는 이름이 익숙합니다. 강화성을 개축할 때 책임자 역시 민진원이었지요. 그러고 보면 민진원은 강화에서 토목공사를 많이 진행했습니다. 토목공사는 많은 인적·물적 지원이 뒷받침되어야 가능할 텐데 그 추진력의 배경은 무엇일까요? 민진원은 숙종의 두 번째 부인인 인현왕후의 오빠입니다. 인

---

21 제주도, 거제도, 남해, 진도, 강화도.

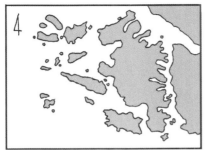

간척 이전

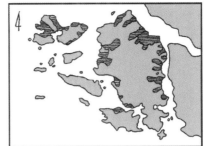

고려 말

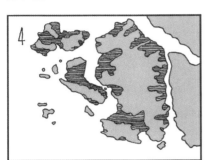

1800년대

1900년대

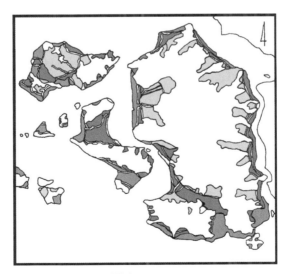

한눈으로 보는 강화도 간척지도

선두포 축언시말비(강화역사박물관)

현왕후는 장희빈 탓에 폐비가 되었다가 훗날 복권된 이야기로 알려져 있지요. 나중에 노론의 영수가 되는 민진원이 강화산성 보수공사, 가릉언과 선두포를 연결시켜 대규모의 간척사업을 진행한 것은 아마도 그의 추진력을 입증할 수 있는 기회였겠지요. 호란 이후 청에 대한 경계심이 강화되는 분위기에서 노론과 왕후의 오빠라는 뒷배경은 추진력의 바탕이 되었을 겁니다.

선두포 축언시말비에는 "공사인력으로는 본부의 군병과 모군, 연군을 동원했고 그 숫자가 1일 부역 11만 명이었다"라고 적혀 있습니다. 강화에 주둔하고 있는 병력과 일용직 군민까지 포함해서 하루 부역한 이가 11만 명이었고, 약 8개월 동안 진행되는 대공사였습니다. 기술 면에서도 해안보다 해수면이 낮은 개펄을 간척하는 것이니 단순히 인력 동원만으로 감당해내기에는 어려운 점이 많았습니다.

무거운 돌을 질퍽한 갯벌 위로 어떻게 운반했을까? 또 둑은 어떤 방법으로 쌓았을까? 의문이 생겨납니다. 민진원에 의하면 무거운 돌은 갯벌 위에 나무판자를 깔고 그 위에 돌을 얹어서 운반했다고 합니다. 또 둑을 쌓을 때는 갯벌의 토양에서 물기가 사라지면 단단하게 굳는 성질을 이용하고 이곳에서 자라는 염생식물을 혼합하여 강도를 높였다고 합니다. 오늘날에도 황토집을 지을 때 흙과 볏짚을 함께 섞는 이치와 같습니다. 또 토양의 염분을 제거하는 방법으로 수문을 만들었습니다. 밀물 때에는 수문을 닫고 썰물 때에는 수문을 열어 염분의 유입을 차단하는 것이지요. 이 수문의 흔적이 아직도 남아 있습니다.

선두포 축언시말비 탁본

당시에는 마니산이 있는 섬을 고가도라 불렀습니다. 이 고가도가 간척사업으로 강화의 큰 섬과 연결되면서 접근성은 쉬워졌습니다. 그만큼 마니산의 신비로움도 조금씩 줄어들었지요.

이쯤 되면 '간척사업으로 생겨난 땅은 어떻게 활용되었을까'라는 궁금증이 일어납니다. 기록에 따르면 양반과 상민을 가리지 않고 개간사업에 성실하게 참여한 사람에게 경작권을 주어 새롭게 개간한 토지에서는 3년간 세금을 면제한다는 규정이 있었다고 합니다. 하지만 실제로 얼마만큼 공정하게 분배되었는지, 세금 면제의 혜택이 고스란히 경작자에게 돌아갔는지는 알 길이 없습니다. 지배층의 토지 소유 욕구가 강화되고 있었던 당시 사회 분위기를 감안하면 우리의 상상은 그리 긍정적이지 않을 뿐입니다.

7

세도정치와
강화도령 철종

용흥궁과 철종 외가

철종! 또 하나의 이름 강화도령 이원범

강화는 오랜 기간 동안 유배의 땅이었습니다. 특별한 것은 주로 왕족 신분을 가진 사람들의 유배지였습니다. 정치적 사망선고와 같은 유배라는 형벌은 그 대상지 선정에서는 왕족과 사대부가 각각 다른 기준으로 적용되었을 것입니다. 일반 사대부와 달리 왕족에게는 유배라는 형벌을 통해 정치적 권리를 제한하는 것과 유배 이후 있을지도 모르는 정치적 활동을 관리할 필요성이 있었습니다. 그렇기 때문에 정치의 중심 공간인 한양을 떠나는 것과 동시에 관청의 감시가 시작되었습니다. 그러나 한양과 멀어지면 중앙 정치 참여가 그 거리만큼 어려워지지만 감시와 통제 역시 어렵게 되지요. 이러한 현실은 강화에 유배 온 사람들 중에 유독 왕족이 많은 이유와도 연결됩니다. 강화는 서울과 가까운 거리여서 감시와 통제가 쉽고, 대신 섬이라는 특성으로 이동의 제한이 많다는 점을 생각한 것입니다.

강화에 유배되었던 왕족이 스스로 혹 은 후손에 의한 정치적 활동을 통해서 다 시 왕으로 복위된 사례는 찾기 힘듭니다. 다만 왕족이지만 왕족으로서의 모든 권한 을 잊고 생명을 유지하려 했던 사람이 본 인의 의지와 관계없이 왕이 된 경우가 있 는데 바로 철종입니다.

철종의 이름은 원범입니다. 원범의 아 버지는 전계군(대원군)이고, 할아버지는 은 언군으로 정조의 이복동생입니다. 정조가 사도세자와 혜경궁 홍씨 사이에서 태어났 다면, 철종의 할아버지인 은언군은 사도세 자와 숙빈 임씨 사이에서 태어났습니다. 왕조 국가에서 왕위 계승의 대상이 되는

철종 어진

왕손은 왕통을 이어받은 세자를 제외하고는 모두 경계의 대상이었겠지 요. 이런 이유로 왕의 직계 혈통이 되는 왕족은 스스로 혹은 타의에 의 해 어려움에 처해지는 경우가 종종 일어나는데 철종의 가족 역시 순탄 치 않은 삶을 살았습니다. 할아버지 은언군은 철종의 큰아버지인 상계 군이 역모에 휩싸이면서 강화에 유배되었다가 그의 부인 송씨와 며느리 신씨가 천주교 세례를 받은 이유로 신유박해 때 목숨을 잃었습니다. 또 한 아버지 전계군과 형 원경도 민진용과 이원덕이 원경을 왕으로 세우 려는 역모를 계획하다 발각되어 처형되었습니다. 이로써 원범은 14세에 할아버지, 할머니, 아버지, 어머니, 형까지 모든 가족을 잃은 고아 신세 가 되었습니다. 이런 광경을 경험한 원범에게 다시 왕족으로 사는 것은

'꿈'이라기보다는 엄청난 두려움으로 작용했을 것입니다. 원범에게는 뼛속까지 밴 두려움이 되었을 것입니다. 왕손으로서의 자부심을 간직하기보다는 철저히 왕손임을 부정하는 가치관으로 살고자 했을 것입니다.

강화도령 이원범의 행복

원범에게는 왕손으로서의 자질을 높이는 기본 교육보다는 흙과 함께 살아가고 하루하루 생존을 위해 살아가는 조선 민중의 삶이 주어졌습니다. 생존에 필요한 의식주를 스스로 해결해야 했기에 고단한 노동을 경험하였고 농사와 땔감을 구하는 일도 더 이상 신분에 따른 혜택이 아닌 생존을 위해 자신이 직접 짊어져야 할 일이었습니다. 하루하루 일상이 고되었지만 원범에게 행복한 일도 있었습니다. 바로 여자 친구 봉이(양순)[22]와의 만남이었습니다. 신분제가 엄격했던 조선 사회 그것도 왕족의 혈통을 지닌 원범에게 쉽게 일어날 일은 아니었지만 사랑을 '조건'이 아닌 '감정'으로 느끼는 열애의 과정은 원범에게 큰 행복이었을 것입니다. 왕족 원범이 아닌 인간 원범을 좋아했던 봉이와의 사랑은 지금 용흥궁과 철종 외가를 잇는 도로 중간의 찬우물 약수터에 이야기로 전해옵니다. 서로에 대한 보고픔과 그리움으로 먼길을 쉬지 않고 달려왔을 원범과 봉이에게 찬우물의 약수 한모금은 그 어느 몸에 좋다던 약보다도 더 강한 힘을 가진 음료가 되었을 것입니다. 결혼이 사랑의 결과보다는 가문의 영광을 위한 도구가 되었던 시절, 더구나 세도가문의 권력이 절대적이었던 시기였음을 감안하면 원범에게 봉이는 조건보다 '사람'과 '사랑'을 볼 수 있게 하는 축복이었을 것입니다.

---

22 TV 드라마 「조선왕조실록」(1983~1990)에서 '양순'이라는 이름으로 소개되어 사람들에게 알려졌지만 실제 기록에는 '봉이'로 기록되어 있다.

강화행렬도(남문 부분도, 1849)

개천에서 용 난다

"개천에서 용 난다"는 말은 어려운 환경에서도 출세하는 상황을 말하는 것입니다. 적어도 기회는 열려 있어서 자신의 노력에 따라서 삶의 질이 변할 수 있다는 의미여서 그야말로 희망이 되어주던 말입니다. 그런데 이 말도 시대가 변하면서 더 많아진 개천에도 불구하고 허락되었던 승천의 기회가 늘어난 것인지, 또 승천의 길은 현실에 있는 것인지, 아니면 이 시대의 용은 무엇인지 많은 생각을 하게 하는 표현이 되어버렸습니다. 아쉽지만 지금에 와서는 적어도 교육을 통해 승천하는 길이 좁아졌고, 용이 된다는 것의 의미가 경제적으로 돈을 많이 번다는 뜻을 더 많이 포함하게 되었다는 점은 분명합니다.

강화도령 이원범이 철종 임금이 된 것은 그야말로 '개천에서 용 난격'이지만, 원래 용이 될 수 있는 혈통을 가진 왕족이었으니 그 의미가 다르기도 하지요. 그러나 강화라는 개천에서 임금을 상징하는 용이 된 것을 문자 뜻만으로 보면 틀린 말은 아닙니다.

용상에 앉은 철종

열아홉 살에 이르러 이원범은 조선의 25대 왕 철종이 되어 그야말로 '용'이 되었습니다. 당시는 특정 가문에 의해 중앙정치가 운영되는 세도정치의 시기였습니다. 세도정치는 정조가 죽은 뒤 순조, 헌종, 철종에까지 이어졌습니다. 이러한 세도정치 아래서 원범은 주변 상황에 따라 왕으로 만들어졌습니다. 당시는 안동 김씨가 권력을 가지고 있는 시기였고 자기 가문의 권력을 지키기 위해서는 오히려 강력한 왕권을 경계할 수밖에 없었습니다. 지혜와 덕망보다는 혈통만 왕족인 왕이 필요했던 것이지요.

헌종이 죽은 후 왕위를 이어받을 후계자 중 영조의 직계 자손으로 유일하게 생존했던 인물이 원범이었다는 점은 왕위 계승에 절대적인 기준이 되었습니다. 하지만 선왕이었던 헌종에게 철종은 항렬이 높은 삼촌이었으니, 적장자에게 왕위를 계승하는 조선 사회에서 거꾸로 조카로부터 왕위를 물려받는 등 정통성에 흠집이 있었습니다. 더구나 오랜 시간 왕족으로서 품성과 자질을 익히며 준비했던 것이 아니라 왕족으로서의 모든 것을 철저히 내려놓아야 했던 원범이 왕실 법도나 정치에 어두웠던 점도 영향을 끼쳤습니다.

사람이 살지 않았던 용흥궁

철종과 관련한 강화 유적에는 용흥궁과 철종 외가가 있습니다. 용흥궁은 그 이름에서 알 수 있듯이 용이 일어난 그러니까 철종이 왕이 되기

전에 살던 곳[23]입니다. 보통의 경우 왕은 세자 시절 궁궐 내의 동궁에서 살다가 왕으로 즉위하므로 잠저가 있다는 것은 왕으로 정해지지 않았던 왕족이 왕이 되었음을 의미합니다. 조선시대에는 왕조를 개창하기 전 태조(함흥본궁, 개성경덕궁), 광해군을 반정으로 몰아낸 인조(저경궁, 어의궁), 철종의 고조부인 영조(창의궁) 등이 잠저를 가지고 있었습니다. 이름만으로 보면 용흥궁은 밑바닥에서 어느 날 갑자기 왕이 된 철종의 생애를 가장 잘 나타내고 있는 이름입니다.

원래 용흥궁은 평범한 초가의 민가였습니다. 조선시대 관아로 쓰이던 강화 유수부와 가까운 거리에 있는 것을 보면 왕실과 관청이 꾸준히 관리하고 있었던 곳입니다. 거기에 왕족이긴 하지만 유배 온 왕족이니 그 처소의 권위는 결코 강할 수 없었겠지요. 용흥궁은 철종 4년에 강화유수 정기세가 건축하였습니다. 원래의 초가를 없애고 팔작지붕과 주심포 기둥을 세웠습니다. 만약 '용흥궁'이라는 현판과 철종의 잠저였음을 알리는 '철종잠저구기비'와 '비각'이 없었다면 이곳을 철종의 잠저로 상상하기는 쉽지 않을 것입니다. 오히려 오밀조밀하게 자리 잡은 민가와 함께 이웃하고 있어서 친근한 느낌을 줍니다.

용흥궁은 시골 양반집처럼 안채, 사랑채, 행랑채 구조입니다. 그래도 궁궐의 격을 살려 내전, 외전, 별전이라 불러줍시다. 용흥궁은 살림집이 아니었습니다. 원범이 떠난 후 살림집이었던 초가는 헐려버렸고 더이상 원범이 강화에 오지 않았기 때문입니다. 그래서 용흥궁은 '살림의 편리함'보다는 잠저로서의 '권위'를 강조하고자 했습니다. 원래 살림집은 대문을 지나 바깥 주인이 거주하는 사랑채를 처음 만나는 것이 일반적

---

23 이를 잠저라 부른다.

철종 잠저 용흥궁(강화군 강화읍)

인데 용흥궁은 솟을대문을 지나 만나는 첫 공간이 여성들의 공간인 안
채입니다. 그렇게 배치된 것은 사랑채의 권위를 높이기 위해 안채보다
높은 자리에 배치했기 때문입니다. 이러한 인공적인 배치는 안채로 인하
여 언덕 위에 배치한 사랑방이 조망을 잃어버렸고, 사랑채의 툇마루를
제외하면 안방이나 건너방에서 툇마루를 찾기 힘들다는 점을 볼 때 살
림집으로서는 어색함이 느껴집니다.

철종 "강화도가 좋았다"

철종은 왕이 되었지만 자신을 왕으로 만들어준 안동 김씨 가문을 넘어
설 정도로 준비된 왕은 아니었습니다. 이 때문에 즉위와 동시에 안동 김
씨 가문의 수렴청정이 시작되었습니다. 왕위에 올랐지만 그 무엇 하나
자신의 뜻대로 할 수 없는 힘없는 허수아비 왕이었지요. 왕이 된 지 3

년 후에 스스로 정치하려는 친정이 선포되지만 그를 둘러싼 세도가문의 힘은 너무나 컸습니다. 그래도 강화에 살던 시절 어렵게 살던 농민에 대한 측은함이 있었던 것일까요? 관서 지방에 기근이 들었을 때, 민가에 화재가 발생했을 때, 영남 지방에 수해가 들었을 때 내수사의 창고를 열어 기근으로 고통받는 백성을 구제하려는 노력을 보이기도 했습니다. 그러나 세도정치 시기 부패한 권력구조 탓에 발생하는 탐관오리의 횡포를 막기에는 철종의 힘이 턱없이 부족했습니다. 개인의 노력으로 극복할 수 있는 것과 정치를 통해 극복할 수 있는 것은 여전히 다른 것임을 알게 되었을 것입니다. 철종 때에 삼정이정청이 설치되었지만 세도가문을 비롯한 양반의 반대로 실효를 거두지 못했습니다. 오히려 정치적 면죄부만 주었을 뿐 농민의 삶은 그 이전과 다를 바 없었습니다. 결국 철종이 해결하지 못한 신분제 등 사회구조의 모순은 진주민란을 시작으로 임술농민봉기, 평등사상을 내세운 동학의 창시 등 민중 스스로 그 해결책을 찾는 방향으로 전환되었습니다.

　　왕이 된 철종[24]은 항상 "강화도가 좋았다"는 말을 하곤 했습니다.

24　철종은 1863년 33살의 나이로 창덕궁 대조전에서 죽었다. 그는 부인 철인왕후와 함께 경기도 고양시의 예릉에 묻혔다. 조선의 왕릉은 왕의 권력을 상징한다. 당연히 규모와 예법에 맞게 장례를 치르고 왕릉이 조성된다. 예릉은 황제의 격으로 조성된 고종(홍릉), 순종(유릉)과 비교해서 조선의 왕릉 형식으로 조성된 마지막 왕릉이다. 따라서 판위, 금천교, 석계, 비각, 각종 석상 등 왕릉으로서의 격을 잘 갖추고 있다. 석상들만 보아도 규모 면에서 웅장함을 보이고 있다. 재위 기간 동안 세도가문의 위세에 밀렸던 철종의 모습을 생각해보면 의외라는 생각마저 든다.

사실 여기에는 잘 알려지지 않은 이야기가 있다. 예릉이 조성되기 전 이곳 주변에는 중종비인 장경왕후의 희릉과 인종과 인종비 인성왕후의 효릉이 있었고, 또 중종의 왕릉도 이곳에 있었다고 한다. 그런데 중종의 왕릉인 정릉은 서울로 옮기고 그때 사용하던 석상들은 한번 사용한 석상은 다시 쓰지 않는 예법에 따라 그 자리에 모두 묻어버렸다. 철종이 죽고 왕릉을 조성하던 때는 알려진 바와 같이 세도정치가 한창이었다. 몇몇 가문의 권력과 부는 크게 성장했지만 왕실의 재산인 내탕금은 비어 있어 철종 왕릉을 조성하는 게 어려웠다. 이때 중종 왕릉에 쓰던 석상들이 땅속에서 발견되자 왕실에서는 그것을 다시 쓰도록 하였다. 지금 보이는 예릉의 석상은 정릉(중종릉)이 옮겨가기 전 사용하던 석상들이다. 살아서도, 죽어서도 사랑과 존중을 받지 못한 철종의 아픔이 느껴진다.

21세기를 강화에 살고 있는 사람들 또한 그 말에 동의합니다. 다만 철종과 현재의 강화 사람들이 그렇게 생각하는 이유는 다를 겁니다. 철종에게 강화의 삶은 왕족으로서의 원범을 둘러싼 모든 배경을 버리고 평범한 인간으로 노동과 사랑을 나눌 수 있었던 시간이었습니다. 작은 일이라도 스스로 땀을 흘리며 일구어가는 삶이었지요. 또 자신을 이용해 권력을 차지하려는 사람들에게 휘둘리지도 않았습니다. 살기 위해 치열하게 경쟁하지 않아도 되었고, 그야말로 생긴 대로 살아갈 수 있었습니다. 진정 중요한 것은 삶의 '양'이 아닌 삶의 '질', 인생의 '풍요로움'이 아닌 인생의 '깊이'라고 생각하는 이들에게 철종의 강화도 생활과 서울 생활의 차이는 남다르게 여겨질 것입니다.

철종 외가

용흥궁이 있는 강화읍 관청리에서 온수리 전등사 방면으로 가다 보면 철종과 관련된 또 하나의 기와집이 나타납니다. 이곳은 철종의 외갓집이지요. 철종 외가는 파주 염씨로 할아버지 은언군이 경험해야 했던 파란만장한 고난의 길처럼 그 위세를 살필 수 없는 가문이었습니다. 때문에 지금의 철종 외가 역시 원범이 왕위에 오르고 나서 새롭게 건축되었습니다(철종 4년). 철종의 외삼촌 염보길이 살던 철종 외가는 그동안 많이 변했습니다. 대문이 용흥궁처럼 솟을대문이었을 테고, 전체적으로는

경기도 고양시에 있는 예릉, 희릉, 효릉을 통틀어 서삼릉이라 부른다. 최근에는 경기도 구리시의 동구릉과 함께 주목받고 있는데, 2009년 유네스코 세계문화유산으로 조선의 왕릉이 선정되었기 때문이다. 서삼릉 주변에는 농협대학이 운영하는 젖소연구소와 한국마사회에서 운영하는 경주마 목장, 경마교육원이 들어서 있다. 주변에는 골프장도 여러 곳 있다. 원래 서삼릉의 영역이었으나 어느새 말과 소에게 넘어간 것이다. 말과 소가 함께 있는 왕릉이라니 조선의 장례법을 생각하면 왠지 어색하다. 일제강점기 조선의 문화를 억압하려 했던 총독부의 음모인가 생각했더니 1960~70년대 박정희 대통령 때의 일이라 한다.

철종 외가(강화군 선원면)

'H' 자로 건물이 배치되었으리라 추정되지만 지금은 행랑채가 붙은 평대문에 'ㄷ'자 형태로 배치되어 있습니다. 그럼에도 불구하고 건물의 기본적 배치를 토대로 살펴보면, 철종 외가는 건축 당시 경기도의 한옥처럼 바깥주인 중심의 사랑채와 안주인 중심의 안채를 구분하였습니다. 예전에는 그 구분을 담과 중문으로 하였지만 철종 외가는 사랑채와 안채의 구분을 부엌으로 하고 있다는 점이 특징입니다.

철종 외가 주변에는 철종의 외조부 파주 염씨 염성화의 비석이 서 있는데, 자세히 살펴보면 파주라는 글씨를 지우고 오목한 자리에 용담이라고 새로 새긴 글자가 있습니다. 이는 자손이 끊어진 철종 외가의 위세를 업고자 한 염종수의 계략입니다. 염종수는 새롭게 등극한 철종의 외가가 '파주 염씨'에서 갈라져 나온 '용담 염씨'임을 알고 자손이 끊긴 철종 외가의 대를 잇고자 족보를 위조하고 자신의 아들을 염성화의 손자로 입적시켰습니다. 철종은 당시의 세도가문을 생각할 때 대가 끊긴 외가보다 힘이 미약하더라도 외가가 존재하는 것을 원했겠지요. 염성화의 비문에는 원래 용담이라는 본관 대신 파주라는 본관이 새겨졌습니다. 이후 염종수의 사기 행각이 발각된 후 염성화의 비문 속 파주는 지워지고 다시 용담이라는 원래의 본관 지명이 새겨졌지요. 이로써 염종수는 역사에서 명예를 얻기보다는 사기 행각의 오명이 후세에 남게 되었습니다.

강화의 근대,
외세의 침략과 저항

염하[1]를 따라 걷는
외세 침략과 저항의 역사

초지진, 덕진진, 광성보, 연미정

　일본 제국주의가 조선을 강제 병합한 지 100년이 지났습니다. 과거 역사로 인한 아픔과 상처는 100년이라는 시간이면 충분히 치유될 수 있는지, 아니면 시간보다 더 중요한 무엇이 필요한 것인지 정신대 대책협의회의 계속되고 있는 수요집회나 과거사 관련 시민단체들의 성명서를 보면 여전히 고민스럽습니다. 일본 침략의 기원을 따지자면 운요호 사건과 강화도 조약이 되겠지요. 두 사건은 모두 강화도에서 일어났습니다. 100년의 시간이 지나는 동안 과거사 문제 해결을 통해 동아시아의 동반자로서 한국과 일본이 손을 맞잡자는 바람을 현실화시키지 못했습니다. 아쉽지만 다시 강화를 통해 근대 한반도의 역사를 살피고 그 기억을 기

---

1 '염하'는 강화도와 김포 사이로 흐르는 물길을 가리키는데, '강화해협'이라고도 부른다. 염하라는 표현은 병인양요(1866) 때 프랑스 정찰 장교인 앙리 쥐베르(M. H. Zuber)가 한양으로 가는 물길을 정찰하면서 만든 해도에 처음으로 등장한다. 강화 사람들이 이곳을 '짠물'이라 불렀는데 통역을 맡았던 리델 신부가 쥐베르에게 '소금-salle(salt)'이라 통역한 것에서 비롯되었다. 이후 '소금-salle(salt)'은 한자로 번역되면서 '염하(鹽河)'가 되었다. 지명에서 근대 제국주의 침략의 역사를 살필 수 있다.

억해야겠습니다.

운요호 사건과 초지진

초지진은 강화에 있는 방어시설, 곧 5진 7보 53돈대 중 하나입니다. 이중 5개의 진은 염하를 사이에 두고 경기도 김포와 마주 보는 염하를 따라 자리 잡고 있습니다. 그런데 강화 사람의 입장에서 생각해보면 이해되지 않는 것이 있습니다. 강화도가 조선의 영토에 포함된다면 진과 보, 돈대 중 가장 큰 규모인 5개의 진은 강화도 동서남북 해안에 고루 위치하든가 중국과 마주 보는 강화도 서쪽 해안에 좀 더 비중 있게 자리 잡아야 하는데, 5개의 진은 모두 강화도 동쪽 해안에 있습니다. 이는 방어에 유리한 지형적 특성도 있겠지만 적어도 강화의 5진이 강화를 보호하거나, 혹은 한반도의 영토를 다른 나라로부터 방어하려는 이유보다는 왕조와 수도 서울을 방어하기 위한 목적이 더 크지 않았을까 싶습니다. 또 염하가 세곡을 운반하는 조운의 운송로였음을 감안하면 왕조를 중심으로 하는 국가의 경제적 기반과 군사적 보호가 더 큰 설치 목적이 아니었을까 하는 생각이 듭니다.

강화에 설치된 5진 가운데 한반도의 서해안을 따라 서울로 향하는 뱃길 가운데 처음 맞이하게 되는 진이 바로 초지진입니다. 초지진은 안산의 초지량에 있던 수군 수영이 이곳 강화군 초지리로 이전하여 규모가 확대된 것입니다. 우리 근대사에서는 그 지리적 위치로 인하여 프랑스, 미국, 그리고 일본과의 전쟁이 일어나는 비극을 겪었습니다. 병인양요, 신미양요, 운요호 사건이 모두 이곳에서 일어났지만, 지금까지 초지진은 '왜'와 '일본'이 혼용되던 전통적 일본을 지나 제국주의 일본과 조선의 첫 만남을 살펴볼 수 있는 운요호 사건이 일어난 곳으로 더 많이 알려져 있습니다.

운요호는 일본 규슈 섬의 나가사키에서 출항했습니다. 나가사키는 일본 역사에서 외국 문물을 받아들이는 일종의 문화 교류의 허브 역할을 해왔지요. 지금도 나가사키에는 데지마(出島)라는 작은 인공섬이 있는데, 일본이 쇄국정책을 취할 때 이곳을 통해 네덜란드와 중국과의 교류만은 허용하였습니다. 우리가 알고 있는 일본의 난학(네덜란드로부터 받아들인 서양 문물)이 모두 이곳을 통해 전래되었습니다. 나가사키와 인천 그리고 데지마와 강화는 자발적이든 강제적이든 서양과 만나는 곳이 되었다는 점, 크리스트교의 포교지이자 순교지라는 공통점이 있습니다. 그러나 근대사의 측면에서 나가사키와 강화를 이어주는 인연의 끈은 분명 나가사키를 출발해 강화에 도착한 운요호일 것입니다. 여기에 일본이 시작한 침략전쟁이 끝날 무렵 나가사키에 떨어진 원자폭탄을 생각하면, 조선 침략의 첫발과 마지막 발걸음이 나가사키에서 비롯되었지요. 강화와 나가사키는 그렇게 제국주의 침략의 역사로 서로 연결되어 있습니다.

2011년 1월 나가사키를 우리 학교 학생들과 여행했습니다. 그곳 고등학교 학생들과 이야기를 나누며 "Remeber Nagasaki! Remeber Gang-hwa!"라는 구호에 공감했습니다. 이 말은 나가사키에 떨어진 원자폭탄과 나가사키에서 출항하여 일제 침략의 기초가 된 강화의 역사를 서로 기억하자는 것이었습니다. 한국인들은 나가사키에 떨어진 원폭에 대해 반일 감정에 이끌려 무감각하거나 원폭의 필요성에 공감하는 사람이 적지 않지만, 이곳에서 원폭 투하로 희생된 사람들 중 10분의 1은 조선인이었다는 사실, 그리고 원폭 피해자는 대부분 일본 제국주의의 침략과는 상관없는 민중이었음을 기억해야 합니다. 또한 강화에 보낸 운요호가 결국 조선 침략의 시발점이 되어 수많은 조선의 민중들에게 고통을 주었다는 사실을 나가사키의 고등학생들과 함께 기억하자는 뜻이었습니다.

다시 운요호 사건으로 돌아와서 오늘날 일본의 역사 교과서는 나가사키에서 출항한 운요호와 강화 초지진의 만남을 '강화도 사건'이라 적고 있습니다. 강화도 사건을 바라보는 한국과 일본의 시각은 사뭇 다릅니다. 일부 일본 역사 교과서는 운요호 사건을 조선의 연안을 항해하던 자국 배에 조선이 선제공격을 하였고, 이에 정당방위 차원에서 대응 포격을 한 우발적 사건으로 규정하고 있습니다. 한국에서는 일본이 개항할 때 겪었던 소위 서양에 의한 '개항 기술'을 실습한 것, 곧 의도적 항해와 의도적 포격 그리고 교전으로 바라보고, 당시 국내 정치권력의 상황과 맞물려 강화도 조약을 체결하게 한 침략을 위한 계획적 사건이라 적고 있습니다. 이에 대한 근거로 일본 측이 식량과 식수를 공급하려고 강화 앞바다를 찾았다는 주장에 대해 근대 군함의 출항 과정에서 행정을 맡은 전문적인 경리장교가 배치된 상황에서 항해에 필요한 식량과 식수를 계산하지 못했다는 것을 받아들일 수 없음을 들고 있습니다. 또한 일본 외교문서 8권에 기록되어 있는 "조선이 그들의 주장을 굽히지 않거나 거짓을 꾸며 도저히 일본 요구에 응하지 않을 때에는, 가령 현저하게 난폭한 행동이나 능멸하는 따위는 없더라도, 사절은 두 나라의 화호를 단념하고 우리 정부에서 모종의 별도 조치가 있을 것임을 전하고 교섭을 중단하는 문서를 던지고 조속히 귀국하여 다시 명령을 기다려 사절의 체통을 잃지 말 것이다"라는 내용에 의거해 특정한 목적을 가진 출항이었다고 '계획성'의 근거를 들고 있습니다. 게다가 외국의 영해를 사전 통보 없이 침범하고 영해 안에서 함포 사격 등의 교전을 감행했

다는 면에서도 우호 선린의 관
계가 아니라 침략의 의도를 엿
볼 수 있다고 이야기합니다.

　우발성과 계획성, 이것은
단순한 성격의 차이가 아닙니
다. 조선이 일본에 개항한 것
이 자율적 의지에 따른 것인
지, 아니면 타율에 의해서인
지를 구분하는 근거가 되기도
하고, 이것에 따라 조선의 근
대화 과정에서 있었던 수많은
불평등 요소의 책임이 어디에
있는지를 살펴보는 기회가 되
기도 합니다. 그런 의미에서
운요호 사건 발생이 우발적인
지 계획적인지를 구분하는 일
은 매우 중요합니다.

초지진(강화군 길상면)

초지진. 소나무에 당시의 포탄 흔적이 있다.

　현재의 초지진은 가까운 돈대 정도의 크기입니다. '진'이 여러 '돈대'
를 관리하는 위치임을 감안하면 지금 초지진의 규모는 작습니다. 강화
해협을 통과해서 서울로 들어가는 입구에 위치하고 있어서 프랑스, 미
국, 일본의 군함과 처음 만나는 곳이니 그들이 쏘아대는 대포로 인해
다른 시설물이 남아나지 못한 것입니다. 지금 보이는 것은 초지진을 복
원했다기보다는 초지돈대를 복원해놓은 것입니다. 초지진에는 대포(홍이
포) 1문이 전시되어 있습니다. 처음 강화에 왔을 무렵에는 홍이포가 전

시되어 있는 이유가 궁금했습니다. 조선시대 무기체계에 대한 이해를 위한 것인지, 외세에 대항하는 조선의 저항을 상징하는 것인지, 초지진에 원래 배치되었던 것이라 전시된 것인지 아무런 설명 없이 홀로 우뚝 서 있는 홍이포가 가엽기도 했습니다.

홍이포는 네덜란드인이 중국에 전래한 유럽식 화포입니다. 기존의 조선 화포에 비해 총신이 길어 명중률이 높았기에 동아시아의 무기체계에 적극 도입되었습니다. 홍이(紅夷)라 이름이 붙여진 것은 중국 중심의 세계관을 드러내는 것이지요. 조선에서는 중국이나 일본보다 서양과의 접촉 빈도가 적었기에 도입 및 자체 제작 시기가 두 나라보다 좀 늦습니다. 그렇다면 강화에는 이 홍이포가 어떻게 들어왔을까요?『하멜 표류기』로 유명한 네덜란드 사람 하멜이 타고 왔던 배에서 홍이포를 꺼내어 조선의 여러 요새에서 나누어 사용하였는데, 그중에 12문의 홍이포가 강화에 들어왔다는 기록[2]이 흥미롭습니다.

병인양요와 덕진진

덕진진은 초지진에서 염하를 따라 2킬로미터 북쪽으로 오르면 만나는 강화 5진 중 하나입니다. 강화의 진은 대부분 고려시대 해안 방어를 위해 토성으로 축성되었다가 조선시대 들어 지금과 같은 석성으로 거듭났습니다. 염하강 주변은 강화와 김포 사이를 좁은 바닷길로 가르고 있는 해협으로 방어에 유리하기에 고려와 조선시대 모두 해안 방어의 요충지로 활용되었습니다. 덕진진은 소규모 관측 초소인 덕진돈대와 남장포대를 지휘하는 오늘날의 대대급 규모의 군사시설로서, 이 중 남장포대

---

2 『현종개수실록』 5년 6월 22일(계축) 기사, 『강도지』 하권의 「군기조」 참조.

병인양요 당시 강화 풍경(세계여행 「Le tour du monde」라는 잡지에 1873년 쥐베르M. H. Züber가 기고, ⓒ 출처: 「신편 강화사」)

는 염하강 건너편 김포시 통진면 덕포진 포대와 함께 염하를 지켜왔습니다. 남장포대는 강화해협에서 바라보았을 때 잘 보이지 않도록 반달형 지형 위에 설치되었는데, 건너편 덕포진 포대와 함께 화망을 구성하면 좁은 강화해협을 거쳐 한양으로 이르는 길을 통과하기란 그리 쉽지 않았을 것입니다. 덕진진에는 초지진을 통과한 함선을 본격적으로 공격할 수 있도록 15문의 화포(홍이포)를 설치하였습니다.

19세기 대포를 활용한 전술에서 조선의 무기체계는 그다지 위력을 갖지 못했습니다. 조선의 화포는 발사 단계에서 폭발력을 추진력으로 삼았지만 포탄 자체는 폭발력이 크지 않아 상대방 함선에 큰 타격을 줄 수 없었습니다. 더구나 강화를 찾은 서양의 배는 나무가 아니라 쇠로 만든 배였고, 조선과는 다른 2차 폭발력이 있는 포를 가지고 있었기 때문에 신미양요 당시 덕진진과 남장포대의 피해가 오히려 더 컸습니다. 덕

병인양요 당시 프랑스군

진진의 문루와 성벽은 이때의 공격으로 허물어졌다가 1970년대 들어서 복원되었습니다.

덕진진은 병인양요와도 관계가 깊습니다. 교과서에는 병인양요, 양헌수 장군, 덕진진, 정족산성 등의 용어가 나오는데 실제로 덕진진이 어떻게 병인양요와 관련 있는지에 대해 구체적으로 설명하지 않습니다. 덕진진은 병인양요 당시 이미 강화도 읍내를 장악한 프랑스군을 강화도에서 물러나게 한 양헌수 장군이 500여 명의 포수와 함께 들어온 곳입니다. 어두운 밤 소리 없이 강화해협을 건넌 양헌수 부대는 정족산성 곧 전등사로 들어가 격전에 대비하였고, 양헌수 부대의 강화 진입을 알게 된 프랑스군은 정족산성의 지형을 이용한 전술에 밀려 조선군보다 강력한 화력에도 불구하고 물러서게 되었습니다.

조선과 프랑스의 첫 전투인 병인양요, 곧 조불전쟁에서 과연 승리란 어떤 것일까요? 우리가 쉽게 접하는 역사책에는 정족산성 전투가 프랑스군 퇴각의 주요 이유로 나와 있습니다. 이 관점에서 본다면 침략한 프랑스군이 전쟁 중에 후퇴하였으므로 조선을 승리자라 할 수 있겠습니다. 그러나 이 전쟁으로 인해 조선은 그토록 보존하고 싶어했던 의궤 등 각종 왕실 관련 도서를 잃었고, 시간이 걸리긴 했지만 쇄국 의지가 꺾인 채 조불조약을 체결하였으며, 강화도는 많은 군민의 생명과 재산을 잃었습니다. 덕진진을 돌아보며, 누가 전쟁의 승리자인지는 그리 중요하지 않게 생각됩니다. 오

덕진진 경고비(강화군 불은면)

히려 전쟁에서 얻은 상처가 가련해 보입니다. 더구나 전쟁에서는 군인보다 민간인의 피해가 더 크기 마련임을 생각할 때 강화도에서 벌어진 서양과의 전쟁은 승패와 호국 의지를 떠나 강화 사람에게는 큰 상처로 남았을 것입니다. 그런 의미에서 강화는 호국 이미지보다 평화를 더 열망하고 있을지도 모릅니다. 전적지로서의 덕진진이라는 사실을 잊고 있으면 덕진진의 풍경은 평화롭습니다. 강화의 해안선을 그대로 닮은 성벽과 한적한 해안의 정취를 바라보노라면 이곳에서 치열한 전투가 있었다는 사실은 잊게 됩니다. 예전의 군사 요충지가 지금은 평화로운 사색의 기운을 불러오고 있는 것이지요.

덕진진을 거닐다 보면 염하를 바라보는 언덕에서 경고비 하나를 만날 수 있습니다. '해문방수타국선신물과(海門防守他國船慎勿過-바다 문을 막

아 지키고 다른 나라 배는 지나는 것을 삼가라)'는 내용의 덕진진 경고비입니다. 어떻게 보면 해안 방어 의지와 다른 나라 함선에 대한 경고의 의미인 듯 하지만, 여기에는 단순한 해안 방어뿐만이 아니라 외국과의 교류 자체 를 반대한 의지가 담겨 있습니다. 병인양요가 끝나고 1867년 흥선대원 군의 쇄국정책의 의지를 담아 이 비석을 건립하였다고 합니다. 대원군은 신미양요 이후 쇄국 의지를 더 강화하여 전국에 척화비를 건립하였습니 다. 하지만 쇄국 의지는 덕진진 경고비 아랫부분의 포탄 흔적처럼 이곳 강화에서 강화도 조약이라는 이름으로 힘없이 꺾였습니다.

신미양요와 광성보

1866년 병인양요 이후 강화 사람들은 그 무엇보다도 평화를 기원했을 텐데, 강화는 1871년 신미양요를 겪게 되었습니다. 신미양요는 1882년에 미국과의 첫 수교 이후 130여 년 동안 한국과 미국 사이에 교전이 없었 던 것을 감안하면, 우리 역사에서 미국과 벌였던 유일한 교전의 흔적입 니다.

나가사키를 출발한 미국 아시아 함대는 강화도 초지진을 공격한 후 덕진진을 지나 이곳 광성보에서 조선군을 다시 만나게 됩니다. 당시 강 화에서는 조선 정부가 설치한 진무영이라는 중앙군이 수비를 담당했습 니다. 황해도 연안, 개성, 통진, 부평이 전영, 후영, 좌영, 우영이 되어 강 화에 있는 진무영(중군)과 함께 강화를 방어했습니다. 강화에서 있었던 미국 군함과의 여러 전쟁을 통칭하여 신미양요라 부르는데, 그중에서 광 성보가 가장 치열한 전투 현장이었습니다.[3] 이미 초지진과 덕진진에서

---

3 ① 조선군 몇몇은 불에 새까맣게 타버린 채, 그 주위에 떨어진 9인치 포탄의 폭파로 산산조각 이 나버렸다. 좁은 지면 위에 쌓인 조선군 시체만도 40구가 되었고, 머리에 총탄을 맞아 죽은 자가

미국의 평화 의지를 확인할 수 없었던 점과 그 과정에서 많은 조선인 희생자가 났다는 사실을 알고 있는 조선은 전쟁에 임하는 의지와 자세가 더 강했겠지요.[4]

2007년 한국으로 136년 만에 소중한 문화재가 돌아왔습니다. 바로 광성보에서 미국 군함과 맞설 때 강화를 수비하는 진무영의 지휘관을 상징하는 수자기입니다. 수자기는 부대의 최고 지휘관을 뜻하는 '수(帥)'자가 그려진 깃발입니다. 그러므로 우리의 수자기를 미국에서 보관하고 있다는 사실은 전투에서 패배하였음을 뜻하지요. 수자기는 미국 애나폴리스 해군사관학교 박물관에 보관되어 있었습니다. 이 박물관 로비에는 미국 해군이 세계 각지를 돌며 벌인 전쟁에서 획득한 전리품 중 깃발들을 모아 전시하고 있습니다. 그들은 자신들의 힘을 과시하기 위해 전시했을지 모르지만 그 깃발을 보는 당사자들은 과연 그들처럼 생각할까요?

수자기는 10년 장기 임대라는 형식으로 한국에 돌아왔습니다. 약탈 문화재 반환 방식에 아쉬움이 남지만, 기록으로만 존재했던 수자기를 볼 수 있다는 점은 다소 위안이 됩니다. 수자기가 잠시 한국으로 여행을 하게 된 데에는 숨은 이야기가 있습니다. 수자기 반환에 대하여 미 해군사

대부분이다. 그들이 입은 옷은 모두 흰옷이었고, 흰옷에 붉은 피가 물들여져서 적백색이 더욱 두드러진 대조를 이루었다.-틸톤의 『1871년 해병대의 한국상륙작전』(1966)에서.

② 그토록 작은 공간에 그리고 그토록 짧은 시간에 그토록 많은 탄환과 포연이 집중되는 것은 남북전쟁의 고참들도 일찍이 본적이 없었다. 그들은 난간에 올라서서 용맹스럽게 싸웠다. 그들은 미군에게 돌멩이를 던졌다. 그들은 창과 칼로써 미군을 대적했다. 손에 무기가 없는 그들은 흙가루를 집어 침략자들에게 던져 앞을 보지 못하게 했다.-그리피스의 『은자의 나라-한국』(1882)에서.

4 조선군은 근대적인 무기를 한 자루도 보유하지 못한 채 노후한 전근대적인 무기를 가지고서 근대적인 화기로 무장한 미군에 대항하여 용감히 싸웠다. 조선군은 그들의 진지를 사수하기 위하여 용맹스럽게 싸우다가 모두 전사했다. 아마도 우리는 가족과 국가를 위해 그토록 강력하게 싸우다가 죽은 국민을 다시는 볼 수 없을 것이다.-슐레이의 『기함에서의 45년』(1904)에서.

미해군 콜로라도함의 수자기

관학교는 반대 입장을 분명히 했으나 콜로라도 주의 상원의원은 1968년에 있었던 미국의 푸에블로호[5]와 수자기의 교환을 제안했습니다. 푸에블로는 콜로라도 주의 한 마을 이름에서 따왔기에 상원의원으로서는 더 적극적인 제안이었습니다. 이 제안에 대해 한국 측에서는 '수자기'는 원래 강화도에 있었던 것이고, 강화도는 현재 북한이 아니라 한국 영토이므로 한국에 반환해야 한다고 주장했습니다. 현재 푸에블로호는 북한 대동강변에 전시되어 있습니다. 그렇기 때문에 한국이 푸에블로호와 '수자기' 교환을 제안하기는 어려웠습니다. 결국 미국 국무부는 불법적으로 납북된 해군 함정 문제로 평양(북한)과 협상할 수 없다는 결정을 내렸습니다. 이 과정에서 그동안 알지 못하던 수자기의 행방을 알게 되었고 반환 협상이 시작되었습니다. 그러나 약탈 문화재인 수자기는 반환도 교환도 아닌 장기 임대 형

---

5 푸에블로호 사건은 1968년 1월 23일 동해안 공해상에서 함장을 비롯해 6명의 해군 장교와 수병 75명, 그리고 민간인 2명 등 총 83명이 승선하고 있던 미 해군 소속 정보 수집함 '푸에블로(Pueblo)'호가 북한군에게 나포된 사건으로 미 해군 함정이 공해상에서 나포되기는 미 해군 역사상 처음 있는 일이었다. 공해상에서의 나포라는 미국 측과 영해 침범이라는 북한 측의 주장은 별다른 해결책을 찾지 못하고 몇 차례 계속된 비밀 협상에서 미국이 영해 침입을 시인하고 사과하는 조건으로 승무원 송환을 합의하였다. 그러나 82명의 생존 승무원과 시체 1구가 판문점을 통해 귀환되었고, 푸에블로호 선체와 장비는 북한 측에 몰수되었다. 현재 푸에블로호는 대동강에 전시되어 있다.

식으로 강화도를 떠난 지 136
년 만에 한국으로 돌아왔습니
다. 해군사관학교박물관, 고궁
박물관의 전시를 거쳐 현재에
는 강화전쟁박물관에 보관하
고 있습니다.

광성보를 점령한 미군

광성보의 안해루를 지나
염하의 시원한 풍경에 발맞추
어 걷다 보면 쌍충비각을 만납니다. 쌍충비각 안에는 신미양요 때 미국
에 저항하여 순국한 중군 어재연 장군과 동생 어재순 형제를 기리기 위
한 '순절비'[6]와 전투에 참여한 병사들을 위로하는 '광성파수순절비'가
나란히 서 있습니다. 앞서 말한 '수자기'는 당시 중군장 어재연을 상징하
는 깃발입니다. 또 쌍충비각 아래쪽에는 신미양요 때 시신을 수습한 51
명의 병사 중 신원 확인이 되지 않은 시신을 7개의 봉분에 나누어 장례
를 치르게 한 신미순의총도 있습니다. "그토록 작은 공간에 그리고 그
토록 짧은 시간에 그토록 많은 탄환과 포연이 집중되는 것은 남북전쟁
의 고참들도 일찍이 본적이 없었다"는 당시 미군의 기록에서 엿보이는
것처럼 광성보 전투는 대단히 치열했습니다. 당시 조선군은 면갑이라
는 일종의 방탄복을 입고 있었습니다. 대원군의 지시에 따라 조선은 각
종 병장기를 개발했는데 이때 서양총에 대비하기 위해 만든 옷이 면갑
입니다. 면갑은 조선군이 사용하는 조총이 면 12겹을 관통한다는 실험

---

6 순절비 뒷면에는 "충성스럽고 용맹함이 늠름하여 해와 달처럼 눈부시게 빛나고, 형제는 죽음
을 두려워하지 않고 고향에 돌아가는 듯했다. 형은 나라를 위하여 죽고 아우는 형을 위하여 죽었
다. 한 집안의 충의와 우애가 오랜 세대를 두고 명성이 들린다"라고 적혀 있다. 해마다 광성보에서
어재연 장군을 추모하는 행사가 열린다.

결과를 바탕으로 13겹의 면을 이어 만들었습니다. 그러나 서양총은 조총과 달리 파괴력이 더 강했습니다. 면갑은 조선군에게 방탄복 착용이라는 심리적 안정감을 줄 수는 있었지만 서양 총을 막을 수는 없었습니다. 오히려 무더운 여름에 13겹의 옷을 입어 체력 소모가 컸고, 불에 약한지라 불이 옮겨붙으면 물속으로 뛰어들어야 했겠죠. 또 물속에서는 두꺼운 면이 물을 흡수해 무거워지니 면갑은 그 의도에도 불구하고 전투력을 약화시켰습니다. 신미양요의 피해자가 미군 3명 외에 대다수가 조선군이었다는 사실에는 이러한 숨겨진 이유도 있는 것입니다.

격전 직후 온전하게 수습된 시신은 어재연, 어재순 형제와 51명의 조선 군인이었습니다. 어재연의 상투에는 붉은색 끈을, 어재순은 버선을 뒤집어 신었기에 두 사람을 구별할 수 있었다고 전합니다. 지금 어재연, 어재순 형제의 묘는 고향인 충청북도 음성에 있습니다. 이들 외에 시신은 수습했지만 그 이름은 알 수 없었던 51명의 조선 군인들의 합장묘가 '신미순의총'입니다. 시신도 이름도 남기지 못한 수많은 병사들의 영혼은 아직도 염하강 물줄기를 따라 흐르고 있습니다.

수자기가 걸려 있었던 광성보 안해루, 면갑 입고 쓰러져간 조선 군인들의 아쉬움이 남아 있는 쌍충비각과 신미순의총을 지나면 광성보에 속해 있던 손돌목 돈대와 용두돈대를 만납니다. 소나무 사잇길을 걷다 보면 정면에 있는 것이 손돌목 돈대이고, 왼쪽으로 난 길을 따라 걷다 보면 마치 용머리처럼 염하를 향해 돌출된 모습을 가진 용두돈대를 만날 수 있습니다. 이 용두돈대에서 강화해협으로 시야를 돌리면 유난히 조류가 거센 바다가 보이는데 이곳을 손돌목이라 부릅니다. 예부터 폭이 좁았지만 물살이 세서 이곳에 익숙한 현지인이 아니고서야 쉽게 건널 수 있는 곳은 아니었다고 합니다.

이 거센 물길을 손돌목이라 부르는 데에는 이유가 있습니다. 강화도는 삼국 항쟁기에도, 몽골의 침략 때에도, 후금(청)의 침입 때에도, 조선 후기 프랑스, 미국, 일본의 침략에서도 보이듯이 그 지정학적 위치 때문에 평상시보다는 전쟁 시기에 더 주목받은 곳이었습

전쟁의 상처(신미양요, 광성보)

니다. 정묘호란 당시에도 인조는 후금(청)의 침입에 대응하여 이곳 강화로 피난 왔습니다. 한양에서 김포를 지나 강화에 도착하기 위해서는 반드시 이 좁은 염하를 건너야 했지요. 인조는 김포에서 손돌이라는 뱃사공에게 길안내를 맡겼으나 심한 물살과 물살에 뒤척이는 배의 움직임에 불안해졌습니다. 불안에 떨던 인조는 손돌을 의심해 결국 그를 죽이라고 명령했습니다. 죽음에 앞서 손돌은 바가지를 물길에 띄우고 그것을 따라 강화로 건너가라고 알려주었습니다. 바가지의 움직임을 따라 강화에 도착한 인조는 그때서야 그의 진심을 알고 손돌의 장례를 명하여 광성보 맞은편 김포 덕포진에 묘를 쓰게 되었습니다. 이후 물살이 거센 이곳에 손돌목이라는 이름이 생겨났습니다. 강화 사람들은 이곳에 돌풍이 불거나 갑자기 날씨가 추워지면 손돌바람, 손돌추위라 부릅니다. 손돌의 원한이 서려 있다고 믿는 것이지요. 자신의 안위를 위해 궁궐을 떠나면서 자신이 사랑하고 지켜야 할 백성을 신뢰하지 않았던 인조에 대한 원망이 손돌이라는 이름으로 나타난 것입니다.

강화가 호국의 성지로 알려지는 데 큰 역할을 했던 것이 국방유적

정비사업입니다. 강화 여러 곳에서 국방유적 정비사업을 알리는 기념비를 찾아볼 수 있습니다. 쌍충비각 옆과 용두돈대에도 박정희 대통령 때 국방유적 정비사업의 하나로 만든 '신미양요 순국 무명용사비'와 '강화 전적지 정화 기념비'가 세워져 있지요. 오랜 생활 속의 경험으로 염하 물길에 대한 지혜를 체득한 손돌, 전쟁터가 되어버린 국토에 백성을 남겨둔 채 피난길에 오르는 인조를 거부하지 않았던 순진한 손돌은 국가와 왕실의 존망이라는 논리에 묻혔습니다. 백성을 사랑해야 할 임금은 순간의 의심으로 백성의 생명을 포기하였죠.

용두돈대 건너편 손돌의 무덤을 바라보고 있을 때, 손돌목에서 거센 물살과 스산히 불어오는 손돌바람을 맞을 때 백성에 대한 사랑이 빠진 호국의 신념은 적어도 강화 사람에게는 그다지 감동적이지 않음을 느끼게 됩니다.

용진진과 갑곶진(제물진)

초지진에서 시작한 염하길 답사가 용진진에 이르면 우리 몸의 허리쯤 온 것입니다. 강화의 진과 보에는 각각의 지휘소인 성문 문루와 현판이 붙어 있습니다. 덕진진은 공조루, 광성보는 안해루, 용진진은 참경루, 월곶진은 조해루, 갑곶진은 진해루와 복파루라는 이름이지요. 공조루의 조(潮), 조해루·안해루·진해루의 해(海), 참경루[7]의 경(鯨)에서 볼 수 있듯이 강화 외성의 문루는 이름 가운데 모두 바다와 관련된 한자가 들어

---

7 참경루(斬鯨樓)는 '고래를 베다'라는 뜻으로 강화유수 김노진이 병자호란 때 싸워보지도 못하고 항복한 일을 생각하며 그때를 거울삼아 청나라(고래)를 벨 준비를 할 것을 염두에 두고 문루 이름을 지었다. 실제로 용진진의 참경루는 당시 조선 수군의 훈련장으로 사용되던 용진진과 제물진 앞바다를 조망할 수 있다. 수군 훈련을 바라보며 '과거의 일을 잊지 않고 대비한다'는 의미로 이름 지어진 것으로 보인다(『강화부지』 참고).

강화전성 흔적(강화군 불은면 오두돈대 옆)

가 있습니다. 문루에 새긴 바다의 의미처럼 풍요와 평화를 주는 강화 바다가 되어야 하겠지요. 그 옛날에는 외적으로부터 강화 바다를 지키고자 했다면 지금 강화는 '개발'로부터 강화 바다를 지켜야 합니다. 얼마 전까지 강화 해안을 막아 조력발전소를 세우려는 계획으로 강화도는 어려움을 겪었습니다. 아름다운 강화도에 조력발전을 세운다는 것은 새만금, 시화호처럼 한강 하구의 강화 바다를 막겠다는 것입니다. 한강 하구 곧 강화의 바다가 막히면 강화에 사는 사람도, 천연기념물인 저어새도, 그리고 바다의 허파인 갯벌도 서서히 죽어갈 것입니다. 세계 5대 갯벌의 하나인 강화 갯벌은 그 자체만으로도 보존할 가치가 충분합니다. 거기에 한강 상류에서 서울을 지나며 생겨난 오염 물질을 정화시키는 강화의 바다와 갯벌의 가치는 더욱 높습니다. 그러나 현재 강화 바다와 갯벌은 개발이라는 이름 앞에서는 언제나 병인년, 신미년과 같은 위기에 놓여 있습니다. 강화 바다와 갯벌의 가치는 지켜져야 합니다. 그 방법의 하나로 '역사'와 '생태'를 축으로 강화도의 생태·문화적 가치가 존중받아 국립공원으로 그 가치를 보존했으면 하는 바람을 가져봅니다.

용진진은 오두돈대와 용당돈대 등을 관리했습니다. 오두돈대는 그 지형이 자라 머리와 닮았다 하여 붙여진 이름입니다. 용머리처럼 길게 뻗어 있는 광성보의 용두돈대와 비교하면 더 재미를 느낄 수 있지요. 용진진에서 해안을 따라가다 보면 흙으로 다져진 흙길이 나타납니다. 고려시대에 강화로 천도한 뒤 방어를 위해 만든 강화 외성이며 흙으로 다져 만든 토성입니다. 아마도 고려시대 강화 사람들의 노역으로 만들어졌을 테지요. 날씨가 그리 춥지 않은 날 이 길을 걸을 때면 신발을 신지 않고 발로 직접 만났으면 좋겠습니다. 가끔은 자갈을 밟아 발이 아프기도 하겠지만 그때마다 강화 외성을 쌓으러 나온 고려시대 강화 사람들과 만나보면 어떨까요? 그것이 바로 살아 있는 역사와의 만남이 아닐까요?

오두돈대 주변에 놓치지 말아야 할 유적이 하나 있습니다. 앞서 말한 것처럼 고려 때 토성을 쌓아 외성으로 삼았지요. 오두돈대 주변의 토성은 조선 영조 때 이르러 장마철 녹아 흘러내리는 것을 보완하기 위해 전축성, 곧 구운 벽돌로 다시 쌓았습니다. 그 재료의 특징에 따라 강화전성이라고 부르지요. 강화전성(1743)은 정약용이 거중기를 이용하여 만든 수원화성(1796)보다 약 50년이 앞섰습니다. 수원화성 역시 구운 벽돌을 활용한 전성이지요. 수원화성의 건축 기법이 강화전성에서 배워온 것은 아닐까 하는 애향심이 섞인 상상을 해봅니다.

김포와 강화를 잇는 주요 교통로 제물진

제물진보다는 갑곶진이라는 이름으로 더 알려져 있습니다. 옛부터 강화해협 건너편 통진 문수산성과 함께 강화해협을 지키는 중요한 장소였고, 평상시에는 나루터로 활용되어 강화와 통진을 이어주는 역할을 해왔습니다. 지금은 강화대교가 연결되어 갑곶 나루터의 명성은 예전만 못합니다. 갑곶이라는 명칭은 강화의 옛이름인 '갑비고차'에서 유래되었다는 설도 있지요. 몽골군이 강화를 함락시키고자 강화 입도를 도모했으나 염하를 넘지 못하면서 아쉬움을 담아 "갑옷만 엮어도 건널 수 있는 것"이라고 했다는 데에서 유래되었다는 설도 전해집니다. 제물진에서 관리하던 갑곶돈대는 강화역사관으로 더 알려져 있지만, 강화역사관은 최근 부근리 고인돌 광장으로 이전하여 강화역사박물관으로 개관하였습니다. 그런데 강화라는 '지붕 없는 박물관'을 '지붕 있는 박물관'에서 꼭 보아야 하는 것은 아닙니다.

염하의 모든 군사시설처럼 갑곶돈대에도 외세와의 아픈 기억이 있습니다. 몽골이 강화 점령을 위해 선택한 길이고, 프랑스가 강화성으로 입성한 길이고, 일본의 전권대신 구로다가 이곳을 통해 들어와 강화도조약을 체결했지요. 또한 한양에 사는 왕이 강화로 오는 길목이며, 강화도령 철종이 이 길을 통해 한양으로 입성하여 왕위에 올랐습니다. 갑곶돈대는 오랫동안 강화의 대문 역할을 해왔습니다.

갑곶돈대에는 현재 홍이포, 소포, 불랑기 등이 전시되어 있고, 몽골과 교섭을 벌였던 이섭정 등이 있습니다. 갑곶돈대 입구에는 비석들이 모여 있는데 강화읍에 있었던 비석들을 한곳으로 모은 것입니다. 대부분 강화로 부임한 관리들을 칭송하는 내용인데, 비용이 들기 마련이니 백성들을 사랑했던 관리라면 비석 세우는 것을 막지 않았을까요? 때로는 화려하게 포장된 비석보다 백성들의 애정이 담긴 나무비(목비), 혹은 '마음 속에 세운 비석'이 더 아름다울 수 있다는 사실을 알았으면 좋겠습니다.

염하를 바라보고 있는 갑곶진(갑곶돈대)

갑곶돈대에서는 천연기념물 탱자나무를 볼 수 있습니다. 따뜻한 남쪽에서 자라는 탱자나무가 강화에서 자라고 있으니 신기합니다. 탱자나무의 나이가 400여 년이 넘은 것과 탱자나무의 북방한계선이 강화임을 알려줍니다. 남쪽이 주산지인 탱자나무가 강화 곳곳에 심어진 까닭은 탱자나무의 특성 때문입니다. 탱자나무의 굳센 가시가 침입하는 사람에게는 큰 장애물이었기에 방어용으로 심은 것입니다. 갑곶돈대의 탱자나무도 돈대가 조성될 무렵 방어용으로 심어졌습니다. 강화에 뿌리내리고 강화를 위해 자신의 역할을 다하는 탱자나무의 마음이 진정한 애향심이겠지요.

탱자나무 앞에는 멍텅구리배라 불리는 강화의 전통배가 전시되어 있습니다. 멍텅구리배는 조류를 이용하여 각종 어류와 젓새우를 잡아 강화 사람을 풍요롭게 만들었던 무동력선입니다. 갑곶돈대 주변에는 병인박해 때 순교지였던 갑곶순교성지, 조봉암 선생 추모비, 해군통제영학당터 등도 살펴볼 수 있습니다.

한강 하구를 지키는 마지막 방어선 – 월곶진[8]과 연미정

도로 표지판을 보고서 월곶진을 찾기란 쉽지 않습니다. 최근 월곶진 문

---

8 월곶진은 강화에 있는 5진 가운데 하나이다. 5진이란 월곶진, 제물진, 용진진, 덕진진, 초지진을 일컫는데 제물진은 현재의 갑곶진이다(인천 제물포에서 옮겨 왔기에 제물진이라 불린다). 강화의 5진은 강화와 김포를 가르며 서울로 향하는 염하를 끼고 있다. 오랜 세월 수로 교통의 중심지이자 정부의 입장에서는 주요 소득원이었던 조운(세곡의 운반로)의 중심지였다.

루 복원 공사가 한창이지만 사람들에게는 연미정이 더 알려져 있고, 이정표 역시 연미정으로 안내하고 있습니다. 월곶진 안에 월곶돈이, 월곶돈 안에 연미정이 있는 것이지요.

월곶진은 적북돈, 휴암돈, 월곶돈, 옥창돈을 관리하였고, 종3품 첨사가 지휘했습니다. 다른 진의 최고 지휘관 품계가 종4품 만호인 것에 비해 이곳 월곶진 지휘관의 품계가 높은 것은 월곶진이 한강 하구에서 한양으로 진입하는 최후의 방어선이기 때문일 것입니다. 월곶진 아래에는 큰 포구가 있었다고 전하는데, 한강을 거슬러 오르기 위하여 조류를 맞춰야 하기에 서울을 가고자 했던 많은 배들이 만조 때를 기다려 정박하곤 했답니다. 때문에 이곳을 중심으로 큰 포구가 만들어져 자연스럽게 상업이 발전했습니다. 1905년 강화기행을 다니고 그 느낌을 글로 남긴 화남 고재형 선생의 문집 『심도기행』[9]에는 '천 척의 배'[10]라는 표현이 소개되어 옛날 월곶진의 풍경을 짐작해볼 수 있습니다. 지금은 단 한 척의 배도 찾아볼 수 없습니다. 분단 이후 한강 하구는 배가 다닐 수 없는 강이 되었기 때문입니다. 남도 끝에서 올라온 배들이 막걸리 한잔으로 서로 위로하며 잠시 쉬었던 곳, 한양이라는 목표를 앞두고 마지막 기운을 내는 곳이었던 월곶진 앞 한강 하구는 분단의 현실로 더 이상 옛날의 모습을 찾아볼 수 없습니다. 지금은 한강 하구를 경계하는 군인들의 모습만 보입니다.

---

9 『심도기행(沁都紀行)』은 강화도 선비 고재형(高在亨, 1846~1916)이 강화도의 200여 마을 명소를 직접 방문하여 각 마을을 주제로 한시(漢詩)를 짓고, 그 아래에 각 마을의 유래와 풍광, 인물, 생활상, 관습 등을 설명한 산문을 곁들인 기행문집이다. 7언 절구 256수를 통해 강화의 풍경을 살필 수 있다.

10 연미정 높이 섰네 두 강물 사이에 / 삼남지방 조운 길이 난간 앞에 통했었네 /
떠다니던 천 척의 배는 지금은 어디 있나 / 생각건대 우리나라 순후한 풍속이었는데
(燕尾停高二水中 三南漕路檻前通 浮浮千帆今何在 想是我朝淳古風).

고려 고종 때 학생들의 하계 휴양지였던 연미정

월곶진에 올라 연미정에 올라서면 한강 하구가 훤히 내다보입니다. 태백 검룡소에서 발원한 한강이 흘러 임진강과 만나고 또 조강으로 흘러 마침 유도 앞에서 한줄기는 염하로 흐르고, 다른 한줄기는 바다로 흐릅니다. 마치 문장의 끝에 넣는 마침표처럼 굽이굽이 흘러온 한강의 끝을 알리는 섬이 유도입니다. 유도에는 세계적으로 보호종인 저어새가 서식하고 있습니다. 번식까지 하고 있는 것으로 조사되었습니다. 또 유도는 1996년 홍수 때 북쪽에서 떠내려온 이른바 '평화의 소'로 유명해졌습니다. 평화의 소는 제주도로 내려가 새로운 식구를 맞이했습니다. 저어새와 소가 "생태적 환경을 지켜달라! 분단의 시대를 평화의 시대로 만들어달라!"고 끊임없이 메시지를 던지는 것 같습니다.

우리가 연미정을 자유롭게 답사하게 된 지는 얼마 되지 않았습니다. 예전에는 연미정이 해병대 검문 초소 안쪽에 있었기에 연미정을 보려면 많은 번거로움을 감수해야 했지요. 그러나 해병대 검문소가 뒤쪽으로 100미터 정도 이동하면서 답사객이 자유롭게 연미정을 찾게 되었습니다. 다소 거칠어 보이는 월곶돈을 지나 안쪽으로 들어와서 먼저 연미정의 풍경을 느껴보세요. 돈대 밖에서 보았던 느낌과는 아주 다를 것입니다. 강화의 모든 돈대들이 그렇듯 풍경이 좋습니다. 연미정도 오래된 느티나무 두 그루와 함께 평화롭게 서 있습니다. 돈대 북쪽으로 다가가면 연미정의 평화로움은 없어지고 무장한 군인과 경비초소가 나타납니다. 가끔 눈이 마주치면 민망하기도 합니다. 연미정은 분단과 평화의 풍경을 모두 가지고 있습니다.

연미정에서는 김포시, 파주시, 북녘땅 황해도 개풍군이 보입니다. 그리고 한강에서 흘러온 물줄기는 하나는 서해로, 또 하나는 염하(강화해협)로 흘러듭니다. 그 모양이 마치 제비꼬리와 닮았다 하여 연미정(燕尾亭)이라 이름이 붙었습니다. 언제 세워졌는지는 확실하지 않지만 고려 고종 강화천도기에 이곳에서 고려의 사립 교육기관인 구재의 학생들을 모아 공부하게 했다는 기록이 전합니다. 이후 조선시대로 접어들면 삼포왜란 때 공을 세우고 함경도에서 반란을 진압한 황형(黃衡)에게 조선 조정에서 연미정을 하사하였다고 합니다. 지금도 연미정에는 '황형택지'임을 알리는 비석이 서 있습니다.

지금의 연미정은 1976년 강화 국방유적 복원사업 때 만들어졌습니다. 복원 전과 비교하여 달라진 점이 있습니다. 연미정의 마루는 나무마루였으나 지금은 전돌로 깔았고, 예전에는 현판도 걸리고, 단청도 칠했다고 하나 지금은 그 모습을 찾을 수 없습니다. 연미정 서남쪽의 돌기둥 모서리에는 한국전쟁 당시 포탄에 의해 파손된 흔적이 남아 있습니다.

연미정은 역사적으로 보면 정묘호란 당시 강화조약을 맺은 곳으로

연미정에서 바라본 한강. 거슬러 오르면 서울이다.

알려져 있습니다. 후금이 침략했을 때 조선 왕실은 강화로 피난을 왔고, 결국 강화가 함락되어 청나라에 형제의 관계를 약속한 정묘약조를 체결했지요. 정묘약조를 체결한 곳이 연미정입니다. 교과서에 따르면 인조는 광해군을 쿠데타(반정)로 끌어내리고 왕위에 오릅니다. 반정의 명분 중 하나는 광해군의 '중립 외교'였습니다. 또 인조반정과 외교노선의 변화가 빌미가 되어 후금은 정묘호란을 일으킵니다. 교과서는 이 정도에서 광해군과 인조의 인연에 대한 서술을 멈췄지만 광해군의 유배지가 1637년 제주도로 옮겨 가기 전까지 강화와 교동이었다는 점을 생각하면 우리의 상상 속에서 다시 광해군과 인조를 만나볼 수 있겠지요? 정묘약조가 체결될 당시 두 사람은 강화에 있었습니다. 한 사람에게는 유배지였고, 다른 한 사람에게는 피난처였겠지요. 물론 두 사람은 직접 마주치지는 않았을 테지만, 이런저런 소문으로 광해군은 당시의 상황을 알고 있었을 것입니다. 광해군과 인조는 강화도에서 '중립 외교'와 '친명 배금 외교' 노선의 결과를 맞이한 것입니다. 유배지에서 광해군은 어떤 생각을 했을까요? 연미정의 달맞이는 강화 8경으로 꼽힐 만큼 아름답습니다. 아름다운 연미정의 달맞이를 보며 이런 상상을 해보는 것도 답사의 재미가 아닐까요?

황형 사당(황형 선생 묘 및 신도비)

연미정 아래 황형의 집이 있었음을 알리는 비석에 대해 잠깐 이야기했습니다. 황형에 대해서 공부해볼까요? 조선은 일본과의 무역에서 국가 주도의 조공무역을 시행했는데, 대마도를 거점으로 하는 일본인의 무역 욕구를 충족시키기에는 그 규모가 작았습니다. 이 때문에 한반도 남부에서는 일본인들이 조선 정부의 허가 없이 무역을 했습니다. 이러한 일이 빈번해지자 조선은 부산포(부산), 제포(진해), 염포(울산)를 개항하였고, 개항장에서의 왜인 집단 거주를 60호로 제한하는 무역정책을 취합니다. 60호가 넘을 경우 대마도로 돌려보내는 것으로 원칙을 세웁니다. 무역 규제를 위한 정부 차원의 자구책이었습니다. 그러나 조선은 이 원칙을 강제적으로 시행하지 않았기 때문에 삼포에 거주하는 왜인들은 늘어났고, 고기잡이와 농업을 생업으로 삼았던 왜인들은 점차 삼포 밖으로 경작지를 넓혀나가 사회문제가 되었습니다.

반면 대마도주는 삼포에 거류하는 왜인들에게 세금을 징수하였고, 이를 위하여 삼포의 거류 왜인을 총괄하는 기관도 만들었습니다. 중종 반정으로 권력을 얻은 중종은 그동안의 유화책 대신 법에 의한 엄격한 통제를 시행하였습니다. 이에 삼포의 왜인들은 불만을 품고 대마도주와 연합하여 반란을 일으켰습니다. 이를 삼포왜란이라 하는데, 황형은 삼포 중 제포로 출병하여 왜란을 진압하였습니다. 지금도 연미정 주변에는 대나무가 있는데 이는 삼포왜란을 평정하고 대마도에서 가져와 심은 것이라 전합니다. 황형 장군에 대한 기록은 『조선조 명장록』에 남아 있습니다. 일종의 위인전 같은 책입니다. 이순신 장군도 무과시험을 준비할 때 『조선조 명장록』을 읽고 무관으로서의 꿈을 키웠을지도 모릅니다.

답사의 재미 중 보물 같은 경험은 그곳에 살고 있는 동네 주민들의 입을 통해 이야기를 듣는 것입니다. 황형 장군에 대해서 들은 이야기 하나 소개할까요?

관직에서 은퇴하고 연미정에서 아름다운 한강과 염하를 바라보던 황형 장군은 무관으로서의 나라 걱정을 거두지 않았다고 합니다. 그래서 콩을 볶아 동네 아이들에게 나누어 주며 어린 소나무를 주변에 심게 했답니다. 주변 사람들은 소나무를 심어 어디에 쓸까 걱정했지만 황형 장군은 훗날 쓸 일이 있을 것이라 묵묵히 대답하였습니다.

70여 년 후 임진왜란이 일어났습니다. 교과서에 실려 있는 것처럼 선조는 의주로 피난길에 올랐습니다. 한양이 왜군의 영향력 아래 있었을 때 의병장 김천일은 강화도로 들어와 한양 탈환을 위한 준비를 하였습니다. 마침 병력이 타고 갈 배를 정비하는 데 많은 나무가 필요했습니다. 김천일은 주변의 이야기를 듣고 황형 장군이 심어놓은 소나무 숲으로 달려가서 필요한 목재를 구할 수 있었다고 합니다. 의병장 김천일은 황형 장군의 선견지명에 무척 감탄했다고 합니다. 훗날 황형 장군이 죽자 중종은 연미정 주변의 땅을 황형에게 주었습니다.

황형 사당 앞에서 들은 동네 사람들의 이야기가 역사적 진실성이 있는지를 따지는 것은 큰 의미가 없습니다. 세상을 위해 소나무를 심은 황형 장군의 선택에 대해 생각해볼 수 있으니까요. 황형이 심은 소나무가 임진왜란 때 쓰이지 않았다면 바람 많이 부는 섬에서 강화도 사람들을 따스하게 안아주는 풍림이 되었을 테고, 또 강화의 답사길로 찾아온 사람들에 쉼터가 되었겠지요. 나무를 심는 것은 세상과 미래를 위해 정말 필요한 일입니다. 세상을 살면서 오염시킨 자연에 나무 한 그루라도 돌려주며 사과하는 것도 필요한 일입니다.

민족을 배반한 반역자인가 신앙의 자유를 지켜낸 성인인가 – 황사영 생가터

강화 답사에서 사람들은 강화도 조약과 정묘년의 강화조약, 연무당과 연미정을 가장 많이 혼동합니다. 그런데 이것 말고 또 하나가 있습니다. 바로 황형과 황사영입니다. 황사영은 황형의 12대 손입니다. 황사영 백서사건으로 유명한 황사영은 천주교 등 종교적 관점에서는 성인으로 추앙받고, 민족적 관점에서는 반역자로 그리 좋은 인상을 주지 못하고 있습니다. 이러한 생각의 차이는 황사영의 생가터를 놓고 장무공 황형종친회와 천주교 인천교구 사이의 위치 논쟁[11]에서도 잘 나타납니다. 천주교 인천교구에서는 황사영의 생가터가 황형 사당 부근에 있다고 주장하고, 장무공 황형종친회 측은 그의 묘소가 있는 경기도 남양주 장흥면에 있다고 주장합니다. 창원 황씨종친회에서는 왜 '황사영 생가터'임을 부인하고 있을까? 단지 생가터의 위치가 사실과 다르기 때문일까? 어쩌면

---

11 천주교 인천교구, 경기도 양주시 문화원 및 문화관광과에 전화를 걸어 확인했다. 경기도 양주시에서는 황사영 묘 등 황사영 관련 유적은 문화재로 등록되어 있지 않아 관리되지 않고 있고, 황사영의 묘는 있으나 그 출생과 관련해서는 양주시 출생인지 확일할 수 없다며 모른다고 대답하였다. 천주교 인천교구에서는 『강화사』의 "황사영의 무덤은 대묘리에 있다"는 기사를 근거로 현재의 황형 사당이 황사영의 생가터라 주장하고 있다. 나머지 한 주체인 황씨종친회는 이미 푯말을 통해 입장을 밝힌 바 있다.

황사영에 대한 평가에서 비롯되는 것은 아닐까 하는 생각이 듭니다. 양측의 입장은 오늘날 황사영 백서사건[12]에 대한 평가와 관련이 깊습니다.

황사영과 관련해서 한 가지만 더 이야기해볼까요. 황사영은 '백서사건'으로 체포되었습니다. 물론 그뿐만 아니라 많은 천주교 신자들이 고통을 겪었을 것입니다. 이때 황사영은 의금부에서 심하게 고문을 당했습니다. 우연히 이 모습을 본 왕(순조)은 조사관에게 황사영이 누구 후손인지를 물었습니다. 조사관이 "『조선조 명장록』에 오를 정도로 유명한 황형의 후손입니다"라고 대답하니, 이미 일그러진 황사영을 바라보던 왕은 그에 대한 신체적 고통을 대신해 황형의 위패를 가져오는 것으로 조사를 마무리 지었다고 합니다. 지금 대묘리 황형 사당에는 그때 한양으로 간 위패가 훼손되어 부본이 보관되어 있습니다. 황형의 위패가 황사영의 고통을 덜어주었습니다.

---

12 조선 후기에 있었던 '황사영백서(黃嗣永帛書) 사건'은 단순하게 보면 국가권력에 의한 천주교인 탄압이지만 엄격한 의미에서는 신앙의 자유를 획득하고자 국가권력을 부정하는 정교의 대결이었다. 이 사건은 천주교 입장에서는 순교에 해당하고, 국가 입장에서는 매국 행위가 된다.
 ① 조선은 경제적으로 무력하므로 서양 제국에 호소하여 성교홍통(聖敎弘通)의 자본을 얻고자 한다.
 ② 조선은 청국 황제의 명을 받들고 있으므로 청국 황제의 명으로써 선교사를 조선에 받아들이도록 할 것.
 ③ 청이 조선을 병합하고 그 공주를 조선이 취하여 의관을 하나로 할 것.
 ④ 서양으로부터 군함 수백 척과 정병 5~6만, 대포 기타 필수 병기를 가지고 와서 조선 국왕에게 위협을 가하여 선교사의 입국을 자유롭게 해줄 것.

황사영 생가터에 드리는 말씀

이곳을 성인 황사영 생가터로 잘못 아시고 찾아오시는 천주교인 여러분과 표지판을 설치한 천주교 인천교구청에 대하여 민망스러움을 금할 수가 없어 족보를 근거로 하고 그 외 고증에 따라 다음과 같이 밝혀드리오니 성인 황사영 생가터를 양주군 부곡면 장흥리에서 찾으시기를 바랍니다.

1. 이 지역은 공신 장무공 황영 장군의 유적지입니다.
2. 이 자리는 장무공 사당 중건 이전 사당 정면 10m 앞이었으므로 주택이 있을 수 없는 위치입니다. 그러므로 성인 황사영 생가터가 아닙니다.
3. 성인 황사영은 장무공의 12대손입니다.
4. 성인 황사영은 장무공의 아들 8형제 중, 둘째 아들의 11대손이며 둘째 아들께서는 한성판윤을 역임하셨습니다. 그리고 주소지는 양주군 부곡면 장흥리(일명:가막골)이며 묘소도 이곳에 안치되어 있습니다.
5. 성인 황사영의 주소지도 양주군 부곡면 장흥리이며 이분의 묘소도 이곳에 안치되어 있을 뿐만 아니라 11대조부터 황사영 대에 이르고 그 후대까지 이곳 한곳에서 대를 계승하면서 거주하였습니다. 그리고 묘소도 이곳에 안치되어 있으며 시향도 이곳에서 지금까지 거행하고 있습니다.

이곳을 황사영의 생가터로 오인하게 된 것은 장무공 황형 장군의 후손 중 인천에 거주하던 무식한 자가 허영심에서 분별없이 허위 날조하여 전파한 것이니 고찰하시기를 바랍니다.

창원 황씨 장무공파 종친회

2

강화도 조약이
체결되다

연무당 옛터

조선과 일본, 불행한 만남과 불편한 관계가 시작되는 연무당

운요호 사건을 계기로 일본은 과거의 전통적 관계가 아닌 새로운 관계를 조선에 요구했습니다. 그동안 조선은 중국 중심의 전통적 중화 질서 안에서 일본을 만나왔지만, 일본은 근대화 과정에서 천황을 중심으로 메이지유신이라는 새로운 정치체제로 개편했습니다. 그리하여 중국 황제를 천황과 같은 한 나라의 통치자로 여기게 되었습니다. 그러나 중국과 조선에 있어 황제는 동아시아에서 유일한 존재였습니다. 이러한 일본의 인식은 조선과의 외교에도 영향을 주었습니다. 그것은 일본이 조선에 보낸 서계에 잘 나타나 있듯이, 외교문서에도 황제의 격을 사용했습니다. 이는 오랫동안 교린의 마음으로 일본을 대하던 조선에게 단순한 외교 문제를 넘어 동아시아의 전통적 세계관과 새롭게 변모하는 일본과의 관계를 고민하는 계기가 되었습니다. 이렇게 시작된 동아시아 국제질서의 변화는 조선 내부의 홍선대원군 실각과 고종의 친정체제 구축, 개화파의 성장, 중국의 무관심 등 여러 상황과 맞물려 조선과 일본의 관계도 변화하게 되었습니다. 표면으로는 대등한 관계지만 내용적으로는 불평등한 관계[13]를 강압적으로 받아들이는 이 역사의 시작이 1873년 운요호 사건, 1876년

연무당 옛 사진(출처: 「신편 강화사」)

강화도 조약(조일수호조규)으로 우리 역사에 기록되어 있습니다. 한국사의 큰 흐름이 강화의 역사를 통해 만나는 지점입니다.

연무당은 조선과 일본의 외교관계를 새로운 형태로 만들었던 강화도 조약 체결의 조인식이 있었던 곳입니다. 연무당은 원래 연병장에서 훈련하는 군인들을 지켜보는 지휘관을 위한 공간이었습니다. 요즘 군대 연병장의 사열대 기능도 했었지요. 연무당이 강화 서문 옆에 만들어지기 전에는 지금의 강화읍 시장과 옛 은혜교회 자리에 있었던 열무당 앞에서 군사들을 훈련시켰습니다. 특히 강화 해안을 지키는 진무영의 훈련이 이곳에서 있었지요. 열무당 역시 훈련 모습을 참관하는 진무영 고관을 위한 장소였는데, 그 주변에 민가가 들어서기 시작해서 훈련을 하기에는 불편이 많았고, 대체 공간으로 만들어진 것이 연무당입니다. 이러한 사정 때문에 강화도 조약 체결을 위한 회담은 열무당에서, 조인식은 연무당에서 갖게 되었지요. 우리가 사진으로 보는 회담 풍경은 연무

---

[13] 일반적인 조약 체결의 과정에서는 조약의 각 항목에 대한 수정, 삭제, 조율의 과정이 있어야 하지만 강화도 조약 체결 과정에서는 일본에서 미리 작성한 13개 조항 중 한 조항을 제외하고 조선이 수용하는 모습이었다. 이 밖에도 우리가 학교에서 배우는 해안측량권 인정, 영사재판권(치외법권)의 허용과 함께 조선과 일본의 관계가 내용적으로 불평등하다는 것을 의미한다.

연무당 옛터를 알리는 표지석(강화군 강화읍). 길 건너 강화성 서문이 있다.

당이 아닌 열무당으로 추정됩니다. 당시 열무당의 회담 분위기를 보면 두 나라가 대등한 관계를 맺기에는 어색함이 있었습니다. 열무당 앞에는 최신식 무기인 개틀링 기관총 4문이 회담장을 조준하고 있었다고 합니다. 최근 어떤 학자는 강화도 조약에서 일본의 강요보다는 조선의 수용 의지를 강조하기도 하던데, 그렇다면 굳이 개틀링 기관총이라는 최신식 무기가 필요했을까요? 오고 가며 그 무서운 무기를 보았던 강화 사람들은 조선의 수용 의지를 이야기하는 지금의 교수님들을 향해 어떤 말을 하고 싶을까요?

신헌과 구로다 기요타카

조약 체결은 국가 간의 약속이지만 권한을 가진 사람이 진행합니다. 따라서 강화도 조약이 체결될 당시 실무 책임자들을 살펴보는 것도 재미

있습니다. 당시 조선 측에서는 판중추부사 신헌, 일본 측에서는 육군 중장 구로다 기요타카가 그 역할을 맡았습니다. 먼저 두 사람의 개인사를 살피겠습니다.

신헌은 노론 가문에서 태어나 무과에 급제한 무관입니다. 그의 평소 행적을 살피면 노론 가문 출신이라 해서 보수적 성향을 띠거나 무관 출신이라 오로지 국방 문제에만 관심이 있지는 않았습니다. 오히려 신헌은 어려서부터 정약용, 김정희 등의 실학자와 박규수와 같은 개화파와 교류하면서 폭넓은 지식과 사고의 유연성을 가질 수 있었습니다. 여기에 강화에서 병인양요가 일어났을 때 조선군을 지휘한 경험도 있었습니다. 실사구시의 학문적 경향을 가진 실학파와의 교류, 개화파 박규수와의 교분을 통해 서양 세력에 대한 지식을 얻은 신헌은 병인양요의 교훈을 거울삼아 서양식 근대무기에 대한 연구를 바탕으로 수뢰포[14]와 마반차[15] 등의 신무기를 개발하였습니다.

하지만 조선의 무관으로 병인양요를 경험한 신헌에게 무관과 외교관이라는 사뭇 다른 두 역할은 부담스러운 일이었을 겁니다. 특히 무관으로서 조선과 일본의 군사력에 대해 잘 알고 있는 신헌에게 실무 책임자 역할은 많은 부담으로 작용하였겠지요. 물론 조약 체결은 개인이 아니라 정부 차원에서 하는 것이지만, 당시 조선 정부의 상황이 그리 녹록지 않았습니다. 통상수교 거부 정책과 개화정책, 흥선대원군과 고종의 친정 및 민씨 세력의 집권이라는 국내 상황은 그 어떤 외교상의 경험과 전문성을 발휘하기에도 무척 어려웠습니다.

한편 구로다 기요타카는 육군 중장 계급 외에 개척장관이라는 직

---

14 물속에 설치하여 시간이 지나면 폭발하는 일종의 수중 시한폭탄.
15 바퀴를 달아 이동이 편리한 대포로 포를 회전시켜 다양한 각도의 포격이 가능했던 신무기.

신헌

구로다 기요타카

함을 가지고 있었습니다. 개척장관은 새로운 영토를 만드는 직무를 수행했는데, 구로다는 조선의 개항 이외에도 한 번의 경험이 더 있었습니다. 구로다는 일본의 홋카이도(북해도)를 일본의 영토로 편입하는 과정에도 참여했습니다. 홋카이도는 원래 일본의 영토가 아니었지만 러시아의 극동 진출에 대응하기 위해 일본의 영토로 편입시키는 일이 중요해졌습니다. 구로다는 개척청의 개척장관이 되었고, 무력을 동원하여 홋카이도를 일본의 영토에 편입시켰습니다. 이 과정에서 구로다를 중심으로 한 일본 정부군에 의해 홋카이도의 원주민이었던 아이누족이 다수 살해되고 홋카이도에 일본인이 이주하게 되었습니다.

이와 같이 실학적 학문 풍토, 서예 등 문무를 겸비한 신헌과 무력을 통한 영토 개척의 경험이 있는 구로다는 서로 달랐지요. 이것은 조약의 결과에는 영향을 못 미치더라도 체결 과정에서는 약간이라도 영향을 주었으리라 생각합니다. 앞서 말한 열무당에 기관총이 설치된 이유를 조금이나마 알 수 있을 것 같습

강화도 조약 체결 과정

니다.

강화도 조약은 역사 교과서에 조선이 외국과 맺은 최초의 근대적 조약이며, 불평등 조약이라고 나와 있습니다. 종례의 외교적 예법을 넘어서 대등한 격을 가지고 체결되었기에 근대적 조약이라 불리지만, 그 내용은 불평등 조약이고, 이후 일본의 식민지배 과정까지 연속성을 가지고 바라보면 침략을 위한 것이었음이 분명합니다. 강화도 조약은 일본이 미국인 페리의 무력시위에 놀라 개항을 했던 것처럼, 또 그 과정에서 연안 측량권과 치외법권(영사재판권) 인정 등 일본이 겪었던 불평등성을 조선의 개항에 적용시킨 것입니다. 공존과 공영을 위한 외교관계가 아니었고, 동아시아의 평화와 협력을 위한 조약도 아니었습니다. 제국주의 국가들의 침략 발판이 되었고, 시간이 흘러 우리에게는 식민지배와 분단으로 이어지는 불행한 역사를 맞게 했던 조약이었습니다.

지금 이 순간 그 누구도 한국과 일본의 평화, 동아시아의 평화, 세계의 평화를 염원하지 않는 사람은 없을 것입니다. 이것은 미래를 향한 인류의 소망이기도 합니다. 강화도 조약이 체결된 연무당 옛터에서 제국주의 침략의 역사를 생각해보았습니다. 그 역사를 통해 스스로를 성찰하지 않으면 언젠가 가해자가 될 수도 있다는 것 역시 반드시 생각해보아야 할 것입니다. 그런 의미에서 연무당 옛터 표지석 옆에 일본의 과거 역사에 대한 반성은 물론 한일관계의 평화와 이를 바탕으로 세계 평화를 기원하는 기념비 하나 세웠으면 좋겠습니다.

3

우리나라 최초의
해군사관학교

통제영학당지

　눈에 보이지 않는 것을 볼 수는 없을 거예요. 최신 디지털 3D 기술로 복원한다 하더라도 그때 보이는 것은 과학기술을 동원한 상상에 지나지 않겠지요. 하지만 디지털 기술이 아니더라도 우리의 몸속에는 이미 그보다 훌륭한 상상력이 있습니다. 상상력! 그것은 사람이 가지고 있는 훌륭한 능력이자 신의 선물이기도 합니다. 우리는 이 상상력을 동원해서 보이지 않는 것을 볼 수 있고, 또 그것에 흐르는 많은 이야기를 느낄 수 있습니다. 여러분, 역사적 상상력을 통해 눈에 보이지 않는 휑한 들판이 되어버린 통제영학당지에서 개화기 우리가 행했던 많은 모색과 도전의 기억들을 복원해보면 어떨까요?

　19세기 후반 세계사는 제국주의 열강의 팽창과 이에 대한 아시아, 아프리카 민족의 저항의 역사였습니다. 조선도 예외는 아니었지요. 특히 강화도는 병인양요, 신미양요, 운요호 사건 등으로 포함 외교라 불리는 외세의 통상 압력을 온몸으로 맞았고, 조선 정부는 이를 통상수교 거부

통제영학당의 흔적을 알리는 표지석(강화읍 갑곶리)

정책으로 막았습니다. 그러나 고종이 직접 정치에 나서는 것으로, 또 연무당에서 체결된 강화도 조약으로 유명무실해졌지요. 개화정책으로 전환한 조선 정부는 우선 군사력 문제에 관심을 가졌습니다. 이 장면은 교과서를 통해서도 볼 수 있지요. 일본의 지원을 받아 별기군을 창설했지만, 임오군란으로 실패하는 장면, 1888년 미국의 도움으로 육군 장교 양성을 목표로 하는 연무공원을 만드는 장면 등입니다. 특히 연무공원은 입학 대상이었던 양반 자제들이 힘든 군사훈련을 기피했고, 훈련을 마친 뒤에도 과거에 급제해야만 무관이 될 수 있었기 때문에 목표를 이루지 못했습니다.

강화도에서 실제로 경험한 병인양요, 신미양요, 운요호 사건 등은 조선의 해군력에 대한 관심을 불러일으키는 계기가 되었습니다. 근대식 군사력 확충과 특히 해군력에 대한 관심은 강화도에 해군통제영학당을 설치하는 것으로 나타납니다. 조선 정부는 해군력을 강화하기 위하여 기존의 수군체제를 근대식 해군체제로 개편하였습니다. 인천과 경기 지역의 해안 방어를 총괄하기 위해 1883년 부평에 기연해방영(畿沿海防營)을, 강화에 해연총제

통제영학당에서 바라본 염하

영을 설치하였습니다. 이와 더불어 해군영과 통제영학당이 설치되어 해군 양성 계획을 수립하였습니다. 덕진진에 설치된 "외국의 배는 조선의 바다를 통과하지 못한다(海門防守他國船愼勿過)"라는 경고비가 말로써만 그치는 것이 아니라 실제로 힘을 갖기 위해 조선 정부의 현실적 노력이 강화에서 시작된 것입니다.

조선 정부는 청으로부터 1,000원의 차관을 받아 통제영학당을 설치함으로써 최초의 근대식 해군 장교 양성의 첫발을 딛게 되었습니다. 이제 실제로 해군 장교를 길러낼 수 있는 교육 시스템을 갖추는 일만이 남았는데, 제국주의 국가들은 조선의 해군력 증강을 반갑게 여기지 않았습니다. 특히 조선 지배를 꿈꾸는 일본에게는 더더욱 그러했겠지요. 당시 조선은 해군 전력으로 유명한 영국에 주목했습니다. 그리고 영국 총영사관에 해군 군사교육을 위한 영국 해군 현역 장교의 파견을 요청했습니다. 그러나 영국은 외교적 문제를 이유로 들어 거절했습니다. 대신 현역 장교가 아닌 예비역 장교 1명과 하사관 1명[16]을 파견하기로 결

---

16 통제영학당의 해군 양성 교육을 맡은 영국인은 기초 군사 교육을 담당한 두 명의 전직 영국 군인인 콜웰 대위(군사학, 항해술)와 하사관 커티스(포술학) 그리고 영어 교육을 담당한 허치슨 등

명칭	통제영학당
설립 연도	1893년
설립 예산	1,000원(청에서 차관 도입)
학교 위치	강화도 갑곶리 (후 거제도와 원산에도 추가 설립)
모집 과정	초기에는 수군 군관 재교육, 후에는 장교 양성을 목적으로 모집
신청 자격	사관 15~23세, 하사 15~18세
교과목	영어, 독일어, 군사학, 항해학, 포술학, 위생학

정했습니다. 앞서 말한 일본의 외교적 방해가 영향을 미친 것입니다. 이러한 상황에서 조선은 18세 이상 26세 미만의 양반 자제로 구성된 사관 후보생 50명과 300명의 수군으로 통제영학당을 설치하였습니다. 우리나라 최초의 근대식 해군사관학교가 만들어진 것이지요.

1893년 10월에 개교한 통제영학당은 이듬해인 1894년 11월 폐교되었습니다. 통제영학당 폐교의 원인은 대외적으로는 1894년에 일어난 청일전쟁의 영향이 컸습니다. 전쟁에서 승리한 일본은 청을 제치고 조선에 대한 영향력을 장악했지요. 이는 해군력 강화를 꿈꾸던 조선에게는 좋지 않은 결과를 가져왔습니다. 일본은 조선 정부에 영국 교관의 해고를 요청했고, 조선의 고위 관리를 통해 통제영학당의 해체를 주문하였습니다.

통제영학당 폐교의 내적 이유는 조선 정부의 학교 건립에 대한 사전 준비와 관심의 부족이었습니다. 조선 정부는 영국인 교관의 월급도 온전히 지급하지 못했고, 교육 활동에 필요한 자금도 확보하지 못했습니다. 이러한 이유로 강화 갑곶에 설치된 통제영학당은 폐교되었습니

세 명이었다. 이 중 허치슨은 영국의 교장 자격증도 가지고 있었으며, 홍콩 우체국과 조선의 개항장에 설치한 세관인 해관(海關)에서 근무한 경험이 있었다. 이들이 사용하였던 관사는 영국 성공회의 지원에 힘입어 현재 강화 성공회 성당으로 거듭났다.

광제호(1904, 인천항)

양무호(1907, 부산항)

다. 재학했던 장교 후보생 중 일부는 허치슨을 따라 한성 영어학교로 갔고, 나머지 대부분의 학생은 육군으로 옮겨 갔습니다. 이후 근대적 해군에 대한 조선 정부의 관심은 최초의 근대식 군함 확보 계획으로 이어져 1903년과 1904년에 걸쳐 양무호와 광제호[17]를 도입하였지만, 이미 조선의 국권은 일본에게 넘어가고 있었습니다.

---

17 도입 후 해안 경비의 임무를 수행하던 광제호는 1905년 을사조약 이후 탁지부 관세국으로 소속이 변경되어 연안 세관 감시선으로 운행되다가 태평양전쟁 때에는 석탄 운반선으로 활용되었다.

4-①

서양 종교가 강화에
들어오다

① 성공회 강화읍 성당과 온수리 성당

여러 종교의 성지! 강화도

강화는 개성과 서울을 강으로 이어주는 지리적 중요성 때문에 줄곧 외세에 대한 저항의 역사를 품게 되었습니다. 따지고 보면 강화 사람들에게 강화의 산하가 평화의 시기로 여겨진 때는 고인돌로 살필 수 있는 청동기시대 이전까지였을 것입니다. 그 이후로 강화는 고구려·백제·신라의 각축장이 되거나 고려시대 몽골의 침략, 조선 후기 프랑스·미국·일본 등 외세의 침략까지 전쟁과 침략 속에 있었습니다. 강화 사람들은 늘 고단한 삶을 살았습니다. 더욱이 강화에서 벌어졌던 수많은 전쟁에서 직접적인 이해 당사자도 아니었으면서 자신들의 삶과 터전을 담보로 늘 전쟁과 부역에 시달려야 했으니 강화 사람의 평화를 갈망하는 마음은 그 어떤 곳 사람들보다도 강했겠지요. 이러한 마음은 그들의 신앙 곧 종교와도 맞물려 강화가 다양한 종교의 성지로 자리매김하는 데 영향을 끼쳤습니다. 일상에서의 어려움으로 더욱 내세의 희망을 바라게 되었을 테니까요.

강화에는 다양한 종교 관련 이야기가 전해옵니다. 381년에 세워진 전등사와 팔만대장경과 관계된 선원사지 등의 불교 관련 이야기, 개신교 중 감리교 초기 선교에 얽힌 사연 때문에 '어머니 교회'라는 별명을 가지게 된 교산교회, 그리고 단군을 신으로 모시는 단군성지인 참성단과 이를 중심에 두었던 대종교 이야기도 있습니다. 또 병인양요 등으로 어려움을 겪었지만 순교를 통해 다시 신앙의 불씨를 살려낸 천주교의 갑곶성지, 조선의 해군력 강화 방안으로 설치된 통제영학당의 교관이었던 영국인과 관련된 성공회 이야기도 강화가 다양한 종교의 성지라는 사실을 뒷받침해줍니다.

성공회 강화읍 성당을 둘러보는 포인트

강화읍 관청리에 들어서면 언덕 위에 오래된 한옥 한 채가 있습니다. 언덕 위에 올라앉은 배[18]처럼 생긴 이 한옥 건축물이 바로 대한성공회 강화읍 성당입니다. 외삼문, 내삼문을 포함해서 한옥의 건축구조를 닮았기에 처음 와본 사람은 성공회 성당이라는 말에 어색함을 느끼기도 합니다만, 한 바퀴 돌고 나면 분명 성당임을 의심하지 않게 됩니다.

오래전부터 학교 운동장에 있었다는 단군 동상이 개신교도에게 훼손된 사건과 대구 지역의 어느 사찰에서 청년 기독교인들이 땅밟기를 했다는 기사를 보면서 안타까웠습니다. 이런 신문 기사를 접할 때면 서양에서 들어온 종교와 한국의 종교 혹은 전통처럼 서로 다른 것이 어떻게 관계맺고 있는지…… 결코 유쾌하지 않았습니다.

---

18 성경에 나오는 노아의 방주를 형상화했다고 전해진다.

성공회 강화읍 성당(강화군 강화읍 관청리)

성공회 강화읍 성당은 '평화'와 '공존'을 꿈꾸는 한국인들에게 소개하고 싶은 강화의 종교 유적입니다. 100여 년 전 강화읍에 건립된 성당을 둘러볼 때 외래 종교와 한옥이라는 전통 건축이 어떠한 방식으로 서로를 품고 있는지를 염두에 두고 살펴보면 '다름'이 어떻게 '조화'를 이루는지, 서로 다른 것들의 공존이 가능한지 우리에게 분명하게 대답해줍니다. 그것이 성공회 강화읍 성당 답사의 매력이고, 또 강화 사람들이 평화와 공존에 익숙하다는 사실의 증거이기도 합니다.

성공회 성지 이오니아를 닮은 강화도

성공회는 영국에서 발생한 개신교의 한 분파입니다. 종교 권력에 비해 왕권이 강하지 않은 시대에 영국 교회는 왕이 아니라 로마 가톨릭, 곧 교황의 영향 아래 있었습니다. 영국 왕실은 국왕 헨리 8세가 왕위를 계승할 아들을 얻지 못하자 재혼을 위해 교황 클레멘스 7세에게 왕비와의 이혼을 요청했지만 거부당했습니다. 이에 영국 내 교회의 수장을 로마의 교황이 아닌 영국 국왕으로 정하는 수장령을 발표하면서 영국 국교회가 시작됩니다. 그렇다고 재혼할 왕비와의 로맨스가 영국 국교회 성립의 주된 이유는 아닙니다. 오히려 왕권을 상속받을 아들을 낳지 못하면 영국 내 교회와 영국 왕실 소유의 영토 등 많은 권력이 로마 교황의 지배 아래 놓이게 되므로, 헨리 8세는 영국과 왕권의 보호를 위해서라도 로마 가톨릭에 저항해야 했던 것입니다. 이처럼 교리보다는 영국 왕실이 처한 현실적 문제가 원인이었기에 성공회는 가톨릭의 형식을 취하면서도 내용적으로는 비슷한 시기 종교개혁의 영향을 받았습니다. 이러한 성립 과정의 특성으로 형식 면에서도 가톨릭으로부터 자율성을 띠게 되었습니다. 성공회는 "하나이요, 거룩하고, 공번된, 사도적인 교회"라는 교회에 대한 신앙 고백에서 '거룩(聖)'과 '공번(公)'의 의미를 따와 이름 붙여졌습니다.

한국에서의 성공회 선교는 한국교구 초대 주교인 고요한(Charles Jhon Corfe)에 의해서 시작되었습니다. 고요한 신부는 영국 해군의 군종사제였는데, 당시 조선에서 해군력 증강을 위해 설치했던 통제영학당과 관련이 깊습니다. 다른 서양 종교인 감리교가 강화 북서쪽 양사면에서 첫 선교를 시작한 것과 비교하면, 영국 성공회가 강화성 안에서 선교했던 것은 이른바 '묵인의 특혜'입니다. 성공회의 강화 포교와 확산에는 신미양요를 일으킨 미국이나 병인양요를 일으킨 프랑스에 비해서 영국에 대한 강화 사람들의 반감이 적었다는 점과 앞서 말한 통제영학당에 파견된 교관들이 영국인이었고 그들의 종교가 성공회였다는 점이 큰 영향을 미쳤습니다.

성공회 강화읍 성당 답사의 묘미 '조화'와 '공존'의 상징 찾기

강화읍 성공회 성당은 '못자리교회'라는 별명이 있습니다. 이 성당을 중심으로 강화에서 성공회 선교가 시작되었기 때문입니다. 영국 성공회가 선교의 시발점으로 강화도에 관심을 가졌던 것은 강화도가 한강의 입구로 물자와 사람의 왕래가 빈번한 곳이면서도 아직 기독교 신앙을 접하지 못했고, 아울러 섬이라는 이미지가 영국 성공회의 뿌리가 된 영국 북부 스코틀랜드 서안에 있는 이오니아 섬과 비슷했기 때문입니다.

고요한 주교를 비롯해서 한국 성공회에 부임한 주교들은 대부분 영국의 옥스퍼드나 캐임브리지에서 고등교육을 수료한 지식인들이었습니다. 그렇기 때문에 상대방의 문화에 대한 이해가 선행된 후 선교 활동을 시작했을 것입니다. 성공회 강화읍 성당 건축이 한옥의 틀을 지닌 것은 선교지의 특수성을 존중하는 영국 성공회의 역사적 특성과 함께 이를 학문적으로 이해했던 성공회 주교들 덕분에 가능했습니다. 성공회 강화읍 성당은 선교를 위해 항해하는 배모양처럼 강화 읍내가 내다보이는 북산 밑 언덕 위에 자리 잡았습니다. 실제로 건축 당시 주교였던 트롤로프는 성경에 나오는 '노아의 방주'를 건축의 모티브로 잡았다고 합니다. '노아'가 히브리어로 '휴식'을 뜻하는 만큼 어려운 세상살이의 희망으로 성공회가 여겨졌으면 하는 바람을 담았을 것입니다.

성공회 강화읍 성당 외관 둘러보기

성당을 살피면서 곳곳에 숨어 있는 성공회 신앙과 한옥의 조화로움을 찾는 것은 재미난 일입니다. 실제로 이곳을 답사하면서 답사객들에게 질문하면 꼼꼼하게 살핀 답사객은 손쉽게 답을 주십니다. 한번 찾아보실래요? 첫 번째는 남산을 향하고 있는 성공회 성당의 외삼문입니다. 솟

성공회 강화읍 성당 정문

을대문을 중심으로 하는 전통 한옥의 외삼문에 중앙 문 중심에는 '태
극무늬'를 새겼고 그 안에는 성공회의 십자가 문양이 보입니다. 두 번째
는 외삼문을 지나 내삼문을 만나면서 찾게 되는데, 내삼문은 종루의 역
할을 하듯 종을 보관하는 종각의 기능을 함께 가지고 있습니다. 여기에
서 보이는 종은 서양식 종과는 그 생김새가 전혀 다르고 오히려 사찰
에 걸려 있는 종을 더 닮았습니다. 이것도 신선하지만, 종에 새겨진 문
양을 자세히 살피면 우리 고유의 범종에 새겨진 연꽃무늬를 대신해 십
자가 무늬가 새겨져 있습니다. 불교에서 범종 소리를 통해 부처님의 말
씀이 세상에 울려 퍼지기를 바랐듯이, 성공회 성당의 범종도 그 울림을
통해 성공회의 교리를 알리고자 한 의지의 상징일 것입니다. 내삼문을
지나면 성공회 성당의 앞마당이 나타나는데 배로 치면 선두 갑판입니
다. 여기서 세 번째 '조화'와 '공존'의 고리를 찾을 수 있지요. 이 갑판 위
에는 두 종류의 나무가 눈에 띄는데 하나는 보리수 나무이고, 또 하나

는 회화나무(회나무)입니다. 보리수 나무는 불교에서 석가모니가 깨달음을 얻을 때 배경이 되는 나무이고, 회화나무는 유교에서 백성들과 성리학을 공부한 사대부의 만남 곧 삼정승이 회화나무 아래서 백성들의 고충을 들어주던 곳을 상징하는 것으로 보통 향교와 궁궐 앞에 심었습니다. 여기서 성공회가 불교와 유교까지 함께 조화를 이루어 공존하고 있음을 살필 수 있습니다. 그러나 한반도를 덮친 태풍 볼라벤의 영향으로 회화나무가 쓰러져 뿌리까지 뽑히고 말았습니다. 아쉬운 마음으로 성공회 신부님께 다시 작은 묘목이라도 심어달라 부탁을 드렸지요. 그런데 신부님들은 물론 강화읍 성공회 신도들은 회화나무가 성당 쪽으로 넘어질까 늘 걱정이었답니다. 만약 회화나무가 성당 쪽으로 넘어졌으면 정말 큰일이었을 겁니다. 지금은 회화나무 뿌리가 만들어놓은 흙색과 담벼락의 복원된 흔적 속에서만 회화나무를 기억할 수 있게 되었습니다.

성공회 강화읍 성당 내부 둘러보기

본격적으로 '조화'와 '공존'의 상징을 살펴볼까요? 성당 지붕 꼭대기를 보면 한옥의 기와와 만난 십자가, 그리고 건물의 이름이 걸린 현판을 찾을 수 있습니다. 현판에는 '천주성전'이라는 글씨가 새겨져 있습니다. 성당이라는 표현에 익숙한 우리에게 성전은 좀 어색합니다. 이것은 당시 불교의 사찰이나 대표적 유교 건축인 궁궐에서 부처나 왕이 있는 건물의 격을 올리는 차원에서 대웅전, 근정전처럼 '전'이라는 글자를 사용했던 것에서 유래했습니다. 그렇다고 성공회 강화읍 성당 건축에 기독교적 요소가 없는 것은 아니지요. 성당 앞쪽 한옥 기둥에 쓰인 글씨, 주련부

성공회 강화읍 성당 내부

터 볼까요? 주련에는 기독교 교리[19]를 새겨놓았고, 지붕 내림마루의 용
머리는 윗지붕 네 모서리에 2개씩 8개, 아래 지붕 모서리에 1개씩 모두
12개로 예수의 12제자를 상징합니다. 내림마루 끝 물고기 모양의 막새
기와는 8개로 초대 교회의 기독교인을 상징했습니다.

　　성당 건축에 쓰인 재료 면에서도 대들보와 마루는 백두산 적송을,
벽돌과 흙은 강화의 것을, 옆쪽 출입문의 아치형 문은 영국산 참나무가
쓰였다고 합니다. 성공회 강화읍 성당은 건축을 구상했던 트롤로프 관

19　無始無終先作形聲眞主宰(무시무종선작형성진주재) 처음도 끝도 없으니 형태와 소리를 먼저
지은 분이 진실한 주재자이시다. 宣仁宣義聿照拯濟大權衡(선인선의율조증제대권형) 인을 선포하
고 의를 선포하니 이에 구원을 밝히시니 큰 저울이 되었다. 三位一體天主萬有之眞原(삼위일체천
주만유지진원) 삼위일체 하나님이시니 만물의 참된 근본이 되신다. 神化周流衆庶物同胞之樂(신화
주류유서물동포지락) 하나님의 가르침이 두루 흐르는 것은 만물과 동포의 즐거움이다. 福音宣播
啓衆民永生之方(복음선파계중민영생지방) 복음을 널리 전파하여 백성을 깨닫게 하니 영생의 길을
가르치도다.

할사제와 궁궐 도편수의 기술력이 모여 만들어낸 '조화'와 '공존'의 결작이라는 생각이 듭니다.

강화읍 성당은 지금도 주일이면 성공회 예배가 이루어지는 공간입니다. 성당으로서 생명이 유지되고 있는 것입니다. 때문에 성당 내부를 살피는 것이 외부보다는 쉽지 않습니다. 성당의 외부가 전통 한옥의 기운이 짙다면 신앙의 교감이 이루어지는 내부는 서양적 분위기가 주를 이룹니다. 직사각형의 건물 원형을 살리고 내부에는 기둥을 세워 중층의 구조와 함께 확 트인 내부 공간이 드러나는 바실리카 양식입니다. 전체적으로 직사각형 공간이고, 이 안에서 지성소와 성가대석 그리고 성도들의 자리로 구분됩니다. 통로 한가운데에는 팔각형 기단 위에 성수대가 있는데, 거듭남의 샘물이라는 뜻의 중생지천(重生之泉)과 몸과 마음을 닦고 악을 멀리하고 선을 만든다는 뜻의 수기(修己)·세심(洗心), 거악(去惡,) 작선(作善)을 새겨넣었습니다. 한옥 건축이 주는 친근함과 내부의 서양식 분위기가 맞물려 예배 공간의 엄숙함이 생겨납니다.

성공회 성당 나오면서 드는 생각!

한국에 들어온 서양 종교가 처음부터 서양식 건물을 지은 것은 아닙니다. 강화에 들어온 감리교 교회 역시 한옥의 형식이었던 것을 보면 서양 종교와 한국의 전통이 만나는 것은 낯설지 않은 모습입니다. 그러나 1930년대에 이르면 한옥 형태의 예배 공간 보기가 쉽지 않습니다. 기존의 한옥 교회는 점점 사라지고 그 위에 서양식 옷을 입은 교회가 들어섭니다. 성공회 강화읍 성당 답사를 할 때면 늘 낯선 땅에서 선교의 대상이 되었던 강화 사람들의 정서를 배려한 성공회의 마음에 감사함을 느낍니다. 아울러 서로 다른 것이 '조화'와 '공존'을 통해 함께할 수 있다

大韓聖公会ソウル教区江華邑教会
正門手摺りの復元にあたって

1910年韓国を強制併合した日本帝国は、植民地統治の末期である
1943年にアジア太平洋戦争を遂行するため国民総動員令を出すと
同時に、戦争物資の供出を理由に江華邑教会の正門階段の手摺りを
強制的に押収しました。日韓聖公会の交流を通じてこの事実を
教えられた日本聖公会の聖職と信徒らは嘗て日本が起こした侵略
戦争を憶悔し、日韓両国の真の和解と東アジアの平和共存を願
う心を込めて、韓国強制併合100年を迎えた2010年11月14日、江華
邑教会の聖別110周年記念礼拝に正門階段の手摺りを復元して捧
げました。大韓聖公会は、日本聖公会が過去の過ちを悔い改め、
平和に向けた教会の永遠の使命を歴史の中で実践された勇気に
贖謝と連帯の意をあらわします。

2010年11月14日

日本聖公会「和解と平和の旅」参加者一同
大韓聖公会ソウル教区江華邑教会信徒一同

대한성공회 서울교구 강화읍교회 정문난간을 복원하며...

1910년 한국을 강제로 병합한 일본 제국은 식민통치 말기인
1943년에 대동아전쟁 수행을 위해 국민총동원령과 더불어 전쟁
물자 공출을 이유로 강화읍교회의 정문 계단 난간과 종을 강제로
압수했습니다. 한일성공회의 교류를 통해 이러한 사실을 알게 된
일본성공회의 성직자와 신자들은 과거 일제가 일으킨 침략전쟁을
참회하고, 한일 양국의 진정한 화해와 동아시아의 평화 공존을
염원하는 마음을 담아 한일강제병합 100년을 맞이한 2010년
11월, 강화읍교회 축성110주년 기념일에 정문 계단 난간을 복원
하여 봉헌하였습니다. 이에 대한성공회는 지난 과거의 과오를
참회하고 평화를 향한 교회의 영원한 사명을 역사 속에서 실천한
일본성공회의 용기에 감사와 연대의 뜻을 표합니다.

2010년 11월 14일

일본성공회 화해와 평화의 순례단 일동
대한성공회 서울교구 강화읍교회 신자 일동

성공회 강화읍 성당 정문 난간 복원 안내문

는 것에 대한 희망이 생겨납니다.

　최근 성공회 강화 성당의 정문에는 새로운 구조물이 생겼습니다. 가파른 계단 옆 난간[20]입니다. 성공회 성도들의 안전을 지키던 이 난간은 일본 제국주의가 아시아 태평양 전쟁 때 국민총동원령과 함께 물자공출을 시행하면서 성공회 성당의 종과 계단 난간을 가져갔던 것을 최근에 복원했습니다. 중요한 것은 이 난간이 공출의 역사를 알게 된 일본 성공회 신자들에 의해 복원되었다는 점입니다. 성금만 보내온 게 아니라 일제가 행했던 역사적 과오에 대한 사과문도 함께 세웠습니다. 이로

---

20 성공회 강화읍 성당 정문 옆에는 난간 복원을 알리는 안내판이 서 있다. 일본 성공회 신도들이 과거의 역사에 대한 반성과 사과의 의미를 담아 난간을 복원하였다는 내용이다. 하지만 안내판을 자세히 살피면 일어판에는 '태평양 전쟁'으로 쓰여 있는 반면 한글판에는 '대동아 전쟁'으로 표기되어 있다. '대동아'라는 표현은 일제가 전쟁을 일으킬 때 이를 미화하기 위하여 내세운 "동아시아 국가들의 단결과 공영을 위한 대동아 공영권 건설"이라는 거짓 명분에서 비롯된 것이다. 침략전쟁을 미화하고 있는 용어이다. 역사에서 용어 선택은 매우 중요하다. 안내 표지판의 수정이 필요하다.

성공회 강화읍 성당 옛 모습

써 과거의 잘못에 대해 반성하고 기억하는 일본인의 모습을 상징하는 조형물로 새롭게 태어났습니다. 아직도 과거를 반성하지 않고, 역사를 왜곡하는 발언을 하는 일본의 정치가들을 보면 마음이 얼어붙습니다. 그러나 이 난간 옆에 새겨진 사과문을 보면 다시 마음이 녹습니다. 일본의 정치가들도 이 난간을 한번 보고 이를 통해 다시금 우정과 사랑을 키워가는 이웃이 되었으면 하는 마음 간절합니다. 일본 성공회 성도들의 용기에 감사한 마음입니다.

현재 성공회의 성도 수는 그리 많지 않습니다. 한국 성공회 선교의 성지인 성공회 강화읍 성당의 성도도 100여 명 남짓으로 오랜 동안 큰 변화가 없었지요. 전국적으로 살펴더라도 개신교의 다른 종파에 비하면 교세는 그리 크지 않습니다. 그러면서도 강화 성공회는 그 생명을 유지하고 있습니다. 성공회 성당이 강화에 들어서기 전부터 계속되던 의료사업과 1926년부터 지금까지 운영되고 있는 유치원과 같은 교육사업의 힘이 컸습니다. 의료와 교육을 통한 사랑의 실천과 토착민의 정서에 대한 이해에서 출발하는 성공회의 특성이 지금껏 그 생명력을 갖게 된 이유였습니다. 지금은 한국인들도 다른 나라로 봉사활동을 많이 다닙니다. 그 어떤 배경으로 봉사를 가든 성공회 성당에서 느끼게 되는 사랑의 실천, 그리고 토착화의 정신이 봉사의 바탕이 되었으면 좋겠습니다.

성공회 온수리 성당(앞 안드레아 성전, 뒤 베드로 성전. 강화군 길상면 온수리)

온수리 성공회 성당

강화읍 성공회 성당 답사에서는 동양과 서양의 이색적인 만남이 만든 새로운 조화에 대해서 공부하고, 우리가 더불어 친구되는 법을 느끼는 것으로 답사의 결론을 맺었습니다. 그런 가치를 가진 성공회 성당이 강화읍에만 있는 것은 아닙니다. 온수리에 있는 성공회 성당 역시 성공회라는 서양의 종교와 한국적 건축이 조화롭게 만나는 곳입니다. 두 성당의 공통점은 모두 성공회 성당이라는 점과 하나가 다른 하나를 파괴하지 않고 서로 공존을 모색했다는 점입니다. 그렇다면 차이는 무엇일까요? 강화읍 성공회 성당은 강화의 중심부 곧 읍성 안에 지어진 건축물이고, 온수리 성공회 성당은 강화의 외곽에 지어진 건축물이라는 점입니다. 이는 겉모습에서도 비슷한 느낌을 갖게 합니다. 강화 성공회 성당이 조금 더 화려하고 웅장하게 느껴진다면 온수리 성공회 성당은 소박하고 차분합니다. 온수리 성당은 단청을 칠하지도 않고 장식을 화려하

온수리 성공회 성당 정문

게 하지도 않았습니다. 강화읍 성당처럼 백두산에서 적송을 가져와 짓
거나 야산의 높은 산마루에 짓지도 않았지요. 온수리 성당은 신도들이
내놓은 땅 위에 주변의 목재를 사용했고, 당시 산에는 무덤이 많이 있었
기에 이를 피해 산마루가 아닌 산기슭에 지었습니다. 강화 성공회 성당
이 권위를 강조하는 관리의 이미지라면, 온수리 성공회 성당은 오래전
부터 이곳을 지켜온 선비의 모습을 닮았습니다.

　온수리 성공회 성당의 본명은 성 안드레아 성당입니다. 안드레아는
예수의 열두 제자 중 가장 많이 사랑받았던 베드로의 동생입니다. 형
없는 아우의 외로움을 아는지 모르는지 최근 서울 정동의 성공회 대성
당을 본떠서 새 성전이 들어섰는데, 이 성전의 이름을 베드로 성당이라
붙였습니다. 이제 형과 아우가 현대식 건축과 전통식 건축의 모습으로
거듭나서 형제 간의 우애를 뽐내고 있습니다.

　온수리 성공회 성당으로 들어오는 외삼문의 솟을대문은 유난히 높

습니다. 자신이 가진 농토를 먼 곳까지 조망하며 자기 땅을 지켜보고자 했을 법한 높이입니다. 그러나 그 기능은 접어둔 채 종을 달아서 역시 한옥과 기독교의 종 문화를 조화롭게 만들어놓은 것이 눈에 띕니다. 성당 내부로 들어가면 열두 제자를 상징하듯 열두 개의 기둥으로 지붕의 하중을 분산시켰습니다. 지금은 예배 공간이 아니라서 기둥과 기둥 사이에는 온수리 성공회 성당의 여러 유품들과 사진들을 전시해놓았습니다. 사진 자료를 통해 일제강점기 성공회 교인들이 어떤 모습으로 활동했는지 살필 수 있습니다.

4-②

서양 종교가 강화에 들어오다

② 감리교 신앙의 어머니, 교산교회

평화전망대를 지나서 서사 체험학습장으로 향하다 보면 시골의 작은 교회를 만납니다. 입간판에는 교산교회라 적혀 있지만 개신교의 하나인 감리교회에서는 '어머니 교회'라 부르지요. 이는 강화에 감리교 교회를 잉태한 최초의 교회라서 붙여진 이름입니다. 강화에 있는 성공회 강화읍 성당과 교산리에 있는 교산교회는 강화도라는 공간적 경계를 넘어 성공회와 감리교 종단 차원에서도 의미 있는 곳으로 여겨집니다. 두 종교의 첫 포교지라는 상징성이 있기 때문입니다.

유교 국가였던 조선에서 두 교단은 외래 종교인 까닭에 환영받지 못하고 배척에 가까운 대우를 받았습니다. 그런데 왜 성공회 성당은 강화읍 4대문 안에 있고, 교산교회는 강화도 서북쪽 끝자락에서 포교를 시작했을까요? 이렇게 의문을 가지고 해답을 구한다면 아마도 강화가 맞이한 근대사와 맞추어봐야 이해하기 쉽습니다. 이것은 강화의 역사가 이 땅의 역사와 궤를 같이하고 있기 때문이지요. 성공회 강화읍 성당은 조

교산교회(강화군 양사면, 옛 교산교회는 현재 기독교 선교 역사관으로 사용되고 있다)

선이 자주적 근대화를 위해 필요로 했던 해군력 강화와 관련이 있습니다. 비록 실패했지만 통제영학당에서 해군 양성 교육을 담당했던 교관이 영국 출신이었고, 교관들이 강화읍 안에 있는 자신의 숙소를 영국 성공회에 넘기면서 자연스럽게 그곳에 자신들의 성당을 가질 수 있었습니다. 이에 반해 감리교는 강화 포교가 쉽지 않았습니다. 교산교회가 세워지기 전에 이미 강화에서는 미국과의 전쟁을 겪었고(신미양요), 또 그 전쟁으로 인한 피해는 온전히 강화 사람들의 것이었기에 미국인 감리교 선교사가 강화에서 활동하는 것은 당시의 정서를 생각할 때 쉽지 않았을 것입니다. 강화 선교를 위해 활동한 존슨 선교사도 강화 남문 앞에서 출입을 거부당하고 돌아갔다는 기록이 있습니다.

선상 세례로 시작된 강화의 감리교 신앙

교산리는 다리목 마을, 덕고개 마을, 뒷절미 마을, 시루뫼 마을 등이 포

세례받는 이승환의 어머니

함되어 있는데, 다리목은 옛날 이곳에 다리가 있었기에 붙여진 이름이고, 덕고개 마을은 이곳 고개의 이름이 덕고개이기에, 또 뒷절미 마을은 뒤에 절이 있었기에 그 이름이 붙었습니다. 지금은 다리목의 한자인 교(橋)와 시루뫼의 한자인 산(山)을 따서 교산리(橋山里)라 부릅니다.

교산교회는 1893년에 첫 예배를 드리기 시작했습니다. 갑오농민전쟁이 있기 한 해 전에 서민과 양반이 함께 모여 예배를 드리기 시작한 것입니다. 어머니 교회, 곧 교산교회의 설립과 관련해서 김상임과 이승환의 이야기가 전해옵니다. 이승환은 강화 양사면 출신으로 인천에서 주막을 운영하여 재산을 모았습니다. 그러던 중 인천에서부터 전파되고 있는 감리교로 개종하여 세례를 받고자 하였습니다. 그러나 신앙인으로서 술장사를 통해 재산을 모으고 있는 자신에 대한 반성, 또 어머니보다 먼저 세례를 받을 수 없다는 효심이 작용했습니다. 그래서 강화 감리교의 첫 세례자는 이승환이 아닌 이승환의 어머니가 되었지요. 이승환의 어머니가 세례를 받는 과정 역시 쉬운 일은 아니었습니다. 교산리 시루뫼 마을에 살았던 이승환이 집에서 세례를 받기 위해서는 다리목 마을을 지나야 하는데, 이곳은 유학을 공부한 김 초시가 살고 있는 마을이었습니다. 김 초시를 중심으로 하는 이곳의 유생들은 강화에서 세례가 행해지는 것을 용납할 수 없었습니다. 심지어는 세례를 위해 외국인 선교사가 강화에 발을 붙인다면 이승환의 집에 불을 지르겠다는 협박도 했었습니다. 그래서 이승환은 어머니를 등에 업고 강화 서북 해안으로 달려가 배 위에서 세례를 받게 하였습니다. 그러니 엄밀하게 말하자면 강화에서의 첫 포교는 강화 땅이 아니라 강화의 물길 위에서 행해졌지요.

김상임 전도사

이후 이승환의 집에서 강화 감리교의 첫 예배가 열렸습니다. 이 사실을 알게 된 김 초시는 존슨 목사를 만나 항의했습니다. 유생답게 자신의 생각을 논쟁으로 이어가던 김 초시는 존슨과의 만남에서 험난한 세상을 구할 방법이 성경에 있다고 믿었고, 감리교로 개종하게 되었습니다. 김 초시가 바로 훗날 교산교회의 첫 전도사인 김상임입니다. 과거에 합격하여 초시까지 할 정도로 유학에 관심이 많았던 그가 개신교 전도사가 되었다는 사실은 흥미롭습니다.

이후 교산교회를 중심으로 자연스레 놓인 길을 따라 강화 감리교회는 교회를 세우기 시작합니다. 홍의교회, 망월교회, 강화읍 교회의 순서로 길 가다 지칠 만큼의 거리에 교회가 하나씩 들어섰습니다. 이 과정에서 한국의 전통과 서양의 종교가 만나는 독특한 풍경을 살펴볼 수 있습니다. 그것은 감리교인들이 신앙 안에서 동질감을 갖기 위해 새로운 돌림자를 사용했다는 사실입니다. 조상에게 받은 이름 대신에 한 일(一), 혹은 믿을 신(信)의 돌림자를 항렬을 넘어 같은 교인들끼리 함께 사용했습니다. "새롭게 믿음 안에서 하나 되자" "믿음을 굳건히 하자"는 의미

감리교 교산교회 옛 모습

로 돌림자를 부모와 형제가 함께 쓰는 모습[21]도 보입니다. 이것은 당시의 유교 사회 분위기를 감안하면 쉽게 이해되지 않는 일입니다. 이를 어떤 사람은 전통을 무시하였다고 할 수도 있겠고, 또 어떤 사람은 믿음을 강조하여 경의롭게 보기도 할 것입니다. 그러나 평가를 넘어 이렇게 서로 다른 문화가 만나 새로운 조화를 만들어내는 과정을 볼 수 있다는 것이 신기합니다.

강화는 조화를 이루는 땅입니다. 성공회 강화 성당이 한옥의 분위기를 갖는 것도, 새로운 돌림자를 사용해서 공존의 문화를 만드는 것도 서로 다른 것이 어떻게 만나야 할지를 말해주고 있습니다. 한강 하구를 유유히 흐르는 강물을 사이에 두고 있는 남측과 북측의 사람들은 어떻게 조화를 이루어야 할지 깊은 생각이 밀려옵니다.

---

21 집안의 돌림자는 종족 간의 항렬을 뛰어넘고, 또 신분관계를 넘기도 하였다. 양반과 평민, 주인과 노비가 같은 돌림자를 쓰기도 했다. 또 이 흐름은 사회적으로 확대되어 강화 감리교회가 주도하여 세운 학교는 집일학교(현 양도초등학교), 합일학교라는 이름에서처럼 한 일(一)의 돌림자를 함께 쓰고 있다.

일제강점기
그리고 분단시대의 강화,
시대의 아픔을 품다

1

식민지배에 저항하다

강화 3·1운동 기념비

3·1운동이 민족독립운동사에서 차지하는 비중은 매우 높지요. 세계사에서도 제국주의에 대한 반(反)제국주의 운동으로서 중국, 인도 등 다른 나라까지 영향을 주었던 민족운동이었습니다. 미국의 대통령 윌슨이 주장한 민족자결주의에 대한 당시 지식인들의 기대가 높았던 터라 만주, 동경 등에서도 무오독립선언, 동경 유학생들의 2·8 독립선언 등 조선 민족 스스로 자신의 미래에 대한 주장을 외쳤습니다. 하지만 당시의 기대는 국제정세에 비추어 너무나도 순진했습니다. 결국 민족자결주의가 각 민족의 자주성과 관련 있는 것이 아니라 세계대전의 승전국에 대한 일종의 혜택이었던 현실에서 조선의 저항은 그 꿈을 이룰 수 없었습니다. 그럼에도 불구하고 3·1운동은 독립을 염원하는 조선의 꿈이 얼마나 컸는지, 또 식민지배의 가혹함이 조선 민중에게 얼마나 크고 무거웠는지를 알게 했습니다.

강화에서 3·1 만세운동[1]이 일어나다

한국사와 그 맥락을 같이했던 강화에서도 3·1운동은 그 어느 지역 못지않게 역동적으로 일어났습니다. 종로의 탑골공원에서 시작하여 도시를 거쳐 농촌에까지 이어져오는 가운데 강화에서는 2만 4,000명이 참가하는 3·1 만세운동이 일어났습니다. 서울을 제외한 지역에서 열린 만세운동 가운데 경남 진주에 이어 두 번째로 큰 규모였습니다. 발생한 시점과 거주 인구를 생각하면 그 규모와 조직의 역동성은 대단한 것입니다.

현재 강화에서 3·1운동을 기념하는 기념비는 강화의 감리교 교회 안에서 찾아볼 수 있습니다. 대표적으로 구 은혜교회와 길상면 선두리의 선두중앙교회입니다. 은혜교회의 기념비[2]는 강화 만세운동의 현장을 기리는 의미가 있고, 길상면의 기념비는 강화 3·1운동이 준비되는 조직단계의 의미를 살펴볼 수 있습니다.

강화의 3·1운동은 서울에 간 유학생들의 신속한 정보 전달과 강화 감리교의 조직망이 연결되어 일어났습니다. 당시 서울 연희전문학교에 유학하던 황도문 등은 서울에서 3·1 만세운동에 참여하고 고향인 강화에서도 이어갈 것을 다짐했습니다. 선언서와 태극기를 가슴에 품고 남몰래 강화에 들여와 자신이 다니던 선두교회의 염성오 장로 등 기독교계 인사와 상의하였고, 감리교 조직망을 활용하여 비밀리에 준비하였습니다. 서울의 3·1운동 소식이 강화에 전해진 것은 3월 10일이었습니다. 강

---

1 강화의 3·1 만세 시위 역시 민족자결주의의 영향을 받았다. "민족자결주의 원칙에 입각하여 국권을 회복하고 독립하여야 한다"는 내용의 『국민회보』와 "조선 인민은 거국적으로 독립운동에 열광하고 있다. 우리 강화군에서도 사(死)를 결(決)하고 독립만세를 고창해야 할 것이니 독립 만세를 부르면 조선의 독립은 자연스럽게 기약될 것"이라는 내용의 「강화 인민에게」라는 글을 볼 때 민족자결주의에 희망을 건 당시 강화 지식인의 인식이 강화 3·1운동의 주요한 동기가 되었을 것으로 보인다.

2 은혜교회 증축 이전으로 지금은 용흥궁 공원 안으로 옮겨졌다.

강화 삼일독립운동 기념비(강화군 강화읍 용흥궁 공원 내)

화 지역에서는 만세 시위 날짜를 사람들이 많이 모이는 장날로 잡기로 하였지요. 강화읍 장날은 2, 7일이었기에 자연스럽게 3월 17일로 정해졌습니다. 3월 17일 미리 준비한 선언문을 뿌리며 여기저기서 '만세' 선창이 일어나고, 이에 호응하는 강화 사람들의 만세 소리가 장터를 넘어 강화읍 전역에 퍼져나갔습니다. 이날 장터 만세 시위에는 일만여 명이 참여했다고 합니다. 강화읍의 만세 시위는 각 면단위 장터를 중심으로 퍼져 한달여 동안 지속되었습니다.

　도시가 아닌 강화라는 시골에서 이렇게 큰 규모의 만세 시위가 일어나는 데에는 여러 가지 이유가 있었습니다. 첫 번째는 강화가 서울과 가까워 3·1 만세운동 소식이 신속하게 전해졌고, 두 번째는 정기적으로 시장이 열려 자연스럽게 많은 사람들이 모일 수 있었습니다. 세 번째는 운요호 사건과 강화도 조약 등 외세, 특히 일제에 대한 역사 경험으로 인해 저항의식이 다른 지역에 비해 높았고, 네 번째는 섬이라는 지리적 요건으로 인해 일정한 시간이 필요했기 때문입니다. 실제로 강화의 운동을 진압하러 출동한 일본군은 다음 날에서야 강화에 들어왔습니다.

만세운동은 이후 강화도 안의 작은 면에까지 확대되어 백여 명 단위의 시위로 강화 남동부에서 북서 방향으로 이어졌습니다. 주간의 만세 시위, 야간의 횃불 시위, 행정관이나 치안기관의 실무 책임자를 압박하는 등의 모습으로 전개되었습니다. 강화 3·1 만세 시위는 다른 농촌 지역보다는 대체로 평화롭게 진행되었습니다. 그것은 강화에 거주하는 일본인이 상대적으로 적어 현실적인 저항 대상이 적었기 때문이기도 합니다.

2

강화의 근대문화유산을 찾아서

1928주택, 조양방직 공장과 사무동, 심도직물

    한반도는 지정학적으로 대륙과 해양의 접점에 있고, 과거 냉전 시대에는 아시아에서 사회주의 세계와 자본주의 세계가 직접 맞닿아 있었고, 최근에는 세계를 좌우하는 강대국 미국과 중국의 영향력이 아직도 남아 있는 곳입니다. 이러한 한반도에서 강화는 지리적으로는 남북의 축을 기준으로 중앙에 동서의 기준으로는 서쪽에 자리 잡고 있지만, 지정학적 위치로 인해 늘 한국사의 중심부에 서 있었지요. 강화는 청동기 고인돌 유적부터 단군신앙, 대몽항쟁, 병자호란, 병인양요 및 신미양요 그리고 개항으로 이어지는 한국사의 큰 흐름과 맥을 함께해왔습니다. 오늘날에도 강화를 찾는 여행객의 발걸음에는 강화의 지형적 아름다움과 수도권과의 거리 등 답사 목적과 편리함 이외에도 '역사 학습'이라는 특징이 포함되어 있습니다. 그런데 한국사에서 강화는 강화도 조약 이후 큰 관심을 얻지 못하고 있습니다. 이것은 역사라 할 때 전근대사를 먼저 떠올리는 경험된 기억 때문입니다. 역사 학습이 교육과정에

묶이고, 입시와 맞물리고, 정치적 상황의 영향을 받으면서 학교 현장에서는 시간과 입시의 무게감에 쫓겨 근현대사에 대한 관심이 점점 떨어지고 있지요.

역사란 '오래된 것'이라는 인식에 익숙한 우리에게 100년이라는 시간은 그다지 흥미를 끌지 못했습니다. 그런데 근대문화유산은 오늘날 우리 모습과 많이 비슷하고, 또 직접적으로 영향을 미쳐왔습니다. 그 가치를 바탕으로 보존해야 할 필요성이 요구되고 있습니다. 최근 근대문화유산이 주목받고 있지만 오래된 것에 비해 관심이 많지 않고, 근대문화유산 대부분이 사유재산인 상황에서 그 가치 보존에 어려움을 겪고 있습니다.

강화에는 근대 서양 종교의 포교 과정을 알 수 있는 성공회 강화읍성당과 온수리 성당, 감리교 교산교회와 서도 중앙교회, 근대 산업의 발달 과정을 배울 수 있는 조양방직 공장과 사무동, 1960년대 이후 종교계(가톨릭)의 사회 참여와 노동운동 역사가 담긴 심도직물 공장터와 함께 심도직물 상징탑(굴뚝) 등이 남아 있습니다. 이 외에도 1890년대 간장 공장으로 세워진 이후 막걸리를 만드는 양조장으로 거듭나 항아리를 이용해 발효하던 전통 방식의 막걸리 제조 과정을 알려주는 강화양조장 등이 있지요. 최근에는 인천시와 강화군이 이러한 근대건축문화유산을 시 지정 문화유산으로 지정해서 보존할 계획을 수립했지만, 강화양조장의 경우 소유자가 화재 위협을 이유로 철거해버림으로써 전통적인 막걸리 주조 시설을 읽을 수 있는 소중한 유산이 사라져버렸습니다. 공공 기관의 보존 계획에도 불구하고 이런 일이 벌어지고 있으니 강화의 근대문화유산 답사를 서둘러야 할 것입니다.

근대 문물과 강화도(조양방직 공장과 사무동)

강화도 조약 이후 인천, 부산, 원산이 개항되었습니다. 불평등한 조약 체제 아래서 항구는 강자의 문화가 유입되는 경로임과 동시에 약자의 땀이 유출되는 통로였습니다. 조선을 둘러싼 외세의 경쟁이 격변의 시기를 거치는 동안 조선에 대한 지배권은 일본이 독점해갔습니다. 때문에 조선의 경제는 일본 자본주의 발전 과정에 예속되어 조선 사람을 위한 경제가 아니라 일본 자본주의 발전을 위한 경제구조로 왜곡되어갔습니다. 우리는 '쌀'과 '직물'을 통해서 왜곡된 조선의 경제를 살펴볼 수 있습니다.

조선의 쌀은 조선 땅에서 조선 사람들에 의해서 재배되었으나 조선 사람의 배를 불리지는 못했습니다. 조선에서 생산되는 쌀의 대부분은 항구를 통해 일본으로 들어갔고, 그 쌀은 공업화가 진행되면서 도시로 모여드는 노동력으로 인해 황폐화된 일본 농촌을 대신해야 했습니다. 조선의 쌀은 일본 공산품의 가격 경쟁력을 높이기 위해 일본 정부가 주도한 저임금 정책 그리고 그것을 뒷받침하는 저곡가 정책의 도구가 되었습니다. 조선의 '쌀' 산업은 지속적으로 성장했으나 그 혜택이 조선 사람에게까지 고르게 나누어지지는 못했습니다. 이는 막대한 이익을 내는 땅에 대한 소유를 자극했습니다. 조선에서는 일본인과 일부 지주에게 토지가 급속하게 집중되어 조선의 농민 대부분이 식민지 소작농으로 전락하고 말았습니다.

이러한 현상은 '쌀' 산업 발전에 필요한 대규모 농지와 이를 운송할 수로 교통, 인접한 곳에 항구가 있는 지역에서 더 두드러졌습니다. 그 대표적인 곳이 호남평야와 군산항을 가진 전북 지역, 김포평야와 강화의 넓은 들, 그리고 인천항을 가진 인천·강화 지역이었지요. 이 지역에서는

조양방직 사무동. 최근 「백년의 유산」 드라마 촬영장이 되었다.

정미소, 양조장 등의 생산시설과 이를 운반할 수 있는 기선을 이용한 물류산업이 지속적으로 발전하였습니다. '쌀' 산업을 중심으로 자본이 축적되었던 것입니다.

　　1920년대에 들어서면서 일본이 자국의 산업을 보호하기 위해 만들었던 회사령이 일본 산업자본의 조선 진출을 위해 허가제에서 신고제로 바뀌었습니다. 이는 자본을 축적한 일본 자본이 일본을 넘어 가장 손쉬운 이익 생산지였던 조선으로 침투할 수 있는 조건이 되었습니다. 동시에 조선의 대지주에게는 농업을 통해 축적한 자본을 산업자본으로 바꿀 수 있는 기회가 되었습니다. 일본산 면제품의 국내 유입과 이로 인한 농촌 경제의 파탄은 값싼 노동력의 배경이 되었고, 막대한 이익을 내는 토지에 대한 지주의 소유욕은 농업자본이 고도로 성장할 수 있는

배경이 되었습니다. 이로 인해
조선의 농업자본은 값싼 노동
력에 의존하는 직물산업에 모
여들었습니다. 전북 군산을 배
경으로 한 김성수의 경성방직
설립이 대표적입니다. 이 밖에
도 조선의 농업자본은 조선견
직주식회사, 태창직물주식회

조양방직 금고 보관소

사, 동광제사주식회사, 조양방직회사[3] 같은 직물회사들의 산업자본으로
변화되었습니다. 이러한 현상은 강화 지역에서도 나타났습니다.

　강화읍에 있는 조양방직공장은 1934년에 건축되었습니다. 서울의
경성방직주식회사 공장이 1936년에 건축되었으니, 현존하는 방직공장
중 가장 오래된 것입니다. 조양방직을 중심으로 하는 강화의 방직산업
은 섬이라는 지형적 특징에도 불구하고 강화에 전기와 전화 등의 근대
문물이 들어오는 배경이 되었습니다. 실제로 일본의 미쓰이 상사 서울지
점에서 강화 방직공업의 원료를 팔기 위해 총독부와 미쓰이 상사가 공
동 부담하여 1932년 전화가 개통되었고, 1933년 설립된 조양방직의 역
직기를 가동하기 위해 1934년 전기를 끌어들였습니다. 방직공장 설립은
농업과 어업이 주를 이루었던 강화의 생산활동 방식을 바꾸었습니다.
여기에서 조양방직 공장과 사무동의 근대문화유산으로서의 가치를 살
필 수 있습니다.

3　견직 : 명주실로 짠 옷감.
　직물 : 씨와 날을 직조기(織造機)에 걸어 짠 물건을 통틀어 이르는 말.
　방직 : 기계를 사용하여 실을 뽑아서 피륙을 짜고 가공하는 일.
　제사 : 솜이나 고치 따위로 실을 뽑아냄.

강화가 관심을 가지고 지켜야 할 조양방직은 여러 차례의 화재로 인해 사무동 이외 건축물의 형태를 확인할 수 없습니다. 다만 당시 금고로 사용되었던 콘크리트 구조물을 통해 조양방직의 규모를 예상해볼 수 있습니다. 당시의 화장실을 개량하여 지금도 사용하고 있지만 사무동 내부는 폐쇄되어 둘러보기 힘들고, 주변의 창고 건물은 그대로 방치되고 있습니다. 이렇게 1930년대 만들어진 국내 최초의 방직공장은 각종 고물의 집하장이 되어버렸고, 얼마 전에는 「백년의 유산」이라는 드라마의 국수집 세트로 사용되었습니다. 드라마를 찍으면서도 백년 전 문화유산의 가치를 함부로 여기는 이 아이러니한 상황에 헛웃음이 나옵니다.

사회정의는 종교의 책무임을 선언하게 된 심도직물
(심도직물 공장터-용흥궁 공원)

강화의 직물산업은 일본 면직물 공업 기술과 자본 그리고 이들의 이익을 대변하는 식민통치 그리고 한국전쟁으로 어려움을 겪었지만, 이후 1950년대부터 70년대까지 강화가 경제적 부를 축적할 수 있는 토대가 되었습니다. 1960년대에 이르러서는 심도직물, 이화직물 등 강화의 직물산업이 전성기를 맞았습니다. 강화는 대구(섬유), 수원(나일론)과 함께 3대 직물 도시가 되었지요. 오늘날의 광역시, 경기도 행정 중심지인 대구와 수원의 규모를 생각해보면 강화의 직물산업 발전은 특이하다고 볼 수 있습니다. 강화의 직물공업을 이끌던 대표적인 회사는 바로 심도직물이었습니다. 전성기에는 1,200명의 종업원이 근무했고 파산할 때까지 총 1만 5,000여 명의 종업원이 종사하였습니다. 한때 고급 넥타이의 대명사로 불리던 '웸블리' 넥타이가 미국 회사의 기술을 도입한 심도직물의 주력 상품이었습니다.

강화도의 인구가 약 6만임을 가정하면 심도직물이 가져온 경제적 효과가 강화 사람들에게 큰 영향을 주었음은 분명합니다. 특히 당시나 지금이나 수출 중심의 경제구조였으므로 국가경제에 기여했다는 평가에 대해서도 인정할 수 있겠습니다. 그러나 '성장의 혜택이 공평하였는가'는 함께 고민해봐야 할 문제입니다.

심도직물은 '강화심도직물 노동조합사건'으로도 기억됩니다. 강화대교가 준공되기 전이어서 지금과 달리 '섬'이라는 특성이 강했음에도 21개의 직물회사들이 운영되고 있었고, 근무하는 노동자는 대부분 여성이었습니다. 지금은 할머니가 되어버린 그들에게 심도직물의 생활은 일주일 동안 휴일 없이 하루 12시간의 노동을 해야 했고 한 달에 쉴 수 있는 날은 이틀 정도였다고 기억되고 있습니다. 또 강도 높은 노동조건에서 제때 식사를 하지 못해 노동자의 60%가 위장병으로 고생하였고, 결핵 환자도 많았다고 합니다.

심도직물 여성 노동자들은 이러한 노동 현실을 자각하고 개선을 요구했습니다. 일제강점기부터 노동운동이 치안유지법으로 제약을 받았고, 그 흐름이 해방 이후에도 반공법 등으로 이어져왔기에 이들의 저항은 쉬운 일이 아니었습니다. 그럼에도 불구하고 심도직물의 여성 노동자들은 혈서를 쓰고 노동조건 개선을 요구하는 등 자신들이 처한 문제를 스스로 풀어가고자 노력하였습니다. 또 힘없는 여공들의 아픔에 관심을 가진 외국인 선교사(이하 전미카엘 신부[4])와 가톨릭노동청년회가 함께하였

---

4 미국 이름 마이클 브랜스필스(1929-1989) 신부, 밀러 맥주 창업자의 외손자이자 한국에 파견된 메리놀외방전교회 선교사제, 1959년 사제품을 받은 후 한국에 선교사로 파견, 1967년 강화본당에서 사목하면서 1974부터 1983년까지 가톨릭노동청년회(JOC, 가노청)의 전국 지도 신부로 활동. 이후 인천 연안부두 본당 주임으로 사목, 1989년 11월 14일 간암으로 사망하였다(『평화신문』 2009년 11월 19일).

습니다.

1967년 강화도 심도직물에서 일하는 가톨릭노동청년회 회원들의 활동을 시작으로 같은 해 섬유노조 심도분회가 결성되었습니다. 회사 측은 조합원 2명을 해고하고 공장을 휴업하였으며, 더 나아가 강화도 소재 21개 직물회사는 앞으로 '가톨릭노동청년회 회원'을 고용하지 않겠다고 결의하였습니다. 여기에 150여 명의 노동자를 동원하여 전 미카엘 신부를 반대하는 시위를 벌이고, 경찰서 연행, 인천교구장에게

심도직물 상징탑(강화읍 용흥궁 공원 내)

전 신부에 대한 전임을 요구[5]하는 지경에 이르렀습니다.

신도이자 노동자인 여공들의 노조 활동을 지원하는 가톨릭노동청년회의 활동에 대하여 천주교는 인천교구의 담화문[6]을 통해 사회정의를 위해 활동하는 가톨릭노동청년회의 입장을 옹호하였습니다. 이는 정

---

5 『한국가톨릭 인권운동사』, 명동천주교회, 49~53.

6 "주지하는 바와 같이 전미카엘 신부님은 강화도 본당 주임신부이며 본당 내에 조직된 가톨릭노동청년회 지도 신부로서 회원들에게 그리스도적 사회정의를 가르쳐왔습니다. 이것은 지난 70년 동안 교황께서 선언하신 그리스도적 사회 원리에 입각하고 있는 것입니다. …… 이 서신의 목적은 첫째, 여러분에게 사실을 알리고, 둘째, 지난 70년 동안에 교황 성부께서 가르치신 위대한 사회정의를 상기시키고, 셋째, 한국 정부 당국자들의 도움으로 모든 사람들이 노동자들의 존엄성과 노동자들의 모든 권리를 존중하여 올바른 보수와 직업의 기회 균등을 누리며 방해 없이 자유스럽게 노동조합을 구성할 수 있는 노동자의 권리를 얻기 위하여 활약한 가톨릭노동청년회 회원들의 권리 존중 등 사회정의 범위 안에서의 교회의 사회 교리를 알게 하도록 하기 위한 것입니다. 여러분의 기도 부탁드립니다."

교 분리의 입장에서 사회정
의 특히 노동 현실에 대한 천
주교의 참여를 선언한 전환점

이 되었습니다. 그러나 인천교
구의 담화문 발표에도 불구하
고 민주공화당 국회의원이 사
주였던 심도직물, 반공법을 들
고 나온 경찰 측과의 문제 해

가동 중인 심도직물(1970년대)

결은 쉽지 않았습니다. 때로는 대책을 논의하기 위한 종교인 모임[7]에도
폭력배를 동원하여 문제를 더 심각하게 만들었지요. 이후 한국천주교
회 주교단은 새로 부임하는 교황대사 환영 미사를 위한 모임에서 심도
직물 사태에 대해 주교회의의 입장을 밝힐 것을 건의했습니다. 이에 주
교단은 '사회정의와 노동자의 권익 옹호를 위한 주교단 공동 성명서'를
발표했습니다. 여기에는 2009년 선종하신 김수환 추기경이 중심이 되었
습니다. 주교회의 사제단의 성명 발표가 있고 나서, 정부가 사태 수습에
나섰는데 해고자 전원 복직과 강화직물협회의 '해명서[8] 발표로 강화도

---

7   제2대 가톨릭노동청년회 총재로 취임한 김수환 주교(당시 마산교구장), 리차드 성공회 신부, 조
승혁 목사(도시산업선교회, 감리교), 외국인 사제단 및 JOC 회원들이 강화 심도직물 문제 해결을
위해 만든 좌담회.

8   1967년 5월 전국섬유노조 강화심도직물분회의 결성을 전후하여 그 중심 역할을 한 가톨릭노동
청년회 및 이를 후원한 천주교 인천교구 강화본당 주임 전미카엘(미국인) 신부의 활동을 불순한 것
으로 오인한 폐회는 1968년 1월 8일 총회를 열고 "앞으로는 하인을 막론하고 천주교 가톨릭 노동
청년회 회원은 고용하지 않는다"는 등 7개 항목을 결의하고 전 신부가 위선자이고 사상이 의심스러
우며 그의 활동이 근로자에 대한 선동이고 기업에 부당한 간섭이라고 단정한 바 있습니다. 그러나
그 후 1968년 1월 20일자 천주교회 측 수습대책위원회의 성명에 접하고 교회 당국 및 JOC의 이념
과 전 신부의 진의를 이해하지 못하고, 일시적 감정에서 취한 경솔한 것이었음을 알게 되었습니다.
폐회는 그동안 본의 아닌 사회적 물의를 일으킨 데 대하여 심심 사과하오며 위 결의사항을 모두 철
회하고 이미 해고된 노동자들을 복직시키는 동시에 앞으로는 상호 충실한 대화의 길을 통하여 노
사 협력을 기하고 증산에 더욱 힘쓸 것을 맹서하는 바입니다.-강화직물협의회 회원 일동(1968. 2).

심도직물 공장 굴뚝 철거 사진

섬유 노동조합사건은 일단락되었습니다.

강화의 직물 여공들과 종교인의 사회 참여는 우리나라 노동운동의 씨앗이 되었습니다. 이 씨앗은 '스스로의 자각'과 '이웃과의 연대'를 만나 이후 동일방직 여성 노동자들의 투쟁, YH무역 사건 등 경제성장이라는 문구 속에 묻혀 있던 노동문제, 그중에서도 가장 큰 고통을 받았던 여성의 노동문제를 풀어가는 역사의 출발점이 되었습니다.

심도직물 굴뚝의 일부를 잘라 강화 근대 산업화의 상징으로 만든 용흥궁 공원내 심도직물 상징탑에서는 천주교 강화 성당 지붕에 올라 계신 예수님상이 보입니다. 예수님상을 볼 때마다 심도직물 굴뚝에서 피어올랐던, 지금은 할머니가 되어 버린 어린 여공들의 아픔을 '너그럽고 따뜻하게 품어주셨구나.' 하는 생각이 듭니다. 텔레비전에 가끔 나오는 브라질 리우데자네이루의 예수상이 부럽지 않습니다.

하와이 이민 1세대 황국현과 김두래(김구)의 이야기가 얽혀 있는 1928주택

강화 남문을 지나 읍 방향으로 지나다 보면 꽤 규모가 큰 기와집을 만날 수 있습니다. 길가에서는 일반 주택처럼 보이지만, 유심히 살피고 용기를 내어 대문 안으로 들어서면 주변에서 평범하게 찾을 수 있는 건물이 아님을 알게 됩니다. 1928주택, 강화 황부자 가옥, 김참판 가옥 등으로 불리는 이 집에는 한옥과 일본식 건축양식이 함께 적용되었고, 백두산에서 가져온 잣나무를 주재료로 사용했다고 합니다. 일제강점기 일본식 건축양식을 이 정도 규모의 한옥에 활용할 정도라면 건축하는 데 막대한 비용과 수고로움이 들었을 것입니다. 이 가옥은 1928년 하와이 이민 1세대인 황국현이 하와이에서 귀국한 후 건축한 것으로 알려져 있습니다. 최근까지 미국에 살고 있는 황국현의 부인이 소유자로 되어 있지요. 황국현이 어떠한 사람이었는지, 어떻게 재산을 모았는지에 대해서 정확한 자료는 없습니다. 다만 대한제국 시기의 하와이 이민 과정을 통해 역사적 상상력을 동원해 유추해볼 수 있겠습니다.

하와이로 노동 이주한 이민 1세대의 출신지를 보면 제물포 출신이 68명, 강화 5명, 부평 10명, 교동 4명, 서울 7명, 기타 10명입니다. 남자는 통역관을 포함해서 56명, 여자는 21명, 아이들 104명으로 인천 출신이 전체의 84%였습니다.[9] 황국현은 강화 출신 5명 중 1명이었겠지요. 이들은 1902년 12월 22일 제물포항에서 켄카마루호 3등칸에 올라 일본을 거쳐 증기선 갤릭(Gaelic)호를 타고 1903년 하와이 오아후 섬 호놀룰루에 도착하였습니다. 하와이로의 노동 이민은 1900년대 초[10] 계속된 가뭄과 전염병으로 조선 내에서 삶이 그 어느 때보다도 어려웠기 때문이지만, 하와이의 노동 인구 수요 증가도 큰 배경이 되었습니다. 원래 하

---

9 하와이 이민 1세대가 대부분 인천 출신인 점은 훗날 이승만과 하와이 이민 사회의 대학교 설립 운동의 일환으로 오늘의 인하대학교가 설립된 배경이 되었다.

10 1900년대 초에는 조선인과 일본인들에 의한 대규모 농지 취득으로 경작지를 잃은 농민들이 증가하였고, 1901년 함경도 지역의 가뭄, 1902년 여름 콜레라, 장티푸스 등이 발생하는 등 조선에서 농민들의 삶이 더욱 큰 어려움을 겪게 되는 시기여서 생존을 위한 해외 이주(만주, 연해주)로의 이민이 증가하기 시작하였다. 여기에 일제의 국권 침탈에 대항하는 정치적 망명이 결합되어 국내 동포의 해외 이주는 독립운동의 중요한 거점이 된다.

1928주택(강화군 강화읍)

와이는 미국의 백인이 아니라 원주민이 하와이 왕국을 만들어 살아왔던 곳입니다. 그러나 미국 백인들이 사탕수수 농장을 만들면서 이곳에 백인들이 점점 많이 모여들었습니다. 하와이에는 조선인의 이민이 시행되기 전에도 일본인과 중국인들이 들어와 있었고, 그 수와 세력은 백인 농장주와 노동조건을 두고 상당한 마찰을 일으킬 정도로 컸습니다. 이러한 상황에서 미국은 새로운 농장 노동자를 데려와 일본과 중국 노동자를 대체할 필요성을 느끼고 그 대상으로 조선을 주목하였습니다.

하와이 이민에 대하여 대한제국은 '수민원'이라는 담당 기관을 설립해 오늘날의 여권인 집조를 발급하는 등 공식적인 노동 이민을 시행하였습니다. 이와 같은 대한제국의 적극적인 협조에는 당시 주한 미국공사인 호레이스 알렌의 역할이 있었습니다. 알렌은[11] 하와이 사탕수수 경작자협회 이사였던 어윈을 만나 하와이 노동력 부족 문제를 접하고 조선인 이민 계획을 세웠습니다. 이미 대한제국 황제인 고종을 알현할 정도로 영향력이 있던 알렌은 척식사업과 신문화 도입을 위해 조선인의 하와이 이주가 필요하다고 설득하였고, 고종은 알렌의 건의를 받아들여 1902년부터 이민자를 모집하였습니다. 이후 이른바 을사조약으로 조선의 외교권을 빼앗은 일제는 자국의 하와이 이민 노동자들을 보호하기 위하여 조선인의 하와이 이주를 금지하였습니다. 1907년경 하와이로의 노동 이민은 거의 중단되었습니다. 이제 하와이에 살고 있는 조선인들은 조국으로부터 그 어떠한 도움도 받을 수 없는 상황에 처합니다. 이후 하와이가 미국의 법적인 영토로 편입되면서 노동 이민자들의 본토 이주가 허용되었습니다. 이로써 조선인 이민자들은 하와이를 떠나 미국 샌프란시스코 등에서 한인 사회를 만들면서 정착하게 되었습니다.

황국현은 이러한 하와이 노동 이민 과정에서 하루 10시간의 노동, 남자 67센트, 여자 50센트의 낮은 일당, 채찍을 사용하고 이름 대신 번호를 불렀던 노무관리 등 어려운 여건 속에서 일했을 것입니다. 가난을 극복하기 위해 하와이로의 노동 이민을 선택하고 마침내 돌아와 지은 가옥이니 이 건물에 들어간 정성은 대단할 것입니다. 이러한 배경을 알고 창문의 유리창, 벽의 그림 등 건물 곳곳을 살피다 보면 어째서 이 집이 당시로서는 최고급 재료와 기술로 지어졌는지 쉽게 이해가 됩니다.

황부자 가옥은 1947년 이곳을 방문한 백범 김구 선생의 모습이 담

---

11 알렌은 중국 상해를 거쳐 서울에 도착하였고 갑신정변 당시 부상당한 민영익을 치료한 공으로 황실 주치의로 발탁되었다. 또한 정부의 지원으로 세브란스병원의 전신인 광혜원을 세우고 서양의술을 가르쳤으며, 1887년 주미 전권공사 박정양의 수행을 위해 미국으로 갔다가 1890년부터 1907년까지 주한 미국공사가 되었다.

주택 내부 가구

긴 사진 한 장에서도 만날 수 있습니다. 그 인연을 궁금해하다가 『백범일지』에서 실마리를 찾을 수 있었습니다. 백범은 명성황후를 시해한 일본인을 죽인 죄목[12]으로 감옥에 수감되었습니다. 이때 그를 구명하려 힘쓴 사람이 강화 사람 김주경[13]이었습니다. 백범은 탈옥하여 중국으로 망명하기 전 김주경을 찾아 강화로 왔습니다. 하지만 그를 만나지 못하고 그의 동생 김진경의 집에 머물면서 3개월 정도 강화의 아이들에게 한학을 가르쳤습니다.

이 사진은 해방 후 1947년에 김주경을 찾기 위해 다시 강화를 방문하여 촬영한 것입니다. 이 가옥이 1928년에 건축된 것임을 감안하면 김구가 찾아왔던 김주경, 김진경의 집은 이 황국현 가옥이 들어서기 전 이곳에 있었던 것으로 추정됩니다.

　『백범일지』에 기록된 김주경은 특별히 관직 생활을 통해 이름을 높

12　치하포 사건, 명성황후 시해 사건과 단발령으로 반일 감정이 높았을 당시 대동강 하류 치하포의 한 주막에서 만난 일본인 육군중위 쓰치다를 명성황후 시해사건의 주범인 미우라 공사이거나 그 일당으로 보고 살해한 사건. 이 사건으로 백범은 사형선고를 받았으나 고종의 재가로 사형 집행은 면하고 투옥되어 수감생활을 하게 되었다. 대한제국 시기에 전화가 들어온 후 사형 집행 직전 고종의 전화를 통해 사형 집행이 중지된 일화가 있다.

13　당시 김주경은 투전 등으로 모은 전 재산을 백범의 구명을 위해 사용하였다. 당시 법부대신 한규설을 통한 탄원 활동, 관청에 공식 소장 제기, 탈옥 권유 등으로 김구 구명에 힘썼다. 이후 블라디보스토크로 갔다는 이야기가 있으나 정확하지 않다.

1928주택에서 찍은 김구 선생 기념사진

이거나 학문이 깊지는 않았던 것으로 알려져 있습니다. 다만 중인 출신
으로 투전을 통해 재산을 쌓았고, 이 재산을 김구를 위한 구명운동에
대부분 사용하였다는 이야기가 전합니다. 당시 김주경은 "양반은 이건
창, 중인은 김주경"이라는 말이 있을 정도로 강화에서 이름난 사람이었
습니다. 그는 김구 구명운동 실패 후 고향인 강화로 돌아오지 않고 국내
외를 떠돌아다녔다고 합니다. 황부자 가옥을 김참판 가옥이라 부르는
이유에 대해서 김주경 가문 중 참판 관직을 가졌을지도 모른다는 점,
중추원 참의 혹은 1960년대 양원제 아래서의 참의원 등을 참판으로 오
인해 붙인 명칭이 아닌지 등 여러 가지로 조사해보았으나 명확한 답을
얻지는 못했습니다. 다만 이건창과 함께 이름이 거론되는 걸로 보아 그
의 능력을 이미지화해서 부르는 것에서 기인한 것은 아닐까 하는 생각
이 들었습니다.

3

평화통일
그리고 진보당

죽산 조봉암 선생 추모비

강화도 곳곳에는 선사시대부터 조선 후기 개항에 이르기까지 한국 사와 함께한 역사 유적이 즐비합니다. 그래서 강화도를 '지붕 없는 박물 관'이라 부르지요. 하지만 답사객의 관심은 주로 건축물의 웅장함이나 답사 대상에 녹아 있는 세월의 흔적, 장소에 배어 있는 재미있는 이야기 에 한정되곤 합니다. 이런 이유로 근현대사는 어렵고 복잡해서 좀처럼 흥미를 느끼지 못하는 그런 역사로 여겨집니다. 더구나 학교 수업 시간 에는 입시와 맞물려 깊이 있는 학습이 어렵고, 최근의 고등학교 교과서 문제에서도 알 수 있듯이 근현대사에 대한 다양한 접근이 자유롭지 않 은 까닭에 고대사에 비해 관심이 적습니다. 하지만 오늘 우리가 사는 방 식에 가장 직접적 영향을 끼쳤던 시기에 주목하면 갑곶돈대 정문 옆에 서 한국 근현대사의 비중 있는 한 사람을 만나게 됩니다. 교과서에는 남 과 북의 농지개혁이 언급되는데 남한의 농지개혁을 입안한 조봉암 선생입니다. 그는 몇 해 전 언론에서 '조봉암의 재심'[14] 관련 기사로 많은 사람의 주목을 받았습니다. 강화에는 강화 읍사무소에 있는 조봉암 선생 생가터 표지석과 갑곶돈대 주변의 '죽산 조봉암 선생 추모비'가 있습니다. 서울 망우리 죽산 선생의 묘비와 함께 보면 죽산의 성장과정, 주요 활동 그리고 비극적 죽음의 전말을 알 수 있는 답사가 됩니다.

조봉암 선생은 강화에서 태어났습니다. 강화 공립보통학교(현 강화초등학교), 농업보습학교를 졸업하고 넉넉하지 않은 가정형편 때문에 강화 군청 고용원 등으로 생계를 꾸려갔습니다. 조봉암 선생의 유년 시절은 유별나지 않았습니다. 학교 성적은 그리 뛰어나지 않았고 다만 의협심이 강하고 싸움에 두려움이 없어 교우관계에서 학업보다는 주먹친구로 더 유명했다고 합니다. 그러다 자신의 삶을 변화시킬 계기를 만나게 되는데, 그것은 강화에서 일어난 3·1 만세운동이었습니다. 조봉암 선생은 이때 1년간 서대문 형무소에서 복역한 후 식민지 국가에서 평범하게 사는 삶의 한계를 느끼고 일본으로 유학길에 올랐습니다. 그는 일본 유학 중에 다양한 사상과 만났습니다. 무정부주의, 공산주의 등 사회주의 사상에 심취해서 학업을 마친 뒤에도 사회주의운동 선상에서 민족해방운동에 참여하였습니다. 조봉암 선생은 사회주의자이면서도 좌우 합작에 적극적으로 참여하였습니다. 훗날 회고에 따르면 식민지 억압 민족에 대한 지원 등에 중심을 두고 민족해방의 수단으로서 사회주의운동에 참여하

---

14 진실·화해를 위한 과거사 정리위원회는 2007년 9월 조봉암 선생의 사형 집행을 '비인도적, 반인권적 인권 유린이자 정치 탄압'으로 규정한 뒤 재심을 권고했고, 조봉암 선생의 유족 조호정 씨가 재심을 청구하여, 대법원이 2년여의 심리 끝에 2010년 10월 이를 받아들였다. 재판부는 "조봉암 선생은 군인·군속이 아닌 일반인인데도 수사 권한이 없는 국군정보기관인 육군 특무부대가 수사하는 등 수사 과정의 범죄 사실이 증명됐다"며 재심 개시 결정을 내렸다. 이후 2012년 1월 대법원은 조봉암 선생의 간첩죄, 국가보안법 위반 등 1959년 당시 유죄로 결정된 재판 내용을 번복하고 무죄를 선고했다.

죽산 조봉암 선생 추모비(강화읍 갑곶리)

였다고 합니다. 이러한 민족유일당 운동의 경험은 일제강점기뿐만 아니라 그의 활동 전반에 걸쳐 중요한 관점으로 자리 잡았습니다.

조선이 해방을 맞이한 뒤에도 좌우 합작에 대한 조봉암 선생의 신념은 강했습니다. 해방 후 좌익 진영의 3상회의 결정 지지 입장에 동조하지 않았고, 김구의 단독선거 불참 주장에도 동의하지 않았습니다. 한때 동지였던 좌익 진영의 박헌영과 결별하고 또 우익 진영의 김구와도 일정한 거리를 두었습니다. 그

는 우리 민족의 미래를 위해서는 신탁통치 찬성이나, 단독선거 불참과 같은 좌익과 우익의 주장은 그 어느 한쪽도 쉽게 동의할 수 없는 분열의 길이라고 생각했습니다. 죽산은 좌우 합작의 신념을 버리지 않았습니다.

그러나 조봉암 선생은 남한의 단독정부 수립을 위한 선거에 참여하였습니다. 남과 북이 우익과 좌익으로 나뉘어서 두 개의 정부 수립에 가까워지는 현실을 보면서, 일단 단독선거에 참여하여 먼저 남한 내의 통일 세력을 만들고 이 힘을 바탕으로 통일 민족국가를 수립하고자 했던 것입니다. 이러한 선택에 대해서 훗날의 역사적 평가는 다양합니다. 결과와 현실을 놓고 볼 때 조봉암 선생의 사상은 남쪽에서 의미있게 받아

들여지지 못했지만,[15] 당시 분
단을 예상할 수밖에 없었던
좌익과 우익 중심이 아닌 좌
우 합작이라는 제3의 길을 선
택했던 그의 이상은 나름대로
의미가 있었다 하겠습니다.

조봉암 선생의 모교 강화초등학교

조봉암 선생은 이승만 정
부의 각료로 대한민국에서의
정치활동을 시작합니다. 사회주의자였던 그가 이승만 정부에 입각한 것
이 쉽게 이해되지는 않지만, 초대 농림부 장관을 맡으면서 이승만을 위
한 장관이 아닌 농민을 위한 장관이고자 하였습니다. 아마도 조봉암 선
생이 토지개혁 문제에 관심을 가지지 않았다면 남한 내에서 토지개혁은
더 늦춰졌거나 지주의 이익이 더욱 극대화되었을지도 모릅니다. 농민의
토지 소유가 분배 방식에도 불구하고 더 확대될 수 있었던 데는 조봉암
선생의 노력이 밑바탕이 되었을 것입니다. 그러나 결과적 측면에서 해방
후 첫 정부였던 이승만 정부가 친일파와 우익 중심 정부라는 정통성의
부담을 덜어내는 데 조봉암 선생을 이용한 것은 분명합니다.

이후 조봉암 선생은 제2대 대통령 선거에서 2위에 오르고, 제3대
선거에서 이승만 정부의 부정선거에도 불구하고 200만 표 넘게 득표하
였습니다. 이 힘을 모아 진보당을 창당했습니다. 위협을 느낀 이승만은
조봉암 선생과 진보당 간부들을 체포하고 진보당의 정당 등록을 취소

---

15 김규식을 중심으로 하는 남북협상파들이 남한 단독선거에 적극적으로 참가하는 것이 옳았다
하고, 그들이 선거에 참여했다면 과반수 의석을 차지할 수도 있었을 것이며, 국회에서 과반수를 지
배할 수 있었더라면 이승만 독재정권의 출연을 방지하는 동시에 보수정권이 아닌 혁신정권이 수립
될 수 있었다는 평가(정태영)와 단독정부 수립에 들러리 역할을 했다는 평가(박태균)가 엇갈린다.

하였습니다. 평화통일론과 진보당의 활동이 간첩죄 및 국가보안법에 위반된다는 이유였습니다. 조봉암 선생은 대법원에서 사형선고를 받았고, 재심을 청구했지만 재심 청구가 기각된 날 사형이 바로 집행되었습니다. 법이 인간의 기본권을 보장하지 않고 정치적 상대편을 제거하는 수단으로 이용된 것입니다. 훗날 사람들은 이를 '사법 살인'이라 불렀습니다.

조봉암 선생은 국회 내에서 어느 정당에도 소속되지 않았습니다. 그가 현실 정치에서 무소속을 넘어 처음으로 정당을 만든 것이 진보당입니다. 반공과 북진통일이 집권당의 주된 주장이었음을 감안할 때 진보당을 창당하여 혁신정치와 평화통일론을 주장한 것은 우리나라 정치사에서 매우 중요한 일이었습니다. 당시 평화통일론은 오늘날처럼 남녀노소 관계없이 자연스럽게 입에 오르는 것이 아니었습니다. 남과 북의 통일 방안[16]은 어느 한쪽의 자연적 붕괴나 무력통일을 전제로 하지 않고서는 현실화될 수 없었습니다. 평화통일론은 이렇게 대립적인 남과 북의 통일관에서 새롭게 모색할 수 있는 제3의 길이었습니다. 진보당 창당 역시 우리 사회에서 의미하는 바가 큽니다. "새는 좌우의 날개로 난다"라는 말이 있습니다. 다양한 생각이 자유롭게 토론되고, 그 토론의 결과가 올바른 발전의 토양이 될 수 있는 것이지요. 그러나 분단국가에서는 정치활동의 자유를 확실히 보장받기 어렵습니다. 그래서 남과 북에서는 오랜 시간 우익과 좌익을 중심으로 한 반쪽으로만 살아왔고, 오늘날의 진보 정당도 뿌리내린 지 오래되지 않았습니다. 그런 현실을 감안

---

16 남쪽에서 이미 국제연합의 관찰 아래 선거가 실시되어 그 바탕 위에서 대한민국이 세워졌으나 북쪽에서는 그러한 선거가 실시되지 못했으므로 언제라도 그러한 선거를 실시해 대표를 대한민국의 국회로 보내면 그것으로 통일의 법적 절차는 완성된다는 남한의 주장과, 중립국 선거위원단의 관찰 아래 남북한 동수로 조선위원회를 만들어 이 기구가 만든 새로운 선거법 아래 남북한에서 동시 선거를 실시해 새 의회를 구성하고 그 새 의회에서 정부를 구성한다는 북한의 주장은 서로에게 받아들여지지 않았다.

하면 진보당 창당은 우리 사회의 건강성을 유지해줄 비타민 같은 도전이었습니다. 결국 진보당과 조봉암 선생의 사상은 짧은 생명으로 역사 속으로 되돌아갔지만, 우리 사회의 다양성을 향한 첫 시도였다는 점에서, 또 내용적으로는 좌익 혹은 우익이 아닌 중도의 길을 내세워 우리에게도 다양한 선택의 기회를 주고자 했다는 점에서 의미가 큽니다.

갑곶돈대 옆 조봉암 선생 추모비 끝에는 "선생께서 가신 지 42년만인 2000년 6월 15일 남북의 지

재판받고 있는 조봉암

도자가 손을 마주 잡고 평화적 통일과 민족의 화해를 위해 노력할 것임을 다짐하였으니 이는 선생의 염원이 현실화되는 첫걸음이라 할 것이다"라고 적혀 있습니다. 지금은 아주 당연스럽게 사람들의 입에서 오르내리는 '평화'라는 개념이지만, 반공이 국시였던 당시에는 말하기 쉽지 않았습니다. 지금은 통일에 대한 열망과 작은 실천이 모여 남북의 정상회담을 볼 수 있는 시대에까지 왔습니다. 오늘날 남과 북의 국민들이 가지고 있는 평화와 통일을 향한 순수한 소망의 불씨를 죽산 조봉암 선생을 만나는 추모비 앞에서 살려내었으면 좋겠습니다.

강화 답사를 마치고 마음속에 남는 무언가가 있다면 서울 망우리 공동묘지에 있는 조봉암 선생의 묘소를 찾는 것도 좋겠습니다. 거기에는 당시에 없었던 비석 하나가 서 있습니다. 이 비문에는 죽산조봉암선

생지묘(竹山曺奉岩先生之墓)라 쓰여 있을 뿐 보통의 묘비처럼 그 뒷면에 죽은 이를 기념하기 위하여 남기는 행장이 없습니다. 죽산 선생의 묘소 앞에 있는 연보비에도 언제 어디서 태어났는지 어떤 삶을 살았는지는 연보 형식으로 기록되어 있으나, 어떻게 죽었는지에 대한 기록은 없습니다. 후손들의 말에 의하면 그 기록을 남기는 것을 국가가 허락하지 않았기 때문이라고 합니다. 이제 재심에서 무죄 판결을 받았으니 조봉암 선생의 묘비 뒤에 글이 쓰이지 않을까요? 어떤 내용일지 무척 기다려집니다.

4

분단을 넘어
평화의 시대로

강화 제적봉 평화전망대[17]

길에 뿌리는 우리의 걸음은 많은 생각을 심어주지만 걸으면 걸을수록 생각은 단순해지기 마련입니다. 처음엔 많은 것들이 머릿속에서 노닐지만 시간이 흐를수록 머릿속은 단순해지고 내 발의 끝자락에게만 집중됩니다. 온 생각이 내 몸에 집중될 때쯤 머리와 마음을 시원하게 해주는 풍경을 만나면, 그동안의 걸음이 무언가 한줄기 빛을 만난 듯 몸과 마음을 풀어줍니다. 이런 풍경을 종종 만나게 되는데, 그 길의 으뜸이라 할 수 있는 곳이 바로 강화평화전망대로 향하는 민통선 지역입니다. 강화 송해면에서 시작하는 이 길은 강화평화전망대 개관으로 검문소가 뒤쪽으로 물러나면서, 그만큼 강화군민의 품으로 성큼 다가왔습니다. 자동차가 그리 많이 다니지 않는 까닭에 조금은 여유로운 속도로 다

---

17 이하 강화 평화전망대라 한다. 원래 이름 없는 봉우리에서 1970년대 김종필의 방문으로 제적봉이라는 이름을 얻게 되었다. 이후 김대중 정부 때 전망대가 건립되어 평화전망대라 불리다가, 이명박 정부 때에는 강화 제적봉 평화전망대로 이름이 바뀌었다.

니다 보면 강 너머로 무언가 색상이 다른 산과 들을 만나게 됩니다. 북녘 땅입니다. 날씨가 좋은 날에는 멀리 개성의 송악산도 보인답니다.

'평화'라는 이름의 전망대

우리나라에는 북녘과 경계를 맞닿은 곳에 분단 현실을 느낄 수 있도록 시민들에게 개방한 전망대가 많이 있습니다. '평화'라는 이름보다는 '통일'이라는 이름을 붙인 전망대가 더 많지요. '통일'이라는 이름이 형식이라면, '평화'라는 이름은 내용입니다. 통일전망대 일색이던 전망대 이름에 '평화'라는 수식어가 들어가서 더 새롭게 느껴집니다.

지금까지 '평화'라는 이름의 전망대는 강화와 철원에만 있습니다. 그러나 인공의 경계선인 철책으로 무성한 철원과 자연의 하나인 강이 더 큰 경계선이 되는 강화 평화전망대의 느낌은 사뭇 다릅니다. 철원의 평화전망대가 분단의 현실을 느끼게 하는 곳이라면, 강화의 평화전망대는 분단세대인 우리에게 단 한 번도 보지 못했던 분단 전, 혹은 분단을 극복한 후의 이웃 같은 북녘 땅을 상상하기에 더 유리한 풍경입니다. 다른 곳처럼 강화 평화전망대도 철책이 앞을 가로지르지만, 시야를 크게 막지는 않아서 북녘 땅을 차분한 마음으로 바라볼 수 있습니다.

강화 평화전망대에 올라서면 몇 가지 생각들이 떠오릅니다. 도무지 인공 철책이 어울리지 않는 이곳에서 평화를 바라보는 마음은 그리 편하지만은 않지요. 강 하나로 확연히 구분되는 삶과 철책으로 구분되는 각각의 삶은 서로 다를 것입니다. 철책으로 갈라진 두 지역은 닮은 점보다는 다른 점이 더 많아 보입니다. 오랜 세월 동안 남과 북이 서로를 어떻게 보았는가에 따라서 두 지역은 가까운 이웃이기 이전에 국가 정책에 흡수된 생각을 갖게 되었겠지요. 이렇게 철책이 계속해서 경계를 짓

평화전망대로 향하는 길목에서 바라본 북녘

고 있는 상황에서 세월이 흘러 세대가 바뀌어간다면 어쩌면 저 강은 지금도 답답함을 주고 있는 '경계'의 의미를 넘어 오갈 수 없는 '장벽'이 되어버릴지도 모릅니다. 평화전망대에서 북녘을 바라보며 평화의 첫길이 서로의 화해를 바탕으로 인공적인 철조망을 걷어내는 일임을 새삼 느끼게 됩니다.

지금 평화전망대로 가는 이정표에는 제적봉(制赤峰)이라는 수식이 따라붙습니다. 제적봉의 지명을 직역하면 '붉음을 제압하는 봉우리'가 될 터인데 그 '붉음'이 무엇을 의미하는지 깊게 생각해보지 않아도 파악할 수 있습니다. 그나마 다행스러운 것은 제적봉(制敵峰)이라 하여 은유적 표현을 쓴 것이겠지요.

평화전망대와 제적봉이 함께 쓰인 이정표를 보면서 지금 우리가 바라보는 평화의 현실을 직감합니다. 우연인지 몰라도 최근에 남북관계가 악화되면서 '강화 제적봉 평화전망대'라는 명칭이 쓰이기 시작했습니다. '제적'과 '평화'가 공존할 수 있는지, 아무리 생각해보아도 어울리지 않는 두 단어의 조합입니다. 정부의 대북정책 그리고 남북관계의 상황에 따라 전망대 이름이 바뀌는 현실이 안타깝습니다. 그래도 제적봉 위에 우뚝 선 평화전망대이니 평화의 눈이 '제적(制赤)'의 눈을 가려주길 바라는 마음 간절합니다.

서해바다 강화도에서 「그리운 금강산」은 왜 울리는가

전망대로 들어가기 전 망향단에는 「그리운 금강산」[18] 노래가 흐릅니다. 아울러 그 가사가 새겨진 노래비도 만나지요. 그런데 한번 더 생각해보면 이 노래가 망향을 추억하게는 하겠지만, 금강산이 보이지도 않을 뿐만 아니라 지리적으로도 동쪽의 금강산의 정반대인 서쪽 끝에 있는 강화도와는 어울리지 않습니다. 「그리운 금강산」은 왜 강화에서 구슬프게 울리고 있는 것일까요? 사실 이곳에 노래비가 있는 까닭은 작사가 한상억 님과 작곡가 최영섭 님의 고향이 강화(한상억-양도면 도장리, 최영섭-화도면 사기리)이기 때문입니다. "누구의 주재련가"로 시작하는 이 노래는 북녘에 대한 애틋한 그리움과 금강산의 아름다움을 예찬하고 있지만, 아

---

18 1961년의 노랫말과 1972년의 노랫말이 다르다(1절은 동일하지만 2절은 다르다).
1절 : 누구의 주재련가 맑고 고운 산 / 그리운 만이천 봉 말은 없어도 / 이제야 자유만민 옷깃 여미며 / 그 이름 다시 부를 우리 금강산 / 수수만년 아름다운 산 못 가본 지 몇몇 해 / 오늘에야 찾을 날 왔나 금강산은 부른다
2절(1961) - 비로봉 그 봉우리 짓밟힌 자리 / 흰 구름 솔바람도 무심히 가나 / 발 아래 산해만리 보이지 마라 / 우리 다 맺힌 원한 풀릴 때까지 / 수수만년 아름다운 산 더럽힌 지 몇몇 해 / 오늘에야 찾을 날 왔나 금강산은 부른다.
2절(1972) - 비로봉 그 봉우리 예대로인가 / 흰 구름 솔바람도 무심히 가나 / 발 아래 산해만리 보이지 마라 / 우리 다 맺힌 슬픔 풀릴 때까지 / 수수만년 아름다운 산 못 가본 지 몇몇 해 / 오늘에야 찾을 날 왔나 금감산은 부른다.
※ 밑줄이 바뀐 부분

쉽게도 지금 우리가 부르는 가
사는 원래 가사가 아닙니다.
이 노래는 1961년에 작사 작
곡되었으나 우리에게 익숙한
가사는 1972년에 변경된 가사
입니다. 가사의 변경 전후를
살펴볼까요? 이 노래가 처음
만들어질 때의 가사에는 '예대

그리운 금강산 노래비

로인가'가 '짓밟힌 자리'였고, '슬픔 풀릴 때까지'가 '원한 풀릴 때까지'였
으며, '못 가본 지 몇몇 해'가 '더럽힌 지 몇몇 해'였습니다. 처음 만들어
질 때의 가사에는 북한에 대한 원망이 더 깊어 보입니다.

　　이렇게 적대적 대립관계를 반영한 가사가 북녘에 대한 그리움과 통
일에 대한 염원을 노래하는 가사로 바뀐 계기는 무엇일까요? 1972년은
분단 이후 남북관계에 있어서 중요한 해입니다. '자주, 평화, 민족적 대
단결'이라는 통일의 원칙에 분단 이후 남과 북의 지도자가 처음으로 합
의했던 '7·4 남북공동성명'이 발표되었던 해입니다. ─ 물론 7·4 남북공
동성명이 남과 북의 정치적 목적에 의해 급조된 것이라는 비판도 있지
만, 오늘날에도 변함없는 통일의 원칙으로 인정되고 있다는 사실에서
그 가치는 충분하다고 생각합니다. ─ 같은 해에 공동성명의 후속 조치
로 남북적십자회담이 열렸습니다. 「그리운 금강산」은 평양에 간 남측 예
술단이 공연 때 부르기로 한 노래였습니다. 원래의 가사로 부르기가 적
절하지 않다는 판단에 따라 일부 수정하여 부른 것이 오늘에 이르렀습
니다.

강화 평화전망대의 이름 변천

평화전망대[19]가 들어서기 전에 강화 사람들은 봉천산에서 북녘을 바라보았습니다. 2008년에 강화 평화전망대가 개관한 이후로는 봉천산보다는 이곳을 더 많이 찾습니다. 평화전망대는 우리를 기다리고 있을 평화를 보는 곳인데, 이곳에 가기 위해서 거쳐야 하는 민통선 검문과 평화전망대 앞의 장갑차 등은 우리가 생각하는 평화와 이질감을 갖게 합니다. 평화란 있는 그대로의 것일 텐데 평화로운 한강 하구의 시원한 흐름만이 우리에게 자연 그대로의 평화, 우리가 꿈꾸어온 평화임을 보여주고 있습니다.

강화 평화전망대 내부로 들어가면 평화와 통일을 기원하는 소원지를 직접 적어 전시하는 곳이 잠시나마 위로가 될 뿐입니다. 평화를 전망하는 곳에 강화의 국방 체험과 북한의 도발, 남과 북의 군사력

---

19 강화군청 홈페이지에서 안내하는 강화 평화전망대는 "시설 내역으로는 지하층과 4층은 군부대 전용 시설이며, 1층에는 강화특산품과 북한의 특산물 등을 판매하는 토산품 판매장과 식당, 관리사무실, 게스트룸이, 2층에는 고성능 망원경과 전쟁의 참상과 흔적을 볼 수 있는 강화의 국방 체험과 북한의 도발, 남·북한의 군사력 비교, 통일정책을 볼 수 있는 끝나지 않는 전쟁과 우리는 한민족, 북한으로의 여행을 경험할 수 있는 통일로 가는 길, 끝으로 한국전쟁 당시의 배경과 국내·외 전쟁 발발 과정 및 그 이후 생애 잊지 못할 어려움을 겪고 있는 피해 상황 등을 영상시설을 통해 볼 수 있는 시설이 마련되어 있으며, 3층에는 이북의 온 산하가 한눈에 가까이 볼 수 있는 전망시설과 흐린 날씨에도 영상을 통해 북한 전경 등을 볼 수 있도록 스크린 시설이 되어 있습니다(강화군청 홈페이지 강화 평화전망대 안내에서 발췌)"라고 설명되어 있다.

비교가 전시되고 있으니, 어쩌면 평화전망대에서 평화의 기운을 찾기보다는 오히려 전쟁과 남측의 통일 노력을 홍보하는 전시관이라는 느낌을 받게 됩니다. 평화를 전시관에 가두지 않고, 평화를 전망대에서 보는 것만으로 만들지 않으려면 무엇을 해야 할까요. 강화의 산과 들을 노니는 철새들을 부러워하고 한강 하구를 평화로이 떠다니는 배들의 모습을 보기 위해서 지금 우리는 서로를 이해하고 존중하는 평화의 기본 전제를 생각해야 하지 않을까요? 평화를 전망한다는 것이 단순히 '본다'는 의미가 아니라 '우리 앞에 놓일 것이다'라는 의미로서 다가오길 바랍니다.

5

교육의 꿈을 품은
학교 건축

산마을 고등학교

산마을 고등학교가 삼흥리 터전에 자리 잡고, 많은 사람들의 방문이 이어집니다. 어쩌면 나에게는 내 작은 일터에서의 작은 명상들이 깨어지기도 하는 순간이지만, 멀리서 소식을 듣고 귀한 발걸음 해주시는 분들에게 산마을의 외형과 함께 그 속에 담긴 고민과 또 살아가면서 쌓이는 일담들을 함께 썰어 넣으며 맛있는 산마을 고등학교 답사의 길잡이가 되고 싶은 씨앗을 심는 계기가 되기도 하지요.

학교 같지 않은 학교 건물

산마을에 처음 찾아오시는 분들은 산마을 고등학교를 그냥 지나쳐버리기 쉽습니다. 산마을 고등학교라 하면 제일 먼저 일반적 구조의 학교를 연상하고는, 적어도 3층 이상의 네모난 건물과 넓은 운동장을 이미지로 가지고 오기 때문에 그 앞을 지나면서도 펜션이나 전원주택 정도로 여겨 지나치는 손님들이 더러 있습니다. 때문에 학교를 방문한 손님들과의

산마을 고등학교 전경(강화군 양도면)

첫 대화는 늘 산마을을 찾는 과정에서 경험한 작고 소중한 경험담을 듣는 것으로 시작됩니다. 설렘으로 찾아온 손님과 자연스레 교감하고 고생한 그들의 마음을 헤아려주는 것으로부터 산마을의 이야기를 풀어낼 수 있는 그 처음은 정말로 소중한 산마을의 선물입니다.

'학교 같지 않은 학교 건물' 삶이 곧 배움이라고 생각할 때 학교 건물이 고정된 형태를 갖추면 배움과 삶의 다양성이 많은 부분 훼손될 수도 있습니다. 지난 내 기억에 교실에서의 기억보다 운동장 한편에 자리잡은 등나무 의자의 추억이 더 간절하고, 세상에 나와서도 네모반듯해서 높이만이 경쟁하듯 내지르고 있는 도시의 모습을 보면 숨 막히는 증상을 느꼈었지요. 옹기종기 제각각의 건축물이 뒷산과 어우러지는 정취가 그리워지는 생리를 보더라도 건축은 다양해야 합니다. 더욱이 학교 건축은 느낌이 다양한 모습으로 만들어질 필요가 있다고 느낍니다.

우리가 살아갈 세상은 다양하고, 또 그 세상과 만나며 일구어낼 우리들의 삶도 다양합니다. 누구나 같은 생각과 모습으로 세상을 산다면 얼마나 숨이 막힐까……. 산마을 학교와 그 속의 건축철학, 산마을 사람들이 사는 모습에 숨통이 트이고, 물꼬를 트는 세상을 기대하는 마음으로 산마을 학교 답사의 첫발을 내딛습니다.

산마을 고등학교 답사의 첫출발 – 헛담

사실 헛담은 옛날 안채와 사랑채를 구분해주는 담 아닌 담입니다. 경계선으로서 모든 것을 이원화시키는 기능보다는 같은 것이지만 서로의 다름을 잠시 구분해주는 구분선이지요. 진짜 담은 독립적인 공간으로 나누는 것이지만 헛담은 다만 구분할 뿐입니다. 그러니 헛담은 두 개가 아닌 한 개로 서로가 소통과 배려를 적절히 할 수 있도록 공간에 서로에 대한 애정을 넣어 생기는 건축물입니다. 저는 경상도의 어느 곳에서 헛담을 보고는 산마을에 와서 세 개의 헛담을 발견했습니다. 하나는 동아리동 앞의 작은 헛담이고, 또 하나는 헛담의 기능을 잘 구현하고 있는 명상실, 또 삶터와 배움터를 구분해주는 정말 예쁜 돌담입니다. 누군가 강화 산마을 고등학교를 함께 거닐며 산마을의 생각들을 함께 나누고자 한다면 내 답사의 일번지는 바로 이 헛담이 되는 것입니다.

하나, 실험의 정신이 담긴 동아리동의 헛담

산마을의 건물은 자연과 가장 가까운 재료로 만들었습니다. 흙, 돌, 나무로 대부분의 건물들을 만들었습니다. 특히 황토로 만든 아름다운 교실이 눈에 들어오는데, 자세히 보면 황토 교실을 만드는 데에도 두 가지 공법이 사용되었음을 알 수 있지요. 하나는 흙벽돌 교실인데 황토를 가지고 압축기계로 압축하여 벽돌을 만든 후 쌓아가는 방식이고, 다른 하나는 벽체 자체를 흙다짐을 통해서 층층이 올리는 방식입니다. 전자는 요즘 우리가 많이 볼 수 있는 황토집의 모습인데, 흙이 벽돌로 단단히 압축되어 벽돌의 모습을 갖추는 동안 단단한 강도를 얻게 됩니다. 흙벽돌은 흙집을 짓는 데 일반적인 공법으로 자리 잡아 어느 생태마을에 가더라도 쉽게 볼 수 있습니다. 그러나 흙의 생긴 대로의 질감을 느끼기에는 부족함이 있어 아쉬움이 남습니다. 그런 면에서 벽체만큼의 틀을 세우고 그 안에 흙을 넣고 다지는 방식을 반복해 만들어진 산마을 흙집의 벽체는 흙벽돌 공법보다 훨씬 더 자연적인 방법이지요. 흙의 질감을 느낄 수 있는 것도 그렇지만 흙다짐을 할 때마다 생긴 마치 나이테 같은 층간의 선은 만드는 과정의 땀과 여러 사람이 들인 정성이 한눈에 느껴져 더욱 정겨운 마음이 듭니다.

　산마을 교실의 흙벽체가 쉽게 완성된 것은 아닙니다. 1년이 넘는 기간 동안 나름대로의 노력과 새로운 실마리를 지닌 많은 시도들이 삼흥리 언덕 위에서 먼저 진행되었습니다. 그 결과를 가지고 산마을을 짓기 전에 최종적인 시도를 한 경험이 산마을의 헛담에 녹아 있습니다. 사실 벽체를 만드는 과정에서 초기 갈라짐과 뒤틀림 현상이 생겨서 고생을 했고, 새로운 황토와 모래의 비율을 찾기 위해 많은 고민을 했습니다. 편리하게 진행할 수도 있었으나 새로운 학교 건축을 위한 의지들이 몸과 눈의 편리함보다는 더욱 본질적인 해법을 찾기 위해 노력했습니다. 그 결과물의 처음이 바로 헛담입니다. 그러니 담의 모양을 하고 있으나 담의 기능으로 경계를 지어놓은 것이 아니라, 좋은 상상과 땀 흘린 실천을 구분해놓은 의미를 띠고 우뚝 서 있는 헛담이자 산마을 학교 건축의 실험정신이 배어난 상징물로서 가치를 갖는 것은 당연하겠지요.

산마을 고등학교 교실

둘, 하나이지만 둘이기도 한 헛담 – 명상실

산마을 교실동 앞의 포근한 뜰을 거닐다 보면 작고 아담한 두 개의 건물을 만납니다. 건물이라고 표현하기엔 덩치가 아주 작은 명상실입니다. 학생들은 스머프 집이라고도 부르는데, 그 크기와 모양새가 아담하고, 귀여운 덕이겠지요. 이곳의 기능은 자신과의 조용한 만남을 돕고자 하는 것입니다. 내부로 들어가면 흙벽돌이 만들어놓은 네모와 동그라미 공간 안에서 작은 창을 통해 새롭게 보이는 햇살을 경험하고, 그 햇살이 비추는 자리를 따라서 내 마음을 평안하게 되돌아보게 하는 곳입니다. 산마을을 설계한 이은 선생님의 글에 '산마을의 작은 구도자'라는 표현이 나오는데, 학생들 스스로 세상과 함께하기를 꿈꾸는 마음의 둥지 같은 역할을 수행하는 곳입니다. 이 명상실은 초가를 얹고, 또 한 동은 네모나게, 또 한 동은 동그랗게 형태를 갖춤으로써 다양한 마음속 이야기들이 스스로에게 나누어지길 기대하게 합니다.

명상실은 교사들이 제법 많은 시간을 보내는 교무실과 학생들이 많은 시간을 지내는 교실 사이의 뜰 가운데 있습니다. 그 뜰 안으로 튀어나와 교무실에서 교실을 바라보는 시야를 일부 가리게 되었으니 명상실이자 헛담의 역할도 수행합니다. 옛날 헛담은 사랑채와 안채 곧 어른들과 아이들의 공간을 구분하는 기능을 하였으니 실질적인 산마을의 헛담은 바로 명상실이 되는 것이지요. 흔히 학교 건축에서 교무실은 아이들이 가장 잘 보이는 거꾸로 말하면 아이들이 가장 많이 노출되는 곳에 자리 잡습니다. 사실 그 과정에서 학생들은 자유로움을 일부 제약받는 공간적인 한계를 가지게 되지요. 그러나 산마을의 교무실에서 교실을 바라보자면 이 헛담 구실을 하는 명상실에 가려 학생들의 움직임을 파악하기가 쉽지 않습니다. 결국 명상실은 산마을 교사동의 뜰을 양분하여 교사들의 공간과 학생들의 공간으로 자연스럽게 구분하고, 또 그 속에서 교사와 학생으로서의 자유로움을 보장해주는 공간이 주는 선물이 됩니다. 점심시간만은 명상실 옆의 갈래를 통해 식당으로 향하게 되니, 그 시간만큼은 학생과 교사의 발걸음을 하나로 식당으로 향하게 함으로써 경계가 아닌 구분으로서의 헛담을 확인시켜줍니다.

셋, 작은 돌들이 모여 큰 줄기를 만든 헛담 – 학교 주변의 돌담

산마을에는 학교를 에워싸는 높은 담이 없습니다. 눈에 띄는 것은 나지막하게 쌓아 올린 돌담인데, 이마저도 학교 교사동과 생활동 사이에 끊어져 있으니 구역을 결정하고 관계를 갈라놓는 담의 구실을 하기엔 너무나 나약합니다. 곧 헛담으로 볼 수 있는 하나의 이유이지요. 사실 산마을 돌담은 시각적 아름다움을 빼고라도 여러 가지 이야깃거리를 가지고 있습니다. 대략 100미터는 떨어져 있는 생활관에 있는 돌담과 같은 재료와 형태를 갖추고 있기에 멀리서 보면 교사동과 생활동이 모여 하나의 산마을을 이루고 있음을 확연하게 일러줍니다. 또 그 이동로에는 돌담을 쌓지 않으므로 산마을 뒤편으로 솟은 뒷산마저 산마을의 배움터가 될 수 있는 '세상이 배움터'에 대한 활로를 열어두었습니다. 크게 보면 세상과 학교를 구분할 뿐 세상과 학교를 끊어놓지 않는 상징이기도 합니다.

지붕과 교실의 형태가 주는 가르침 – 공동체 곧 한 몸의 다양성이 숨 쉬는 곳
헛담 이야기가 끝나면 저는 곧 동아리동 2층의 테라스로 자리를 옮깁니다. 산마을에서 가장 높은 곳! 그래서 산마을의 뜰이 잘 보이고 교사동 안채 넘어 운동장과 학생들의 땀이 자라는 텃밭이 보일 듯 말 듯한 곳! 그곳이 동아리동 2층의 비교적 넓은 테라스입니다. 이곳에 올라오면 스스로 우리가 높은 곳에 올라와 있다는 것을 느끼게 됩니다. 산마을 주변의 산이 아닌 산마을 안에서 주변의 전경을 가장 가깝게 둘러볼 수 있기 때문입니다. 하지만 산마을 동아리동은 2층 건물에 지나지 않아요. 강화도의 산이 그러하듯 산이 높아 산이 아니고 주변의 들이 스스로 낮아졌기에 높이를 얻은 곳이지요. 산마을도 이러한 강화도 지형을 그대로 따랐습니다. 원래 산마을이 위치한 곳은 다랑이 논이었습니다. 한 다랑이와 다음 다랑이의 경사를 그대로 살리며 학교를 지으면서 중요하게 생각했던 것 중 하나는 주변을 산이 둘러싸고 있지만 산마을이 그 경사와 높이를 거스르지 않는 것이었습니다. 이렇게 산마을은 산마을 자체가 자연에 순응하며 살기를 원합니다. 당연히 그 산마을에 살고 있는 사람들도 산마을의 생각과 학교 건축이 우리에게 말하고 있는

산마을 고등학교 돌담

여러 가지 다양한 생각들을 거스르지 않기를 바랍니다.

2층에 올라오면 저는 한 가지 소원을 이룹니다. 어렸을 적 할아버지 댁에 놀러 가서는 하늘을 향하는 내 시야를 가로막고 있던 지붕을 보면서 그 위로 올라가고 싶었던 기억, 그리고 동화책에 나오는 초가 위의 박이 열리는 세상에 대한 궁금증을 간접적으로나마 해소할 수 있는 축복이 있는 곳입니다. 이곳에서 주위를 바라보면 제일 처음 눈에 들어오는 것은 지붕이에요. 산마을의 지붕은 그 모양부터 재료까지 다양하면서 재미가 넘칩니다. 초가지붕, 너와지붕, 동판지붕 등 오밀조밀 모여 있으면서 한눈에 다양한 지붕의 형태를 맛보기란 쉽지 않은 일입니다. 물론 지붕을 지고 있는 각 교실도 갖가지 모양이지요. 배롱나무가 서 있는 뜰을 중심으로 각 교실이 입구의 방향만을 집중하고, 나머지 교실의 창문이나 짓는 방법, 그리고 교실의 모양은 다 다릅니다. 통나무로 만든 집과 돌과 흙을 섞어 마치 옛날 토담을 연상하게 하는 기반 위에 각각 흙벽돌로 만든 집, 담틀집, 귀틀집과 같이 건물 하나하나 짓는 방식과 재료를 보고 있노라면 다양함으로 모인 개개의 건물들이 산마을이라는 이름으로 하나가 되는 것처럼, 학생과 교사의 다양함이 산마을이라는 배움터에서 숨 쉬는 공동체가 되기를 바라는 것이 2층에서 바라본 산마을의 바람이 아닐까 하는 생각이 듭니다.

이제 다시 흙을 딛고 내려가서 헛담 옆에 우뚝 솟은 목공실을 만나 봅시다. 다른 건물과 다른 점이 두 가지인데, 하나는 사람이 다니는 출입문 이외에 당연히 공구와 재료가 드나들 수 있는 문이 길가로 나 있다는 것이고, 그보다 몇 배 중요한 것은 나무로 기본 뼈대를 갖추고 학생들이 와서 볏짚과 황토를 곱게 섞어 벽체를 완성했다는 것입니다. 즐거운 마음으로 힘을 모았으니 훗날 이 소중한 경험을 한 녀석들은 "이 학교는 아빠가 지었어"라고 다소 과장된 진실을 아들딸에게 말하지 않을까 싶습니다. 그래도 좋은 일이지요. 시간이 흘러도 산마을의 새 배움터와 관련된 여러 가지 일들을 기억하고, 또 그 기억의 한 부분을 함께 할 수 있는 경험을 가지게 되었으니 말입니다. 아마 손과 발, 그리고 얼굴에 함께 흙을 묻혔던 우리는 언제라도 만나서 몇 번이고 되뇌며 이야기하겠지요? 질리지 않을 추억을 지녔으니 우리는 흙 하나로 행복해집니다.

산마을 답사의 중심 - 교실이 품은 생각

목공실을 지나면 2층에서 바라보았던 뜰 안으로 들어가게 됩니다. 모든 시야를 다양한 산마을의 건축이 덮고 있으니 이곳이야말로 아늑한 안채가 되지요. 이곳에 오면 저는 산마을을 구경하고 싶은 모든 사람에게 잠시의 자유시간을 줍니다. 사실 건물들에 깃든 심오한 뜻을 전달하기엔 내 속에 담겨 있는 짧은 지식이 너무나도 왜소하다는 느낌이 들고, 또 학생들의 체취가 고스란히 남아 있는 곳이니, 산마을 학교 답사에서 가장 중요한 곳을 만나게 되는 시간이기 때문입니다. 그리고 뜰을 지키고 있는 배롱나무에게로 가서 기다리지요. 저는 이곳에 있는 배롱나무가 참 마음에 듭니다. 배롱나무는 나무 백일홍, 목백일홍이라고도 불리죠. 꽃이 백일 동안 피는 다른 한해살이 멕시코 원산의 백일홍과 구분하기 위해서입니다. 나무 백일홍은 한 개의 꽃이 백일 동안 피는 것이 아니라 여러 개의 꽃이 서로 피었다가 지기를 백일 동안 계속하지요. 그래서 나무 백일홍은 하나의 꽃에 의해서 그 아름다움이 견인되는 것이 아니라, 여러 개의 꽃이 피고 지는 과정에서 그 하나하나의 아름다움이 모여서 백일홍이 됩니다. 나무 백일홍을 보면서 산마을 역시 교사나 혹은 어떤 특정한 것에 의존해 피는 것이 아니라, 산마을에 사는 모든 사람들이 자연과 교감하며 이루어내는 저마다의 아름다움이 모여 산마을을 이루고자 하는 작은 꿈과 아주 닮았다는 생각을 하게 됩니다. 또 배롱나무는 사찰이나 선비들이 사는 공간에 많이 심었었지요. 그 휘감아 도는 나무의 모양새 자체도 예사롭지 않지만 어떠한 껍질로도 가리지 않고 속살을 드러내고 있는 것이 있는 그대로의 삶을 보여주기 때문에 이를 본받고자 하는 마음에서 심었다고 합니다. 이 배롱나무 아래서 내게도 영혼을 가리고 있는 세속의 겹을 조금은 벗겨내고 자연과 세상에 솔직하게 자신을 드러내고 싶은 마음을 품게 됩니다.

배롱나무와의 이야기를 마치고 나면 어느새 교실로 자유롭게 구경을 떠난 사람들을 하나둘씩 만나게 됩니다. 하지만 먼저 나서서 교실 내부에서 느낀 점을 말하기는 싫습니다. 잠시 그 느낌을 곱씹을 시간을 갖는 것이 더 좋다고 생각하지요. 교실의 다양성만큼 보고 느낀 것 역시도 다양할 것이니까요. 하지만 교실 내부를 둘러본 사람들의 표정만큼은 익숙합니다. 각각의 교실 내부를 들어갔다 오면 그 표정의 밝음은 누구나 가지고 오게 되지요. 교실 안에서 접하게 되는 세심한 손길과 흙집의 아늑한 정서도 그렇지만, 교실 내부 역시 각각의 모습을 갖고, 또 목재 하나도 있는 그대로의 아름다움을 최대한 살려 기둥이나 대들보로 사용하고, 또 창문 하나하나 방향과 모양이 제각각인 다양성의 매력을 느끼고 나면 누구나 그 표정으로 이야기하는 감탄사들을 서로의 모습에서 공감하게 됩니다. 밖에서 안을 들여다보는 느낌과는 또 다른 안에서 밖을 바라보는 느낌도 색다른데, 교실에서 수업을 하다 비 오는 날의 창문이 하나의 액자가 되어 선물해주는 풍경은 산마을에 사는 사람들에게는 무척이나 행복한 축복입니다.

뜰을 중심으로 각 교실이나 화장실, 특별실로 이동하는 동선도 재미있습니다. 직선로는 찾아볼 수 없고, 곡선의 형태를 띠는 것이 대부분이고, 가장 가까운 건물을 지날 때에도 쉽고 빠르게 가는 효율적인 길보다는 마치 담처럼 느껴지는 건물들을 지나 돌아가게 되어 있지요. 마치 시골 동네의 골목길을 지나는 느낌이 들고, 효율적인 측면에서 볼 때 분명 편리하지는 않은 동선입니다. 그러나 돌아가면서 맞는 여러 가지 생각들은 머리가 아닌 몸으로 보이지 않는 것을 배우는 배움의 과정일 것입니다. 직선이 주는 이미지를 닮은 도시의 정서에서 산을 닮고 강을 닮은 산마을의 정서를 몸이 느끼게 되는 것이지요. 특히 건물을 배치한 방향도 비록 일직선 상에 놓여 있는 건물이라 할지라도 직선상의 위치에서 건물의 방향을 틀어 부드러운 각도를 지닌 선을 유지하도록 하였으니 이것 역시 산마을 건축철학의 세심한 배려입니다.

산마을을 움직이는 힘 – 순환의 원리

마치 회랑을 닮은 특별교실(목공실, 음악실, 컴퓨터실)을 따라가다 보면 막히지 않고 넓게 트인 운동장을 만납니다. 잠시 그 자리에 멈춰 서서 주변을 둘러보면 초가지붕을 가진 작은 생태 뒷간과 아늑한 식당, 그리고 태양광 집열판과 그 뒤로 보이는 작은 텃밭을 만날 수 있습니다. 이곳은 어쩌면 산마을이 추구하는 생태 문화를 설명하기에 가장 알맞은 일종의 살아 있는 박물관입니다.

먼저 소박하게 한 평 남짓한 크기의 화장실을 만날 수 있는데, 이는 사람의 몸에서 나오는 똥도 순환의 원리를 거치면 흙과 식물을 기름지게 하는 힘을 가진 소중한 자원이 되는 것을 느끼게 합니다. 이 생태 뒷간은 서해를 배경으로 서 있어서 한편으로는 수세식과 정화조라는 우리들의 편리 속에 감추어진 오폐수의 방류와 그것이 가져올 재앙들을 예견해볼 수 있는 공간입니다. 생태 뒷간 안으로 들어가면 변기에 앉아 있는 눈높이에 맞춰 손바닥만 한 창을 내었습니다. 변기에 앉아 볼일을 보고 있노라면 손바닥만큼 작은 창이 만들어주는 세상 풍경에 똥 누는 시름 다 잊게 됩니다. 생태 뒷간의 변기는 톱밥 변기를 놓았습니다. 요즘 학생들이 쪼그리고 않는 것에 익숙하지 않은 탓인지 불편함을 호소해 그 생김새는 양변기와 같으나 물 대신 톱밥을 활용하여 냄새나 시각적인 어려움을 없앴습니다. 생태 뒷간에서 나오는 똥과 오줌은 식당에서 나오는 음식물 쓰레기와 주변에서 베어온 잡초들과 함께 섞여 바로 옆에 자리 잡은 생태 퇴비장으로 옮겨져 세월의 힘에 의해 발효되어 퇴비가 됩니다. 이 퇴비는 주변의 농작물에게 다시 기름진 거름이 되어 그들의 왕성한 생명력을 돋우고, 거기서 생산되는 먹을거리들은 산마을 사람들이 다시 먹는 것이지요. 똥이 퇴비가 되고, 퇴비가 먹을거리가 되는

산마을 고등학교 생태 뒷간

순환의 과정이 이곳에서 이루어집니다. 그러니 운동장을 중심으로 동그랗게 선을 유지하고 있는 생태 뒷간과 퇴비장, 그리고 텃밭과 식당은 순환의 과정을 한눈에 바라볼 수 있는 훌륭한 배움터가 되고, 그곳을 바라보고 있는 사람은 순환의 과정을 흐르게 할 중요한 역할을 자연스럽게 부여받습니다.

생태 뒷간과 퇴비장에서 학교를 바라보면 큰 구조물이 눈에 들어오는데 바로 태양광 집열판입니다. 아주 중요한 것은 산마을이 에너지를 바라보는 관점도 에너지 자급과 에너지원의 자연 친화를 목표로 합니다. 눈에 보이지 않지만 산마을의 냉난방 방식은 지열 방식입니다. 땅속 깊은 곳의 온도는 겨울에 따뜻하고, 여름에 시원한 것이니, 냉매가 활동할 수 있는 여건을 땅속의 온도가 만들어주고 그 냉매에 의해 냉난방을 할 수 있도록 물과 공기에 작용하게 하는 방식입니다. 땅속 200미터까지 깊이 대공을 뚫고 끌어올린 지열과 그 지열로 활동의 힘을 받은 냉매는 파이프를 통해 식당 바닥 온도를 조절하거나, 라디에이터를 통해 각 교실과 건물에 냉난방을 가능하게 하는 것입니다. 이 과정에서 송풍구의 지열을 끌어올리거나, 따뜻한 물과 바람을 순환시키기 위하여 팬을 돌려야 하기 때문에 부득이 전기를 사용해야 하나 이것 역시 자체의 태양광 집열판에 의해 얻게 된 전기 에너지를 사용하므로서 산마을이 추구하는 '에너지 자급'을 향하여 한걸음 더 진보하였습니다. 혹 지금 교실에서 본 교육용 설비 외에 설치되어 있는 마치 에어컨 같은 것을 보고 마음속으로 실망하고 있다면 이것은 에어컨이 아닌 냉난방 공기를 각 건물에 불어넣는 지열 방식의 라디에이터이니 이쯤에서 오해를 풀었으면 좋겠습니다.

산마을은 지금 친환경 세제를 사용하고 있습니다. 각종 텔레비전 광고에 익숙한 요즘 사람들에게 광고를 통해 인식된 그 부드러운 머리카락의 움직임은 커다란 유혹이겠으나 화학약품으로 병들어가는 물과 생명을 생각하면 우리는 차라리 머리카락의 윤기를 포기하는 것이 더 아름다운 선택일 것이라 믿습니다. 산마을에서는 이제 산마을에서 자체 제작하는 친환경 세제로 산마을을 움직이는 순환의 원리를 지키는 파수꾼이 되고자 합니다.

산마을 건축의 꽃 – 산마을 사람

지금까지 산마을의 교사동을 둘러보았습니다. 잠시 태양광 집열판 위로 있는 텃밭을 구경하고 흐르는 땀을 식당 앞 정자에 걸터앉아 식히며 이런저런 이야기를 나누는 것도 산마을 답사의 하루 일과입니다. 그리고 잔디밭과 자갈밭을 지나 또 다른 돌담이 있는 생활관으로 이어집니다. 그러나 나의 답사기는 여기서 마칩니다. 답사라 하지만 생활의 공간 만큼은 실제로 보여주며 진행하기엔 쉽지 않은 일입니다. 학생들의 생활 공간인 만큼 가급적 학생들의 동의를 얻거나 학생들이 귀가한 틈을 활용하고 싶은 마음이 앞서기 때문이지요. 학생들의 사생활도 소중하다는 생각으로 이해를 바랍니다.

교사동이 학교 건축의 철학이 배어 있는 곳이라면, 생활동은 학교의 철학을 배우고, 그 배움의 철학을 자신의 삶의 철학으로 성장시키기 위한 생활 공간입니다. 이 답사기에는 학교 건축이 주는 생각 외에 그곳에 살고 있는 사람들의 모습이 드러나 있지 않습니다. 사실 산마을에 살면서 학교 건축이 주는 생각들을 느끼고 싶어 이 글을 쓰게 되었지만 학교 건축의 꽃은 그 건축 공간 안에 살고 있는 사람이라는 생각을 하게 됩니다. 학교 건축물이 가진 좋은 생각과 그 공간 안에 살고 있는 사람들의 생각과 실천이 같지 않다면 그 건축물이나 그 건축이 지닌 생각이 무슨 의미가 있겠습니까. 학교 건축이 살고, 학교 건축의 철학이 살려면 그 공간 안의 사람들이 중요합니다. 그렇게 될 때 살아 있는 건축이 됩니다. 산마을이 살아 있는 생명력을 지닌 학교가 되기를 기대하고, 그만큼의 실천으로 생활관 답사는 산마을의 학교 건축이 아닌 그 속에 사는 사람들의 살아가는 이야기로 풀어갔으면 좋겠습니다.

삶의 행복을 꿈꾸는 교육은 어디에서 오는가?

미래 100년을 향한 새로운 교육

▶ 교육혁명을 앞당기는 배움책 이야기
혁신교육의 철학과 잉걸진 미래를 만나다!

한국교육연구네트워크 총서

01 핀란드 교육혁명
한국교육연구네트워크 엮음 | 320쪽 | 값 15,000원

02 일제고사를 넘어서
한국교육연구네트워크 엮음 | 284쪽 | 값 13,000원

03 새로운 사회를 여는 교육혁명
한국교육연구네트워크 엮음 | 380쪽 | 값 17,000원

04 교장제도 혁명
한국교육연구네트워크 엮음 | 268쪽 | 값 14,000원

05 새로운 사회를 여는 교육자치 혁명
한국교육연구네트워크 엮음 | 312쪽 | 값 15,000원

06 혁신학교에 대한 교육학적 성찰
한국교육연구네트워크 엮음 | 308쪽 | 값 15,000원

07 진보주의 교육의 세계적 동향
한국교육연구네트워크 엮음 | 324쪽 | 값 17,000원

한국교육연구네트워크 번역 총서

01 프레이리와 교육
존 엘리아스 지음 | 한국교육연구네트워크 옮김
276쪽 | 값 14,000원

02 교육은 사회를 바꿀 수 있을까?
마이클 애플 지음 | 강희룡·김선우·박원순·이형빈 옮김
352쪽 | 값 16,000원

03 비판적 페다고지는 세상을 변화시킬 수 있는가?
Seewha Cho 지음 | 심성보·조시화 옮김 | 280쪽 | 값 14,000원

04 마이클 애플의 민주학교
마이클 애플·제임스 빈 엮음 | 강희룡 옮김 | 276쪽 | 값 14,000원

05 21세기 교육과 민주주의
넬 나딩스 지음 | 심성보 옮김 | 392쪽 | 값 18,000원

06 세계교육개혁: 민영화 우선인가 공적 투자 강화인가?
린다 달링-해먼드 외 지음 | 심성보 외 옮김 | 408쪽 | 값 21,000원

혁신학교
성열관·이순철 지음 | 224쪽 | 값 12,000원

행복한 혁신학교 만들기
초등교육과정연구모임 지음 | 264쪽 | 값 13,000원

서울형 혁신학교 이야기
이부영 지음 | 320쪽 | 값 15,000원

혁신교육, 철학을 만나다
브렌트 데이비스·데니스 수마라 지음
현인철·서용선 옮김 | 304쪽 | 값 15,000원

혁신교육 존 듀이에게 묻다
서용선 지음 | 292쪽 | 값 14,000원

다시 읽는 조선 교육사
이만규 지음 | 750쪽 | 값 33,000원

대한민국 교육혁명
교육혁명공동행동 연구위원회 지음 | 224쪽 | 값 12,000원

대한민국 교사, 어떻게 가르칠 것인가?
윤성관 지음 | 320쪽 | 값 15,000원

아이들을 어떻게 가르칠 것인가
사토 마나부 지음 | 박찬영 옮김 | 232쪽 | 값 13,000원

아이들의 배움은 어떻게 깊어지는가
이시이 준지 지음 | 방지현·이창희 옮김 | 200쪽 | 값 11,000원

모두를 위한 국제이해교육
한국국제이해교육학회 지음 | 364쪽 | 값 16,000원

경쟁을 넘어 발달 교육으로
현광일 지음 | 288쪽 | 값 14,000원

독일 교육, 왜 강한가?
박성희 지음 | 324쪽 | 값 15,000원

핀란드 교육의 기적
한넬레 니에미 외 엮음 | 장수명 외 옮김 | 452쪽 | 값 23,000원

▶ 비고츠키 선집 시리즈
발달과 협력의 교육학 어떻게 읽을 것인가?

생각과 말
레프 세묘노비치 비고츠키 지음
배희철·김용호·D. 켈로그 옮김 | 690쪽 | 값 33,000원

성장과 분화
L.S. 비고츠키 지음 | 비고츠키 연구회 옮김
308쪽 | 값 15,000원

도구와 기호
비고츠키·루리야 지음 | 비고츠키 연구회 옮김
336쪽 | 값 16,000원

의식과 숙달
L.S 비고츠키 지음 | 비고츠키 연구회 옮김
348쪽 | 값 17,000원

어린이 자기행동숙달의 역사와 발달 I
L.S. 비고츠키 지음 | 비고츠키 연구회 옮김
564쪽 | 값 28,000원

관계의 교육학, 비고츠키
진보교육연구소 비고츠키교육학실천연구모임 지음
300쪽 | 값 15,000원

어린이 자기행동숙달의 역사와 발달 II
L.S. 비고츠키 지음 | 비고츠키 연구회 옮김
552쪽 | 값 28,000원

비고츠키 생각과 말 쉽게 읽기
진보교육연구소 비고츠키교육학실천연구모임 지음
316쪽 | 값 15,000원

어린이의 상상과 창조
L.S. 비고츠키 지음 | 비고츠키 연구회 옮김
280쪽 | 값 15,000원

비고츠키와 인지 발달의 비밀
A.R. 루리야 지음 | 배희철 옮김 | 280쪽 | 값 15,000원

연령과 위기
L.S. 비고츠키 지음 | 비고츠키 연구회 옮김
336쪽 | 값 17,000원

수업과 수업 사이
비고츠키 연구회 지음 | 196쪽 | 값 12,000원

▶ 창의적인 협력수업을 지향하는 삶이 있는 국어 교실
우리말 글을 배우며 세상을 배운다

중학교 국어 수업 어떻게 할 것인가?
김미경 지음 | 340쪽 | 값 15,000원

이야기 꽃 1
박용성 엮어 지음 | 276쪽 | 값 9,800원

토론의 숲에서 나를 만나다
명혜정 엮음 | 312쪽 | 값 15,000원

이야기 꽃 2
박용성 엮어 지음 | 294쪽 | 값 13,000원

토닥토닥 토론해요
명혜정·이명선·조선미 엮음 | 288쪽 | 값 15,000원

인문학의 숲을 거니는 토론 수업
순천국어교사모임 엮음 | 308쪽 | 값 15,000원

어린이와 시
오인태 지음 | 192쪽 | 값 12,000원

수업, 슬로리딩과 함께
박경숙·강슬기·김정욱·장소현·강민정·전혜림·이혜민 지음
268쪽 | 값 15,000원

▶ 평화샘 프로젝트 매뉴얼 시리즈
학교 폭력에 대한 근본적인 예방과 대책을 찾는다

학교 폭력 어떻게 만들어지는가
문재현 외 지음 | 300쪽 | 값 14,000원

아이들을 살리는 동네
문재현·신동명·김수동 지음 | 204쪽 | 값 10,000원

학교 폭력, 멈춰!
문재현 외 지음 | 348쪽 | 값 15,000원

평화! 행복한 학교의 시작
문재현 외 지음 | 252쪽 | 값 12,000원

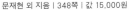
왕따, 이렇게 해결할 수 있다
문재현 외 지음 | 236쪽 | 값 12,000원

마을에 배움의 길이 있다
문재현 지음 | 208쪽 | 값 10,000원

젊은 부모를 위한 백만 년의 육아 슬기
문재현 지음 | 248쪽 | 값 13,000원

별자리, 인류의 이야기 주머니
문재현·문한뫼 지음 | 444쪽 | 값 20,000원

▶ 4·16, 질문이 있는 교실 마주이야기
통합수업으로 혁신교육과정을 재구성하다!

통하는 공부
김태호·김형우·이경석·심우근·허진만 지음
324쪽 | 값 15,000원

미래교육의 열쇠, 창의적 문화교육
심광현·노명우·강정석 지음 | 368쪽 | 값 16,000원

내일 수업 어떻게 하지?
아이함께 지음 | 300쪽 | 값 15,000원
2015 세종도서 교양부문

주제통합수업, 아이들을 수업의 주인공으로!
이윤미 외 지음 | 392쪽 | 값 17,000원

인간 회복의 교육
성래운 지음 | 260쪽 | 값 13,000원

수업과 교육의 지평을 확장하는 수업 비평
윤양수 지음 | 316쪽 | 값 15,000원
2014 문화체육관광부 우수교양도서

교과서 너머 교육과정 마주하기
이윤미 외 지음 | 368쪽 | 값 17,000원

교사, 선생이 되다
김태은 외 지음 | 260쪽 | 값 13,000원

수업 고수들 수업·교육과정·평가를 말하다
박현숙 외 지음 | 368쪽 | 값 17,000원

교사의 전문성, 어떻게 만들어지나
국제교원노조연맹 보고서 | 김석규 옮김 392쪽 | 값 17,000원

도덕 수업, 책으로 묻고 윤리로 답하다
울산도덕교사모임 지음 | 320쪽 | 값 15,000원

수업의 정치
윤양수·원종희·장군 지음 | 280쪽 | 값 14,000원

체육 교사, 수업을 말하다
전용진 지음 | 304쪽 | 값 15,000원

학교협동조합,
현장체험학습과 마을교육공동체를 잇다
주수원 외 지음 | 296쪽 | 값 15,000원

교실을 위한 프레이리
아이러 쇼어 엮음 | 사람대사람 옮김 | 412쪽 | 값 18,000원

거꾸로교실,
잠자는 아이들을 깨우는 수업의 비밀
이민경 지음 | 280쪽 | 값 14,000원

마을교육공동체란 무엇인가?
서용선 외 지음 | 360쪽 | 값 17,000원

교사는 무엇으로 사는가
정은균 지음 | 292쪽 | 값 15,000원

학교생활기록부를 디자인하라
박용성 지음 | 268쪽 | 값 14,000원

마음의 힘을 기르는 감성수업
조선미 외 지음 | 300쪽 | 값 15,000원

교사, 학교를 바꾸다
정진화 지음 | 372쪽 | 값 17,000원

작은 학교 아이들
지경준 엮음 | 376쪽 | 값 17,000원

함께 배움
학생 주도 배움 중심 수업 이렇게 한다
니시카와 준 지음 | 백경석 옮김 | 280쪽 | 값 15,000원

감성 지휘자, 우리 선생님
박종국 지음 | 308쪽 | 값 15,000원

공교육은 왜?
홍섭근 지음 | 352쪽 | 값 16,000원

대한민국 입시혁명
참교육연구소 입시연구팀 지음 | 220쪽 | 값 12,000원

자기혁신과 공동의 성장을 위한
교사들의 필리버스터
윤양수·원종희·장군·조경삼 지음 | 280쪽 | 값 14,000원

교사를 세우는 교육과정
박승열 지음 | 312쪽 | 값 15,000원

함께 배움 이렇게 시작한다
니시카와 준 지음 | 백경석 옮김 | 196쪽 | 값 12,000원

전국 17명 교육감들과 나눈
교육 대담
최창의 대담·기록 | 272쪽 | 값 15,000원

함께 배움 교사의 말하기
니시카와 준 지음 | 백경석 옮김 | 188쪽 | 값 12,000원

들뢰즈와 가타리를 통해
유아교육 읽기
리세롯 마리엣 올슨 지음 | 이연선 외 옮김 | 328쪽 | 값 17,000원

교육과정 통합, 어떻게 할 것인가?
성열관 외 지음 | 192쪽 | 값 13,000원

 동양사상에게 인공지능 시대를 묻다
홍승표 외 지음 | 260쪽 | 값 15,000원

 학교 혁신의 길, 아이들에게 묻다
남궁상운 외 지음 | 268쪽 | 값 15,000원

 프레이리의 사상과 실천
사람대사람 지음 | 352쪽 | 값 18,000원

 혁신학교, 한국 교육의 미래를 열다
송순재 외 지음 | 608쪽 | 값 30,000원

 페다고지를 위하여
프레네의 『페다고지 불변요소』 읽기
박찬영 지음 | 296쪽 | 값 15,000원

 노자와 탈현대 문명
홍승표 지음 | 284쪽 | 값 15,000원

 선생님, 민주시민교육이 뭐예요?
염경미 지음 | 244쪽 | 값 15,000원

 어쩌다 혁신학교
유우석 외 지음 | 380쪽 | 값 17,000원

 대구, 박정희 패러다임을 넘다
새대열 엮음 | 292쪽 | 값 20,000원

 학교 민주주의의 불한당들
정은균 지음 | 276쪽 | 값 14,000원

 교육과정, 수업, 평가의 일체화
리사 카터 지음 | 박승열 외 옮김 | 196쪽 | 값 13,000원

 학교를 개선하는 교장
지속가능한 학교 혁신을 위한 실천 전략
마이클 풀란 지음 | 서동연·정효준 옮김 | 216쪽 | 값 13,000원

 공자뎐, 논어는 이것이다
유문상 지음 | 392쪽 | 값 18,000원

 교사와 부모를 위한
발달교육이란 무엇인가?
현광일 지음 | 380쪽 | 값 18,000원

 교사, 이오덕에게 길을 묻다
이무완 지음 | 328쪽 | 값 15,000원

 낙오자 없는 스웨덴 교육
레이프 스트란드베리 지음 | 변광수 옮김 | 208쪽 | 값 13,000원

 끝나지 않은 마지막 수업
장석웅 지음 | 328쪽 | 값 20,000원

 미래, 교육을 묻다
정광필 지음 | 232쪽 | 값 15,000원

▶ 교과서 밖에서 만나는 역사 교실
상식이 통하는 살아 있는 역사를 만나다

 전봉준과 동학농민혁명
조광환 지음 | 336쪽 | 값 15,000원

 남도의 기억을 걷다
노성태 지음 | 344쪽 | 값 14,000원

 응답하라 한국사 1·2
김은석 지음 | 356쪽·368쪽 | 각권 값 15,000원

 즐거운 국사수업 32강
김남선 지음 | 280쪽 | 값 11,000원

 즐거운 세계사 수업
김은석 지음 | 328쪽 | 값 13,000원

 교과서 밖에서 배우는 역사 공부
정은교 지음 | 292쪽 | 값 14,000원

 팔만대장경도 모르면 빨래판이다
전병철 지음 | 360쪽 | 값 16,000원

 빨래판도 잘 보면 팔만대장경이다
전병철 지음 | 360쪽 | 값 16,000원

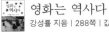 **영화는 역사다**
강성률 지음 | 288쪽 | 값 13,000원

 친일 영화의 해부학
강성률 지음 | 264쪽 | 값 15,000원

강화도의 기억을 걷다
최보길 지음 | 276쪽 | 값 14,000원

광주의 기억을 걷다
노성태 지음 | 348쪽 | 값 15,000원

선생님도 궁금해하는
한국사의 비밀 20가지
김은석 지음 | 312쪽 | 값 15,000원

걸림돌
키르스텐 세룹-빌펠트 지음 | 문봉애 옮김
248쪽 | 값 13,000원

역사수업을 부탁해
열 사람의 한 걸음 지음 | 388쪽 | 값 18,000원

진실과 거짓, 인물 한국사
하성환 지음 | 400쪽 | 값 18,000원

한국 고대사의 비밀
김은석 지음 | 304쪽 | 값 13,000원

조선족 근현대 교육사
정미량 지음 | 320쪽 | 값 15,000원

다시 읽는 조선근대교육의 사상과 운동
윤건차 지음 | 이명실·심성보 옮김 | 516쪽 | 값 25,000원

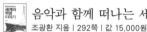
음악과 함께 떠나는 세계의 혁명 이야기
조광환 지음 | 292쪽 | 값 15,000원

논쟁으로 보는 일본 근대교육의 역사
이명실 지음 | 324쪽 | 값 17,000원

다시, 독립의 기억을 걷다
노성태 지음 | 320쪽 | 값 16,000원

▶ 더불어 사는 정의로운 세상을 여는 인문사회과학
사람의 존엄과 평등의 가치를 배운다

밥상혁명
강양구·강이현 지음 | 298쪽 | 값 13,800원

도덕 교과서 무엇이 문제인가?
김대용 지음 | 272쪽 | 값 14,000원

자율주의와 진보교육
조엘 스프링 지음 | 심성보 옮김 | 320쪽 | 값 15,000원

민주화 이후의 공동체 교육
심성보 지음 | 392쪽 | 값 15,000원
2009 문화체육관광부 우수학술도서

갈등을 넘어 협력 사회로
이창언·오수길·유문종·신윤관 지음 | 280쪽 | 값 15,000원

동양사상과 마음교육
정재걸 외 지음 | 356쪽 | 값 16,000원
2015 세종도서 학술부문

교과서 밖에서 배우는 철학 공부
정은교 지음 | 280쪽 | 값 14,000원

교과서 밖에서 배우는 사회 공부
정은교 지음 | 304쪽 | 값 15,000원

교과서 밖에서 배우는 윤리 공부
정은교 지음 | 292쪽 | 값 15,000원

좌우지간 인권이다
안경환 지음 | 288쪽 | 값 13,000원

민주시민교육
심성보 지음 | 544쪽 | 값 25,000원

민주시민을 위한 도덕교육
심성보 지음 | 500쪽 | 값 25,000원
2015 세종도서 학술부문

교과서 밖에서 배우는 인문학 공부
정은교 지음 | 280쪽 | 값 13,000원

오래된 미래교육
정재걸 지음 | 392쪽 | 값 18,000원

대한민국 의료혁명
전국보건의료산업노동조합 엮음 | 548쪽 | 값 25,000원

교과서 밖에서 배우는 고전 공부
정은교 지음 | 288쪽 | 값 14,000원

전체 안의 전체 사고 속의 사고
김우창의 인문학을 읽다
현광일 지음 | 320쪽 | 값 15,000원

카스트로, 종교를 말하다
피델 카스트로·프레이 베토 대담 | 조세종 옮김
420쪽 | 값 21,000원

한글 혁명
김슬옹 지음 | 388쪽 | 값 18,000원

교사와 부모를 위한 비고츠키 교육학
카르포프 지음 | 실천교사번역팀 옮김 | 308쪽 | 값 15,000원

▶ 살림터 참교육 문예 시리즈
영혼이 있는 삶을 가르치는 온 선생님을 만나다!

꽃보다 귀한 우리 아이는
조재도 지음 | 244쪽 | 값 12,000원

선생님이 먼저 때렸는데요
강병철 지음 | 248쪽 | 값 12,000원

성깔 있는 나무들
최은숙 지음 | 244쪽 | 값 12,000원

서울 여자, 시골 선생님 되다
조경선 지음 | 252쪽 | 값 12,000원

아이들에게 세상을 배웠네
명혜정 지음 | 240쪽 | 값 12,000원

행복한 창의 교육
최창의 지음 | 328쪽 | 값 15,000원

밥상에서 세상으로
김홍숙 지음 | 280쪽 | 값 13,000원

북유럽 교육 기행
정애경 외 14인 지음 | 288쪽 | 값 14,000원

▶ 남북이 하나 되는 두물머리 평화교육
분단 극복을 위한 치열한 배움과 실천을 만나다

10년 후 통일
정동영·지승호 지음 | 328쪽 | 값 15,000원

선생님, 통일이 뭐예요?
정경호 지음 | 252쪽 | 값 13,000원

분단시대의 통일교육
성래운 지음 | 428쪽 | 값 18,000원

김창환 교수의 DMZ 지리 이야기
김창환 지음 | 264쪽 | 값 15,000원

▶ 출간 예정

참된 삶과 교육에 관한
생각 줍기

참된 삶과 교육에 관한 생각 줍기

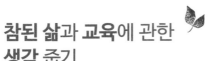